ज्योतिबा फुले

ज्योतिबा फुले

अंकिता सिंह

रुद्र

First published in India in 2020 by
Rudra Publishers & Distributors

ISBN: 978-93-86829-12-2

Rudra Publishers & Distributors
S-1, 5/587, Sector-5, Vaishali
Ghaziabad- 201002
Email: rudrapubdis@gmail.com

Printed and Bound in
Delhi

₹ 599/-

प्रस्तावना

महात्मा ज्योतिबा फुले केवल माली समाज या दलित समाज के ही नहीं, अपितु सम्पूर्ण भारतवर्ष के महान पुरोधा हैं। ब्रिटिश काल में जब सारा देश औपनिवेशक शासन की गिरफ्त में छटपटा रहा था, उस समय राजा राममोहन राय, स्वामी दयानंद सरस्वती, विवेकानंद, बाल गंगाधर तिलक तथा महात्मा गांधी और भीमराव अम्बेडकर सहित सैकड़ों देशभक्ति के परिणायक पुरोधाओं ने देश के भीतर आजादी की लौ जलाई थी। इनसे पूर्व कई वर्षों पहले महात्मा ज्योतिबा फुले समाज में व्याप्त कुरीतियों को दूर कर अभावग्रस्त पिछड़े व दलित वर्ग में शिक्षा का बिगुल फूंक कर भारत को दुनिया के फलक पर ला देने वाली महान विचारधाराओं की खेती कर चुके थे। उनके द्वारा डाले गये संस्कारों के बीज ही आज तक हमारी सभ्यता संस्कृति के रूप में लहलहा रहे हैं।

फुले ने गरीबी को काफी करीब से देखा था। अस्पृश्यता, जाति-पांति, सामाजिक असमानता को भोगा था, जबकि अन्य उच्च वर्ग के सामाजिक चिंतकों और सुधारकों के बारे में यह बात नहीं थी। ये यूरोपीय उदारवाद, व्यक्तिगत स्वतंत्रता, संस्कृति और चिंतन से अवश्य प्रभावित थे। दरअसल वे ईसाइयों द्वारा हिंदुत्व की निंदा तथा सामाजिक बुराइयों को देखकर ही समाज सुधारों और समाज सेवा की ओर आकृष्ट हुए थे। समाज की प्रवृत्तियों में ज्योतिबा का

व्यक्तित्व दीपशिखा का काम करता था। समाज विवाहों में अपव्यय, जाति-पांति, ऊंच-नीच, मूर्ति और देवी-देवताओं की पूजा-अर्चना का घोर विरोधी था। पुणे की अछूत मलिन बस्तियों, कामगारों और गरीब लोगों के मुहल्लों, गांवों में सत्यशोधक समाज की बहुत-सी शाखाएं स्थापित हुईं। 'सर्व धर्म समभाव' के पोषक और मानवता के पक्षधर सत्यशोधक समाज से कुछ कट्टरपंथी हिंदू घृणा करते थे। पंडित-पुरोहितों की इससे रोजी-रोटी छिन गई थी। ज्योतिषियों और वेदपाठियों के काम धंधे में मंदी आ गई। शूद्र और निम्न जातियों ने उनसे अपने मंगल उत्सवों, मुहूर्त और विवाह की तिथियां निकलवाना बंद कर दिया था। महाराष्ट्र में इससे पहले इतने क्रांतिकारी और प्रगतिशील समाज सुधारों का कार्य कोई व्यक्ति या संस्था नहीं कर पाई थी। पुणे में दलित शिक्षा के प्रसार से अछूतों में सत्यशोधक समाज के प्रति विशेष उत्साह था। यह संपूर्ण सामाजि-धार्मिक-सांस्कृतिक क्रांति का आह्वान था।

ज्योतिबा फुले ने सत्यशोधक समाज को व्यापकता प्रदान करने के लिए और लोगों की कतिपय शंकाओं के निवारणार्थ 'सार्वजनिक सत्यधर्म' पुस्तक का प्रणयन किया था, जो उनके जीवन काल में प्रकाशित नहीं हो सकी, परन्तु उसके सिद्धान्तों से लोगों के जन-मानस को परिचित करा दिया गया था। इस प्रकार पुस्तक प्रणयन का उद्देश्य बहुत हद तक जनसहयोग से पूरा हो गया। इस ग्रन्थ को 'फुलेस्मृति' के रूप में भी जाना जाता है। इसमें 'मनुस्मृति' के अव्यावहारिक, असामाजिक और शीलनाशक सिद्धान्तों का खण्डन करके अभिनव नियमों का प्रतिपादन किया गया है। इसमें मानवाधिकारों और मानवता के प्रतिष्ठापन का सफल प्रयास भी किया गया है।

—लेखक

अनुक्रम

1

जीवनवृत्त

महात्मा ज्योतिबा फुले केवल माली समाज या दलित समाज के ही नहीं, अपितु सम्पूर्ण भारतवर्ष के महान पुरोधा हैं। ब्रिटिश काल में जब सारा देश औपनिवेशक शासन की गिरफ्त में छटपटा रहा था, उस समय राजाराम मोहन राय, स्वामी दयानंद सरस्वती, विवेकानंद, बाल गंगाधर तिलक तथा महात्मा गांधी और भीमराव अम्बेडकर सहित सैकड़ों देशभक्ति के परिणायक पुरोधाओं ने देश के भीतर आजादी की लो जलाई थी। इनसे पूर्व कई वर्षों पहले महात्मा ज्योतिबा फुले समाज में व्याप्त कुरीतियों को दूर कर अभावग्रस्त पिछड़े व दलित वर्ग में शिक्षा का बिगुल फूंक कर भारत को दुनिया के फलक पर ला देने वाली महान विचारधाराओं की खेती कर चुके थे। उनके द्वारा डाले गये संस्कारों के बीज ही आज तक हमारी सभ्यता संस्कृति के रूप में लहलहा रहे हैं।

जन्म

जोतिराव गोविंदराव फुले का जन्म 11 अप्रेल, 1827 को पुणे में महाराष्ट्र की एक दलित माली जाति में हुआ। जोतिबा के पिता का नाम गोविन्द राव तथा माता का नाम विमला बाई था। जोतिबा फुले जब एक वर्ष के थे तभी इनकी माता का देहान्त हो गया। पिता गोविन्द राव जी ने आगे चल कर सुगणा बाई नामक विधवा जिसे वे अपनी मुह बोली बहिन मानते थे, उन्हें बच्चों की देख-भाल के लिए रख लिया। जोतिबा को पढ़ाने की ललक से पिता ने उन्हें पाठशाला में भेजा था मगर सवर्णों ने उन्हें स्कूल से वापिस बुलाने पर मजबूर कर दिया। अब जोतिबा अपने

पिता के साथ माली का कार्य करने लगे। काम के बाद वे आस-पड़ोस के लोगों से देश-दुनिया की बातें करते और किताबें पढ़ते थे। उन्होंने मराठी शिक्षा सन् 1831 से 1838 तक प्राप्त की। सन् 1840 में तेरह साल की छोटी सी उम्र में ही जोतिबा का विवाह नो वर्षीय सावित्री बाई (1831-1897) से हुआ। आगे जोतिबा का नाम स्काटिश मिशन नाम के स्कूल (1841-1847) में लिखा दिया गया। जहाँ पर उन्होंने थामसपेन की किताब राइट्स ऑफ मेन एवं दी एज ऑफ रीजन पढ़ी, जिसका उन पर काफी असर पड़ा।

ज्योतिबा का परिवार

ज्योतिबा की माता का नाम था विमलाबाई परन्तु 'विमला' शब्द गाँव के ब्राह्मणों को शोभन और सह्य नहीं लगा। किसी शूद्र-सुता का नाम विमला। यह धर्म

की अवमानना है। यह नाम तो ब्राह्मण व क्षत्रियों की आत्मजाओं को ही शोभा देता है। विमला के पिता को गाँव के कुलकर्णी ने बुलाकर आदेश दिया था कि अपनी बेटी का नाम बदल कर शूद्रश के नाम रख लो। मनु ने कहा है कि शूद्रों के नाम में सेवाभाव की ध्वनि होनी चाहिए। ऐसा न करना अधर्म होगा। अपनी बेटी का नाम 'विमला' रख कर तुम अधर्म करोगे और नर्क के अधिकारी हो जाओगे। अतः अपनी कन्या का नाम बदल लो। विमला के पिता झगड़े पाटिल ने कहा, "महाराज, हमें तो जो अच्छा लगा वह नाम रख दिया। आगे आपकी मर्जी" गाँव के ब्राह्मणों ने प्रचारित कर दिया कि झगड़े की बेटी का नाम विमला नहीं 'चिमड़ा' है और यह दुष्प्रचार इतना बढ़ा कि वह विमलाबाई से चिमड़ाबाई हो गयीं।

पेशवाई राज दरबार में आने-जाने से गोविन्द को अनेक अच्छी बातों का ज्ञान हो गया था। पढ़ा हुआ आदमी बुद्धिमान होता है और अनपढ़ आदमी आँख होते हुए भी अन्धा ही रहता है। समाज में सम्मान के लिए शिक्षा तथा सम्पत्ति आवश्यक होती है। 'भूखे भजन न होहि गोपाला।' उन्होंने सोचा कि अपने दोनों लड़कों को अच्छी शिक्षा दिलाएँगे।

इच्छाएँ सदैव पूरी नहीं होतीं। यदि होती भी हैं तो विविध व्यवधानों को पार करना पड़ता है। गोविन्द को भी ऐसी ही परिस्थितियों से गुजरना पड़ा। ज्योतिबा एक वर्ष के भी नहीं थे कि उनकी माँ का असामयिक निधन हो गया। पत्नी की मृत्यु से गोविन्द का मनोबल टूट-सा गया। पास-पड़ोस, रिश्तेदारों-नातेदारों ने उन्हें हिम्मत बँधायी गोविन्द की पत्नी की मृत्यु की सूचना पाते ही पुरोहित पण्डित बिन बुलाए आ धमका। उन्होंने अन्त्येष्टि का विधि-विधान बताया और गोविन्द को समझाते हुए कहा, "यह शरीर नश्वर है। इसके जीर्ण होने पर आत्मा इस पंचतत्व के शरीर को छोड़ देती है। इसीलिए आदमी के मरते ही उसे घर से बाहर कर दिया जाता है। आत्मा अजर है, अमर है। न उसका जन्म होता है और न मरण। यह शरीर एक बूँद से बनता है। जब शरीररूपी घर बन जाता है, तब उसमें आत्मा का प्रवेश होता है। परन्तु जैसे वस्त्र के पुराना होने पर हम उसे त्याग देते हैं, वैसे ही यह आत्मा भी जीर्ण शरीर को त्याग देता है। यही दुनिया की रीति है। यही संसार है। यही जिन्दगी है। गोविन्द भैया जो होना था वह तो हो गया। अब स्वयं को सँभालो। अपने बच्चों को देखो। ईश्वर ने तुम्हें दो-दो पुत्ररत्न दिये हैं। उनका भविष्य सँवारना अब तुम्हारी जिम्मेवारी है। हिम्मत हारने से काम नहीं चलेगा।"

पुरोहित की बातों का प्रभाव पड़ा। जैसे-जैसे दिन बीतते गये, गोविन्द अपनी पत्नी के असह्य अभाव के दुःख को भूलता गया। बच्चों की देख-रेख और रोजी-रोटी

के प्रबन्ध में दिन कटने लगे परन्तु घर से बाहर रहने पर बच्चों का ध्यान सताता रहता। पास-पड़ोसियों ने, मित्रों-सम्बन्धियों ने गोविन्द राव की विवशता को देखकर दूसरी शादी करने की सलाह दी। उन दिनों दूसरी शादी करना आम बात थी, विशेषकर शूद्रों में। गोविन्द राव ने इस सुझाव पर बड़ी गहनता से चिन्तन किया। उनके सामने एक ही प्रश्न बार-बार उत्तर के लिए उठ खड़ा होता था, "क्या एक सौतेली माँ मेरे बच्चों को सगी माँ की ममता और लाड़-प्यार दे सकेगी?" यह उनके लिए अत्यन्त अहम् प्रश्न था। अन्ततः उनकी आत्मा ने सुझाव दिया, "माँ का दायित्व सौतेली माँ कैसे निभा सकती है!" गोविन्द राव ने दूसरी शादी नहीं करने का निर्णय किया।

गोविन्द राव के सामने बच्चों को पालने की विकट समस्या थी। उनकी आन्तरिक इच्छा थी कि उनके दोनों बेटे सुयोग्य इंसान बनें। उनके सामने श्रीमती सगुणाबाई खण्डु क्षीरसागर का चेहरा बार-बार उभर कर आने लगा। वही उनके बच्चों का लालन-पालन कर सकती हैं। सगुणाबाई विधवा थीं और पादरी जॉन के यहाँ काम करती थीं। जॉन अनाथ बच्चों का अपने घर में लालन-पालन करते थे। इन्हीं अनाथ बच्चों की देखभाल का काम सगुणाबाई किया करती थीं। उन्हें जब ज्ञात हुआ कि गोविन्द राव की पत्नी का देहान्त हो गया, तब उन्हें बहुत दुःख हुआ। वह उनकी मौसेरी बहन थीं, परन्तु गोविन्द राव उनको सगी अग्रजा का सम्मान देते थे। सगुणाबाई के उदार हृदय में परिवार के प्रति प्रेम उद्बुद्ध हो गया। उन्होंने पादरी जॉन से अवकाश स्वीकृत करने का अनुरोध किया। जान ने उन्हें छुट्टी दे दी। सगुणाबाई ने गोविन्द राव के दोनों बेटों, राजाराम और ज्योतिबा को ममता के हिल्लोलित सागर में अभिस्नात कर दिया। गोविन्द ने अपनी विखण्डित गृहस्थी को बाँधने का काम किया। खेती-बारी और फूल के व्यवसाय में अधिक समय देने लगे। सगुणाबाई क्षीरसागर ने माँ की ममता दी। दोनों बच्चों को पाल-पोस कर बड़ा किया। पादरी जॉन के यहाँ बच्चों की देख-रेख, लालन-पालन का ऊँचा अनुभव प्राप्त हो चुका था सगुणाबाई को। उसके सानिध्य में रहकर बच्चों ने माँ का अभाव महसूस नहीं किया। दोनों बच्चों का कायिक, मानसिक और चारित्रिक विकास वेगवान होने लगा।

ज्योतिबा का चरित्र निर्माण

हाथ में डंडा लेकर वह मिट्टी पर लिखते थे और पिछला पढ़ा हुआ दोहराते थे। विद्यालय जाने वाले बच्चों को देखकर वह कहते थे कि मैं भी विद्यालय जाऊँगा।

पड़ोस में एक अंग्रेज सज्जन रहते थे। उनको ज्योतिबा पर तरस आ गया और उन्होंने गोविन्दराव को समझाकर ज्योतिबा को फिर विद्यालय में दाखिल करवा दिया। बीच में पढ़ाई छूट जाने के कारण अब ज्योतिबा अपनी कक्षा में सबसे बड़ी उम्र के थे। इसलिये उन्हें बड़ी शर्म आती थी। फिर भी मेहनत करके उन्होंने पिछली सारी पढ़ाई पूरी कर ली। विद्यालय में ज्योतिबा को स्वतन्त्रता, समता, बंधुत्व, अहिंसा आदि आदर्शों का परिचय मिला। महात्माओं के जीवन सार को पढ़कर उन्होंने दया, धर्म, प्रेम और सत्य का महत्व समझा। भगवान के सामने अमीर-गरीब और ऊँच-नीच का कोई भेद नहीं है, उन्होंने यह भी सीखा। परन्तु उनको सत्य, दया, धर्म क्षमा आदि कहीं भी दिखाई न दिये। लोग एक-दूसरे को लूटते थे, धर्म और जाति का भेद बहुत माना जाता है। यह सब देखकर उनके आश्चर्य का ठिकाना न रहा। एक बार ज्योतिबा अपने दोस्त की शादी में गये। वहां एक ब्राह्मण पुरोहित ने उन्हें बारात में सम्मिलित होने से रोक लिया। शादी में विघ्न नहीं डालना चाहिए, यह सोचकर ज्योतिबा अलग हो गये। लेकिन यह अपमान बहुत दिनों तक उनके मन में कांटे की तरह चुभता रहा। इस घटना ने ज्योतिबा को गंभीरता से सोचने और सामाजिक स्थिति का अध्ययन करने पर मजबूर कर दिया। उन्होंने पाया कि अछूत कहे जाने वाले निचले वर्ग के लोगों की स्थिति जानवरों से भी गई-गुजरी है। लोग अज्ञान और दरिद्रता से पीड़ित हैं।

ज्योतिबा के चरित्र-निर्माण का क्रम स्कूली शिक्षा से प्रारम्भ हो गया। देश और दुनिया में घटने वाली घटनाओं से वे प्रभावित हुए। पेशवा राज्य की समाप्ति पर अंग्रेजों ने शासन की बागडोर सँभाल ली। उन्होंने हर क्षेत्र में विकास की गति तीव्र कर दी। सुधारवादी नीति अपनायी। इसी सिद्धान्त पर जगह-जगह स्कूल खुलवाये। इन स्कूलों में बड़े-बड़े घरानों के ही बच्चे पढ़ते थे, परन्तु शिक्षा की लौ कुछ शूद्रों के घरों तक भी पहुँची। वे भी अपने बच्चों को स्कूल भेजने लगे। परन्तु ब्राह्मणों को यह स्वीकार्य नहीं था कि शूद्रों के लड़के उनके लड़कों के साथ बराबरी में बैठकर शिक्षा-ग्रहण करें। शिक्षा-परिषद् के सदस्य 'घाकजी दादाजी प्रभु' ने परिषद् की बैठक में एक संकल्प पारित करा दिया कि शूद्रों के बच्चों को स्कूल से निष्कासित किया जाय, अन्यथा वे अपने बच्चों को स्कूल से हटा लेंगे। परिणामस्वरूप शूद्रों के मेधावी बच्चों को स्कूल छोड़ देना पड़ा। पर कुछ प्रगतिशील समाज सुधारकों ने इसका प्रबल विरोध किया। विरोध का प्रभाव हुआ तथा यथा स्थिति में परिवर्तन आया। ज्योतिबा के एक शिक्षक ने कहा कि अत्याचार और रूढ़ि का विरोध करना हर समाज सुधारक का दायित्व होता है।

पूना में एक संस्कृत पाठशाला की स्थापना 1821 में की गयी थी। इसी का नाम बाद में हिन्दू कालेज हुआ, जिसमें सवर्ण एवं ब्राह्मणों के लड़कों को ही प्रवेश मिलता था। बाजीराव द्वारा गरीब ब्राह्मणों को दी जाने वाली खैरातरूपी दक्षिणा को अंग्रेज सरकार ने घटा दिया। इससे होने वाली बचत को हिन्दू कालेज को संचालित करने के लिए दिया जाता था। स्काटिस मिशन में पढ़ते हुए ज्योतिबा को इसकी सूचना स्कूल में मिली। उन्होंने अपने सीमित दायरे में इसका विरोध किया, परन्तु उनकी आवाज नक्कारखाने में तूती की आवाज बनकर मिट गयी। कालांतर में इस कॉलेज को पुणे कॉलेज का रूप दिया गया और अन्य जातियों के लड़कों के प्रवेश पर लगा दकियानूसी प्रतिबन्ध समाप्त हो गया।

'नेटिव सोसाइटी' ने शिक्षा के प्रसार का साहसिक अभियान आरम्भ किया। 1820 तक कई पाठशालाएँ कार्य करने लगी थीं। ईसाई पादरियों ने पुणे और उसके निकटस्थ नगरों में अनेक पाठशालाओं का निर्माण कराया। बम्बई सरकार ने जिलों में आदर्श पाठशालाओं की स्थापना की, जिससे प्रेरित होकर कुछ निजी विद्यालय भी खुले।

अंग्रेजी शिक्षा और यूरोपीय साहित्य की शिक्षा को लेकर समस्त देश में बहस चल रही थी। रूढ़िवादियों की दलील थी कि अंग्रेजी शिक्षा हमारी नस्ल को ही नष्ट कर देगी। परन्तु कुछ समन्वयवादियों की सोच थी कि अंग्रेजी के माध्यम से हमारा ज्ञान-मंजर बढ़ेगा। दुनिया की गतिविधियों की जानकारी होगी और अनीति तथा अन्याय से लड़ने की प्रेरणा मिलेगी। ब्राह्मणों का लोकद्रोही वर्चस्व कम होगा। शिक्षा और कानूनमंत्री थामस मैकाले ने 1835 में आदेश दिया कि अंग्रेजी भाषा ही नहीं पढ़ाई जाय, बल्कि अंग्रेजी-माध्यम से पाश्चात्य शिक्षा भी दी जाय। सरकार के आदेश का प्रतिकार करना ब्राह्मणों ने अपने हित में समुचित नहीं समझा। बाद में लॉर्ड विलियम वेंटिंग ने अंग्रेजी शिक्षा के प्रचार हेतु ठोस कदम उठाए।

अंग्रेजी शिक्षा ने ज्योतिबा के मानस-क्षितिज को अपूर्व विस्तार दिया। मेधावी छात्र होने के कारण वे न केवल अपने अध्यापकों के प्रिय पात्र बन गये, बल्कि अपनी कक्षा के बच्चों के ध्रुवीय सितारे भी। बीच में पढ़ाई का सिलसिला टूट जाने के कारण वे अपेक्षाकृत अधिक उम्र में भी छोटी कक्षा में ही थे। बढ़ती आयु के कारण उनके पिता को उनकी शादी करने की चिन्ता सताने लगी। उन दिनों बचपन में ही शादी करना आम प्रचलन था। उम्र बढ़ जाने पर शादी के लिए लड़की मिलना एक विकट समस्या थी। यह समस्या गोविन्द राव को भी झेलनी पड़ी थी। पुणे के आसपास ऐसा कोई भी सजातीय परिवार नहीं मिला जिसके घर

में ज्योतिबा की तुल्य-आयु की लड़की मिल पाती। ज्योतिबा की आयु 13 वर्ष हो गयी थी। उनके एक मित्र गोपालजी देशमुख का विवाह मात्र सात वर्ष की आयु में हो गया था। यही देशमुख बाद में गोपालजी देशमुख लोकहितकारी के नाम से प्रख्यात समाज-सुधारक हुए।

गोविन्द राव के माथे की तनी नसों को सगुणाबाई खण्डूजी क्षीरसागर ने सहज ही ताड़ लिया। उनका सम्बन्ध सुदूर क्षेत्रों में भी था। सतारा जिला के नायगाँव में उनके दूर के रिश्ते के मामा खण्डूजी नेवसे की कन्या विवाह के योग्य हो रही थी। योग्य क्या उस समय के हिसाब से किंचित् बड़ी हो गयी थी। लड़की अच्छी है, परिवार अच्छा है। सगुणाबाई ने यह सूचना देकर गोविन्द राव की चिन्ता कम कर दी। ज्योतिबा की शादी खण्डूजी नेवसे की सुपुत्री सावित्री से की गयी। शादी के समय ज्योतिबा 13 वर्ष के और सावित्री 9 वर्ष की थी।

सावित्री के पिता का नाम खण्डूजी नेवसे था। वे समाज को आवश्यकतानुसार अशेषतः अपना नेतृत्व प्रदान करते रहते थे। शायद इसीलिए लोग उन्हें पाटिल के उपनाम से भी अभिभूषित करते थे। उनके गाँव के आसपास के स्वजातीय लोग कावड़े पाटिल भी कहते थे। खण्डूजी नेवसे का गाँव पूना शहर से करीब 62 किलोमीटर दूर पूना-सतारा राजमार्ग से हटकर है। यह ग्राम सिरवल तालुका मुख्यालय से 12 किलोमीटर पर है। गाँव में प्रवेश करने के पूर्व एक छोटी-सी नदी पार करनी पड़ती है, जिसमें मानसून के दिनों में पानी रहता है। पुल बन जाने से अब आवागमन में कोई असुविधा नहीं होती। गाँव के मध्य में भैरवजी का भव्य मन्दिर है। यह मन्दिर जमीन से दस-बारह फीट की ऊँचाई पर अवस्थित है। कभी यह मन्दिर शूद्रों के लिए वर्जित था, परन्तु अब स्थिति बदल गयी है। मन्दिर के

उत्तर खण्डूजी का मकान है। मकान का कुछ भाग अब भी अवशेष है। यह मकान सावित्री फुले का जन्म-स्थान होने से एक ऐतिहासिक स्थल बन गया है। सावित्री के पिता पढ़े-लिखे नहीं थे। अतः जन्म कुण्डली बनवाने का प्रश्न ही नहीं उठता है। परन्तु यह सर्वमान्य है कि सावित्री का जन्म 3 जनवरी, 1831 ई. को हुआ था, जिसे महाराष्ट्र सरकार ने 'बालिका दिवस' की संज्ञा दी है।

ज्योतिबा और सावित्रीबाई का विवाह-संस्कार उस समय के प्रचलित रीति-रिवाज से भिन्न रूप से हुआ था। दोनों पक्षों ने विवाह में धूमधाम के साथ भाग लिया। अशूद्रीय विवाह-पद्धति को देखकर ब्राह्मणों ने छींटाकसी करते हुए कहा कि लगता है शूद्रों का मनोबल उठता जा रहा है। इसके लिए अंग्रेजी हुकूमत जिम्मेदार है अतः अंग्रेजी हुकूमत, विशेषकर पादरियों का विरोध किया जाना चाहिए। लोगों के मन में गुलामी के विरोध का बीज उगाकर उन्हें अंग्रेजों के खिलाफ खड़ा करना आवश्यक है। 1826 में उमाजी नाइक ने बगावत का परचम लहरा दिया। पूना जिला के देहाती क्षेत्रों में कोलियों ने विद्रोह का बिगुल फूँक दिया। इसी का प्रभाव था कि 1847 में बापू मांगे और राघोजी मांगे ने ब्रिटिश सत्ता के विरुद्ध जंग का ऐलान कर दिया था।

ज्योतिबा जितनी संलग्नता से शिक्षार्जन करते थे। उतनी ही सजगता से शरीर का भी ख्याल रखते थे। पूना स्थित लहुजी साल्वे की व्यायामशाला में वे नित्य कसरत करते थे। शरीर स्वस्थ तो मन-मस्तिस्क भी स्वस्थ होता है, ऐसी उनकी मान्यता थी–"शरीरमाद्यं खलु धर्म साधनम्।"

इन छिटपुट विद्रोहों का प्रभाव ज्योतिबा के दिल-दिमाग पर भी पड़ा। गुलामी जैसे शब्द को सुनकर उनके मन में अनेक प्रश्न उभरने लगे। गुलामी क्यों है? इतनी कम संख्या में आकर अंग्रेजों ने अपना राज्य यहाँ कैसे कायम कर लिया? उनमें ऐसी क्या विशेषता है जो हम भारतीयों में नहीं है। इन समस्त प्रश्नों का उत्तर उन्होंने यहाँ की वर्ण व्यवस्था, जाति प्रथा, शोषण की नीति और अज्ञान को माना। इन कारणों से आदमी शारीरिक तौर पर ही नहीं मानसिक तौर पर भी गुलाम हो जाता है। अतः इनके निदान के बिना गुलामी से छुटकारा पाना आसान काम नहीं होगा।

उच्च शिक्षा

उन दिनों उच्च शिक्षा की व्यवस्था पूना या उसके आसपास नहीं थी। जोतिबा ने सातवीं तक की पढ़ाई पूरी की। स्कूल में वाशिंगटन की जीवनी पढ़ने को मिली।

अमेरिका के स्वतन्त्रता आन्दोलन से प्रेरणा मिली। मानवीय समानता, मानव अधिकार और मानव-स्वतन्त्रता की बातें अच्छी लगीं। उन्होंने भी इन मूल्यों के लिए समर्पण भावना का संकल्प लिया।

स्कूल में पढ़ाई के समय कुछ ब्राह्मण विद्यार्थियों से मित्रता हो गयी। मित्रता की पहल ब्राह्मण लड़कों ने ही की थी। जोतिबा होनहार तथा मेधावी छात्र था। ब्राह्मण विद्यार्थी जोतिबा से पढ़ने में मदद लिया करते थे। यदा-कदा वे जोतिबा को अपने घर पर भी बुलाते थे। उनके व्यवहार से जोतिबा को अनुभव हुआ कि समस्त ब्राह्मण जाति को रूढ़िवादी, दकियानूसी और शोषक कहना न्यायोचित नहीं होगा। ब्राह्मणों के लड़के कितने मित्रवत्सल और अच्छे हैं। उनमें कहाँ है ऊँच-नीच की संकीर्ण भावना? जोतिबा के एक मित्र ने आगाह किया था कि तुम्हें नहीं मालूम कि ये ब्राह्मण विद्यार्थी अपने स्वार्थ के लिए तुम्हारा सम्मान करते हैं। इस पर जोतिबा ने कहा कि एक बात तो सुस्पष्ट हो ही गयी है कि ज्ञान का सम्मान होता है; 'विद्या धनं सर्वधनं प्रधानम्। विद्वान् सर्वत्र पूज्यते।'

जोतिबा के प्रारम्भिक जीवन में एक ऐसी घटना घटित हुई, जिसने उनके उक्त विचारों पर भीषण कुठाराघात कर दिया। वे अपने मित्र सखाराम की बारात में भाग लेने के लिए आमंत्रित थे। सखाराम ब्राह्मण था। बारात गाजे-बाजे के साथ मन्थर गति से दूल्हन के घर जा रही थी। सजा-धजा दूल्हा घोड़ी पर सवार था। जोतिबा अपने मित्र के साथ प्रसन्न मुद्रा में चल रहा था। कुछ कट्टर ब्राह्मणों ने बारात के मध्य में जोतिबा को देखा तो उनका कट्टरपन्थी ब्राह्मणत्व जागृत हो गया। ब्राह्मणों के साथ शूद्र माली का चलना उन्हें असह्य हो गया। एक ब्राह्मण ने क्रोध का उद्घाटन करते हुए डाँटा, "क्यों रे शूद्र के बच्चे, तू हमारे साथ कैसे चल रहा है। चल हट यहाँ से।" जोतिबा को ब्राह्मण की फटकार अच्छी नहीं लगी। उसने झट से प्रतिउत्तर दिया, "इसमें हिम्मत का कहाँ प्रश्न है। मेरे मित्र सखाराम की शादी है। उसने मुझे आमंत्रित किया है।"

जोतिबा का जवाब सुनते ही ब्राह्मणों का अहंकार प्रज्वलित हो गया। एक ने गालियों की बौछार करते हुए कहा, "सखाराम ने बुलाया और तुम चले आये। तुमको जाति-पाँति, मर्यादा का कुछ पता नहीं। जाति हमने नहीं बनायी। यह तो ईश्वरकृत है और तू नीच होकर जबान लड़ाता है। अंग्रेजी राज क्या आ गया है, शूद्र साले सिर पर चढ़ने लगे हैं। चल यहाँ से। बारात में सबसे पीछे जा, जहाँ पर हमारे नाई और सेवक लोग हैं।" जोतिबा बारात में न जाकर सीधे अपने घर आया। उसका चेहरा लाल था। क्रोध की चिनगारी आँखों में चमक रही थी। उसके पिता ने पूछा, "क्यों

बेटा, क्या हो गया। तुम क्यों इतने परेशान हो?'' जोतिबा ने सारी बात बता दी और सोचा कि उसके पिता शायद ब्राह्मणों को कुछ भला-बुरा कहेंगे, परन्तु सदियों से दलित शूद्र में इतना मनोबल कहाँ?

''ब्राह्मण की बारात में तुम्हें सम्मिलित नहीं होना चाहिए था, बेटे। हमलोग शूद्र हैं। हम नीची जाति के और वे ब्राह्मण उच्च जाति के हैं। अच्छा हुआ उन लोगों ने तुम्हें केवल डाँट-फटकार कर ही छोड़ दिया। वे हमारा कोई भी अमंगल कर सकते थे।'' गोविन्द राव ने जोतिबा को समझाया।

''हम शूद्र हैं नीच जाति वाले। यह ऊँच-नीच किसने बनाया? यह इन ब्राह्मणों का ढकोसला है। घोड़ी पर चढ़कर इनका दूल्हा चलता है, इससे छूत नहीं लगती। हमें छूने से छूत लगती है। क्या हमलोग जानवरों से भी गये-गुजरे हैं? पिताजी आपको इनकी चालाकी नहीं मालूम। हमें स्कूल में सब मालूम हो गया है।'' जोतिबा ने अपने पिता को वास्तविकता से अवगत कराने का प्रयास किया। परन्तु गोविन्द राव ने पुनः समझाते हुए कहा, ''बेटा जाति-पाँति तो ब्राह्मण ने नहीं बनायी है। हमें तो अपने कर्मों का फल मिल रहा है। यही हमारा भाग्य है, इसे कौन टाल सकता है। पेशवा के वर्चस्व-काल में तो शूद्रों को हाथी के पैरों तले रौंद दिया जाता था।''

''पेशवा का जमाना चला गया, पिताजी। अब नियति का खेल भी बदल रहा है। धर्मग्रन्थों में भी कहा गया है कि 'भाग्य पर नहीं चरित्र पर भरोसा करो।' भाग्यं नहि चरित्रं प्रत्येयम्। हाथी के पैरों से रौंदवाने का समय चला गया। मैं सुशिक्षित हूँ तब मेरे साथ ऐसा व्यवहार? अनपढ़, अज्ञानी, सीधे-सादे लोगों के साथ वे क्या करते होंगे।'' ज्योतिबा ने क्रोधकीलित स्वर में कहा।

''बेटा, उन्हें कोसने से हमें क्या मिलेगा। वे ब्राह्मण देवता हैं। हमें उनकी सेवा करनी है। यही हमारा धर्म है, यही हमारा भाग्य-फल है।''

''किस धर्म की बात करते हैं आप पिताजी। हिन्दू धर्म की? हम भी हिन्दू वे भी हिन्दू। तब हममें उनमें अन्तर कहाँ? कलम इनके हाथ में थी, अपने को ईश्वर का अवतार लिख लिया। ईश्वर क्या, ये तो शैतान से भी हीनतर हैं।''

गोविन्द सन्न था। जोतिबा की बातें उसकी समझ के परे थीं। परन्तु एक बात उसकी समझ में अवश्य आ गयी कि सम्भव है उसका बेटा जो कह रहा है वही सच हो।

आज के अपमान ने जोतिबा के स्वाभिमान को दृप्त कर दिया। उसका मानस आन्दोलित हो उठा। उसे शिवाजी महाराज, बुकर टी वाशिंगटन, मर्टिन

लूथर की जीवनियों के प्रेरणादायी दृश्य स्मरण हो आये। शिवाजी जैसे महान पराक्रमी को भी इन ब्राह्मणों ने नहीं छोड़ा। सुना है, उनका राजतिलक पण्डितों ने पैर के अँगूठे से किया था, क्योंकि वह शूद्र थे। उनके सामने मौलवी और पादरी की वार्ताएँ चित्रपट की भाँति उजागर होने लगीं। इस्लाम में जाति-धर्म, ऊँच-नीच का विभेदास्तित्व नहीं है। किसी को भी कुरान पढ़ने की, मस्जिद में प्रवेश तथा इबादत करने की मनाही नहीं है। सभी मुसलमान खान-पान और धर्मपालन में तुल्यमान हैं, इसीलिए उनमें चट्टानी एकता है और वे पूरे विश्व में फैल गये हैं। ईसाई धर्म या मत में सामाजिक और धार्मिक भेदभाव नहीं है। गिरजाघर ईसा मसीह का घर है। हर ईसाई का अर्चना स्थल है। कोई भी जाकर मोमबत्ती जला सकता है। बाइबिल को पढ़ने की किसी को मनाही नहीं है। परन्तु हिन्दू धर्म में वर्ण के नाम पर, जाति के नाम पर, सामाजिक, धार्मिक सत्ता पर भेदभाव है। गीता, रामायण, स्मृतियों को शूद्रों के लिए वर्जित किया गया है। वेद-पुराण को पढ़ने की कौन कहे, स्पर्श भी नहीं कर सकते। वेद-मन्त्र जिस कान में पड़ जाते, उनमें शीशा पिघलाकर डाल दिया जाता। मन्दिर बनाने वाले शूद्रों को मन्दिर प्रवेश पर मनाही है। कूपों का निर्माण करने वाले ये शूद्र कुएँ से पानी नहीं पी सकते। अन्त्यज की परछाईं पड़ने से भी छूत लग जाती है। इन्हीं कारणों से हिन्दू धर्म संकुचित सीमा से बहिर्गत नहीं हो सका।

जोतिबा ने अपने धर्म, हिन्दू धर्म को जानने के लिए धर्म-ग्रन्थों का अध्ययन किया। समाज सुधारक सन्तों, महात्माओं जैस—भगवान बुद्ध, तीर्थंकर महावीर, रामानुज, रामानन्द, वशवेश्वर, गुरुनानक, कबीर, रैदास, दादू के जीवन चरित्र और साहित्य को पढ़ा, तुकाराम की गाथा और ज्ञानेश्वरी का अध्ययन किया। उनको ज्ञात था कि जीवनियाँ ही सच्चा इतिहास हैं। 'सज्जीवनान्येव सत्येतिहासरूपम्।' प्रो. विलसन सर विलियम जोन्स की 'हिन्दू धर्म की विवेचना' सम्बन्धी पुस्तकों को अपनी तार्किक बुद्धि की तुला पर तौला।

इन सब ग्रन्थों को तर्कबुद्धि से निरखने-परखने के पश्चात् ही जोतिबा इस निष्कर्ष पर पहुँचे थे कि हिन्दू धर्म और सनातन धर्म की नींव 'बाँटों और राज्य करो' के सिद्धान्त पर आधारित है। वर्ण और जाति व्यवस्था ने लोगों को जातियों और उपजातियों में विखंडित कर दिया। खान-पान, शादी-ब्याह और धार्मिक अनुष्ठानों में छूत का विष घोल दिया। 'गुण कर्म विभागशः' एक सैद्धान्तिक कहावत बनकर रह गयी और कृष्ण से भी गीता में कहलाया गया कि विभिन्न जातियों के कर्म उनके स्वभावजन्य हैं अर्थात् अच्छा या बुरा कर्म से कोई अभिप्राय नहीं। स्मृतिकारों ने तो

पूरे हिन्दू समाज को सदियों पीछे ढकेल दिया। शूद्र को न केवल अनेक जातियों और उपजातियों में बाँट दिया, बल्कि उन्हें एक दूसरे से श्रेष्ठ बताकर उनके अभिन्न परस्पर न होने देने का सिद्धान्त गढ़ दिया। ब्राह्मणों ने स्वयं को भगवान का स्वरूप और देवता कहकर श्रेष्ठतर घोषित कर दिया। 'पूजहिं विप्र यद्यपि गुणहीना' समाज की व्यवस्था बन गयी।

जोतिबा को यह जानकर बहुत हर आश्चर्य हुआ कि ब्राह्मणों ने समाज के प्रत्येक वर्ग का दोहन किया है—क्षत्रियों का गुरु बनकर, वैश्यों का पुरोहित बनकर और शूद्रों का देवता बनकर। वास्तविक जीवन में उन्होंने 'ब्राह्मण या शूद्र' दो वर्गों में समाज को विभक्त कर दिया। अब्राह्मण वर्ग का आर्थिक और सामाजिक शोषण किया। अपनी श्रेष्ठता को ईश्वर द्वारा निर्मिति कहकर अपने वर्चस्व को स्थापित किया जो अब तक विद्यमान है। यदि किसी ने इस व्यवस्था का प्रतिकार किया तो उसे नास्तिक कहकर लोकदृष्टि में अधोगत कर दिया या चतुर्बल का प्रयोग किया और सामाजिक जागरण को उन्नतग्रीव तक नहीं होने दिया।

हिन्दू समाज की अच्छाइयों और बुराइयों की तह में जाकर जोतिबा ने संकल्प किया कि अन्धविश्वास, रूढ़िता और अज्ञान के आवरण को उठाकर सच्चाई का उद्घाटन करेंगे। शोषण के विरुद्ध लड़ने के लिए शोषितों को जागृत करेंगे। इसके लिए हिन्दू धर्मग्रन्थों के विचारों पर यदि आक्रमण करना पड़ा तो भी पश्चात्-पद नहीं रहेंगे। व्यक्ति की जन्मजात श्रेष्ठता की धारणा का विखण्डन करेंगे और जनमानस को बतायेंगे कि ईश्वर ने सबको एक जैसा पैदा किया है। हर व्यक्ति नंगा ही पैदा होता है जाति, धर्म, कुल का वस्त्र बाद में पहनाया जाता है। ज्ञान, कार्य-श्रेष्ठता तथा पराक्रम के गुण व्यक्ति में न्यूनाधिक्य हो सकते हैं, परन्तु ये किसी जाति या जनसमूह की धरोहर नहीं हैं और न ही वंशानुगत हैं।

ज्योतिबा मैट्रिक पास थे। तब घर के लोग चाहते थे कि वे अच्छे वेतन पर सरकारी कर्मचारी हो जाएं लेकिन ज्योतिबा ने अपना सारा जीवन दलितों की सेवा में बिताने का निश्चय किया। उन दिनों स्त्रियों की स्थिति बहुत खराब थी। चौका-बर्तन करना और बच्चों को संभालना, बस इतना ही उनका दायरा था। बचपन में शादी हो जाती थी और पढ़ने-लिखने का सवाल ही नहीं उठता था। दुर्भाग्य से अगर कोई बचपन में विधवा हो जाती थी तो उसके साथ बड़ा अन्याय होता था। भावी पीढ़ी का निर्माण करने वाली माताएं अगर अंधकार में डूबी रहीं तो देश का क्या होगा? पीढ़ी दर पीढ़ी अंधकार ही फैला रहेगा और देश की कोई भी पीढ़ी सबल,

शिक्षित नहीं हो सकेगी। वह इस परिणाम पर पहुंचे कि यदि बच्चे की माँ पढ़ी-लिखी होगी, तभी वह संतान को ज्ञान का प्रकाश दे सकेगी।

ज्योतिबा ने ध्रुव निश्चय किया कि वे अपना सम्पूर्ण जीवन 'सामाजिक क्रान्ति' के साफल्य को अभ्यर्पित कर देंगे और समाज की अन्ध विचार-वीथी को ज्योतित कर देंगे। शोषण मुक्त समाज की स्थापना का संकल्प साकार करेंगे। इसके लिए उन्होंने तीन कार्यों का निष्पादन करना आवश्यक समझा–शोषित उपेक्षित जनता को उनकी गुलामी और शोषण की प्रतीति कराना, उनके आत्माभिमान को उद्रिक्त करना तथा शूद्रातिशूद्र की सीढ़ीनुमा विभक्त विभिन्न जातियों में भावात्मक एकता को संचारित करना।

जाति से बहिष्कृत और गृह त्याग

अछूतोद्धार के लिए ज्योतिबा ने अनेक अछूत बच्चों को अपने घर पर पाला और अपने घर की पानी की टंकी उनके लिए खोल दी, परिणामस्वरूप उन्हें जाति से बहिष्कृत कर दिया गया। कुछ समय तक एक मिशन स्कूल में अध्यापक का काम मिलने से ज्योतिबा का परिचय पश्चिम के विचारों से भी हुआ, पर ईसाई धर्म ने उन्हें कभी आकृष्ट नहीं किया। 1853 में पति-पत्नी ने अपने मकान में प्रौढ़ों के लिए रात्रि पाठशाला खोली। इन सब कामों से उनकी बढ़ती ख्याति देखकर प्रतिक्रियावादियों ने एक बार दो हत्यारों को उन्हें मारने के लिए तैयार किया था, पर वे ज्योतिबा की समाजसेवा देखकर उनके शिष्य बन गए।

जिस समय ज्योतिबा शिक्षा प्रसार के माध्यम से लोकमानस को झंकृत और जागृत कर रहे थे, उसी समय देश और विदेश में अनेक महत्त्वपूर्ण आन्दोलन भी सक्रिय थे, जिनका प्रत्यक्ष अथवा परोक्ष प्रभाव मनुष्य की स्वतन्त्रता, समता और जागरूकता के भाव पर अवतरित हो रहा था। पूना के आस-पास सहयाद्रि पहाड़ियों के बीच 'कोली विद्रोह' भड़क उठा था। अंग्रेजों की नयी नीति से कोली लोग बेकार हो गये थे। वे संघबद्ध होकर सरकारी प्रतिष्ठानों को क्षतिग्रस्त और राजकोष लूटकर भुखमरी का सामना करते। घोड़े स्थित महलकारी खजाने को लूटने के क्रम में, पूना के सहायक दण्डाधिकारी रोज ने 54 विद्रोहियों को गिरफ्तार कर लिया। उन पर मुकदमा चलाया गया। रामचन्द्र गणेश गोरे को फाँसी की सजा दी गयी। परन्तु इससे कोलियों का मनोबल म्लान नहीं हुआ। रघू मंगरिया और बापू मंगरिया के नेतृत्व में अंग्रेज शासन के प्रतीक पाटिलों और पुलिस पर हमले किये जाते। रघू को पकड़ने के लिए 5000 रुपये का इनाम घोषित था। मंगरिया बन्धुओं के नेतृत्व में सरकारी

खजाने को लूट लिया गया। पुलिस की मदद करने वाले पाटिल को मौत के घाट उतार दिया गया। कई सूदखोरों को लूट लिया गया और उनके अंग-भंग कर दिये गये। पुरन्दर पुर और सतारा में केमा गउली तथा उमाजीनायक के पुत्रों के गिरोह ने अंग्रेजों की नींद हराम कर दी। बापू मंगरिया पकड़ा गया। 1848 में रघू मंगरिया को पुरन्दर पुर में यात्री वेश में पकड़ लिया गया। उमाजी के पुत्र तुकया और मनकाला की गिरफ्तारी से विद्रोह शान्त तो हो गया, परन्तु लोगों में एकता और संघर्षरत रहने की क्षमता आ गयी।

रूस और आसपास के देशों में कार्लमार्क्स का साम्यवाद अवतरित हो चुका था। साम्यवाद से सम्बन्धित मार्क्स के कम्युनिस्ट मैनीफेस्टो, ने यूरोप में तहलका मचा दिया। मजदूर संगठन सुदृढ़ होने लगे। भारत में भी साम्यवाद के अंकुर पनपने लगे। अमेरिका के न्यूयार्क में वेल्सियन चर्च में नारी उद्धार का आन्दोलन प्रारम्भ हुआ। नारी कल्याण के नाम पर महिलाओं के संगठन क्रान्तिकारी कदम आगे बढ़ाना सीख रहे थे। इसी समय पूना में ज्योतिबा पिछड़ी नारी समाज के मन-मस्तिष्क में विद्या के दीप प्रज्वलित कर रहे थे। बिना एक-दूसरे के सम्पर्क में आये दुनिया के विभिन्न क्षेत्रों में एक तरह की युगांतरकारी भावनायें जन्म ले रही थीं, यह एक संयोग ही था।

सावित्रीबाई ने स्कूल में अध्यापन का कार्यभार अंगीकृत कर लिया था। ज्योतिबा को स्कूल के संचालनार्थ संसाधनों को एकत्र करने के लिए अधिक समय मिल रहा था। स्कूल में सभी वर्गों की बच्चियाँ और बच्चे आने लगे थे। परन्तु सावित्री का अध्यापक होना कट्टरपंथियों को रास नहीं आ रहा था। उन लोगों ने ऐलान कर दिया कि गोविन्द माली की बहू ने समाज और धर्म के विरुद्ध विद्रोह कर दिया है। यदि शूद्रों को कठोर सबक नहीं सिखाया गया तो देश नरक में बदल जायेगा। औरत, वह भी शूद्र के घर की चली है लड़के-लड़कियों को शिक्षित करने। वेदोक्ति है शूद्रों को मति मत दो। अर्द्धशिक्षित ब्राह्मण हर बात को वेद और धर्म से जोड़कर कहते थे जिससे उसका भय लोगों के अन्तस्तल तक प्रवेश कर सके।

सावित्रीबाई को स्कूल जाते-आते सवर्णों के असुन्दर और घृण्य ताने सहने पड़ते। वह चुपचाप सुन लेतीं। गालियाँ देते, वह भी सुन लेतीं। इसका जब कोई असर न हुआ तब उसके ऊपर गन्दा कीचड़ फेंकने लगे। सावित्री ने इन अपमानों को धैर्य से सहन किया। पढ़ने मात्र से ही ज्ञात हुआ था कि समय के विपरीत होने पर भी धैर्य न छोड़ो। 'विधुरेऽपि काले धैर्यं न त्याज्यम्'।

ज्योतिबा ने ढाँढस बँधाया। अच्छा काम करने में ऐसी कठिनाइयाँ तो आयेंगी ही। रूढ़ियों और अन्धविश्वासों का प्रतिकार करना आसान काम नहीं है और इन सवर्णों को अज्ञानी मानकर अपना काम करते जाना है। यदि हम इन लोगों के कुकृत्यों में फँस गये तो स्कूल का काम नहीं चल सकेगा। सावित्री ने पूरे साहस के साथ रूढ़िवादियों के दुष्कृत्यों का सामना किया। अपने पथ से विचलित नहीं हुई। दृढ़वती पुरुष बार-बार विपरीत परिस्थितियों के आने पर भी अपने पथ से विच्युत नहीं होते।

गोविन्द ने स्पष्ट शब्दों में कहा–"पढ़ाई-लिखाई से क्या होगा, मैं नहीं जानता। मैं तो सीधी बात यह जानता हूँ कि भूखे भजन न होहिं गोपाला। हमारे फूलों का धन्धा इन्हीं ब्राह्मणों की कृपा पर अवलम्बित है। तुम्हारे अलावा तुम्हारे भाई राजाराम का परिवार भी तो है। ब्राह्मणों ने सामाजिक बहिष्कार करने की धमकी दी है। तुम या तो पाठशाला बन्द करो या...।"

गोविन्द राव अपनी बात कहते-कहते ठहर गया। ज्योतिबा उनके मन की बात ताड़ गए। उन्होंने कहा, "बापूजी मैं घर छोड़ने को तैयार हूँ। आप सब लोग सुख से रहें। हमारी चिन्ता न करें। हमने नारियों और शूद्रों को विद्यादान देने का अडिग संकल्प ले रखा है और उसे अवश्य पूरा करूँगा। इसके लिए जान की बाजी लगाने के लिए भी तैयार हूँ।"

"लेकिन बेटा यह हठधर्मिता क्यों?" ...गोविन्द ने पूछा।

"बापूजी यह इसलिए कि मनुष्य मनुष्य बनकर जी सके। वह स्वाभिमान का जीवन व्यतीत कर सके। वह वर्णजाति के सर्वघाती बन्धनों से विमुक्त हो सके। धर्म-अधर्म का पार्थक्य समझ सके और कोई भी उनका शोषण न कर सके। "यह कहकर उन्होंने झुककर पिता के चरणों का स्पर्श किया और कहा, "मैं आपकी सुख-शान्ति के लिए घर-गाँव छोड़ने के लिए तैयार हूँ।"

पिता-पुत्र के बीच की बहस और उसके परिणामस्वरूप जोतिबा के गृहत्याग का समाचार जंगल की आग की तरह पूरे इलाके में फैल गया। ब्राह्मण मुहल्ले में प्रसन्नता की लहरें आकाश-स्पर्शिनी हो उठीं। किसी ने कहा, "बड़े आराम से बाप की कमाई खाता और पाठशाला चलाता था। अलग रहकर अब आटा-दाल का भाव मालूम पड़ेगा। पेट भरने के लिए काम करना पड़ेगा। पाठशाला चलाने से पेट नहीं भरता है। अब तो उसे लड़कियों की पाठशाला बन्द करनी ही पड़ेगी।"

कार्यक्षेत्र

उन्होंने विधवाओं और महिलाओं के कल्याण के लिए काफी काम किया। उन्होंने इसके साथ ही किसानों की हालत सुधारने और उनके कल्याण के लिए भी काफी प्रयास किये। स्त्रियों की दशा सुधारने और उनकी शिक्षा के लिए ज्योतिबा ने 1854 में एक स्कूल खोला। यह इस काम के लिए देश में पहला विद्यालय था। लड़कियों को पढ़ाने के लिए अध्यापिका नहीं मिली तो उन्होंने कुछ दिन स्वयं यह काम करके अपनी पत्नी सावित्री को इस योग्य बना दिया। उच्च वर्ग के लोगों ने आरंभ से ही उनके काम में बाधा डालने की चेष्टा की, किंतु जब फुले आगे बढ़ते

ही गए तो उनके पिता पर दबाब डालकर पति-पत्नी को घर से निकालवा दिया इससे कुछ समय के लिए उनका काम रुका अवश्य, पर शीघ्र ही उन्होंने एक के बाद एक बालिकाओं के तीन स्कूल खोल दिए।

पिता का गृह त्यागने के पश्चात् सर्वोपरि आवश्यकता मकान की महसूस हुई। उसके बाद पेट भरने के लिए काम की। ज्योतिबा ने घर से न तो खाने का सामान लिया था, और न ही वस्त्रादि। वह जो पहने थे उन्हीं कपड़ों में घर छोड़ दिया। पत्नी सावित्री ने भी स्कूल जाने के लिए रखे झोले को उठा लिया। झोले में वह बस दो साड़ियाँ रखती थीं। एक साड़ी पहनकर स्कूल जाती थीं, जिसे ब्राह्मणों के लड़के गोबर, थूक आदि फेंककर गन्दा कर देते थे। स्कूल पहुँचकर दूसरी साड़ी पहनती थीं और तब बालिकाओं को पढ़ाती थीं।

गंजपेठ में मुंशी गफ्फार वेग का मकान था। वे अपने मुहल्ले के एक प्रतिष्ठित नागरिक माने जाते थे। उनकी निगाह ज्योतिबा दम्पत्ति पर पड़ गयी। उन्होंने पूछा, ''ज्योति बेटे इस समय आप दोनों कहाँ जा रहे हैं।'' ''कहीं नहीं मुंशीजी, हमने घर छोड़ दिया है। जहाँ कहीं ठौर-ठिकाना मिलेगा, वहीं रह लूँगा।'' ज्योतिबा ने मुंशी गफ्फार को मलिन मन से सूचित किया।

''घर छोड़ दिया। क्या बात हो गयी। सब ठीक तो है ना।'' मुंशीजी ने पूछा।

''हाँ मुंशीजी सब ठीक है। आप तो जानते हैं कि हम लड़कियों की एक पाठशाला चलाते हैं। पेठ के कुछ ब्राह्मण स्कूल बन्द कराना चाहते हैं। उनकी सब चालें जब असफल हो गयीं, तब उन्होंने बापू के कान भर दिये कि पाठशाला चलाने और लड़कियों को पढ़ाने से हमारे पूर्वज नरक में चले जायेंगे। उन्होंने हमारे परिवार का सामाजिक बहिष्कार करने की भी धमकी दी। इसलिए मैंने स्वयं मकान छोड़ दिया।''

''तो मेरा यह इतना बड़ा मकान किस काम आयेगा। आओ बेटे ! तुम यहीं रहो।'' ज्योतिबा की पाठशाला में मुंशी गफ्फारवेग की बेटी भी पढ़ती थी। बाद में वह उनके स्कूल में सहायक अध्यापिका भी बनी। ज्योतिबा ने सावित्री से कहा, ''देखो घर से बाहर निकलते ही ईश्वर ने आवास का प्रबन्ध कर दिया। घर छोड़ना एक तरह से लाभप्रद ही रहा। बाकी सब भी ठीक हो जायेगा।''

भूखे पेट पूजा भी नहीं होती। ज्योतिबा के सामने सर्वोपरि समस्या थी क्षुधातृप्ति की। सावित्री ने पाठशाला चलाने का काम सँभाल लिया। पाठशाला चलाने के लिए भी धन की आवश्यकता थी। मित्रों से मिलने वाली चन्दा की राशि खर्च के हिसाब से अत्यल्प थी। इसलिए ज्योतिबा ने मकान बनाने, पुल बनाने, और बाँध

आदि बनाने में लगने वाली सामग्री की आपूर्ति का ठेका लेना प्रारम्भ कर दिया। बाजार से सामान उधार पर लेते और भुगतान मिलने पर वापस कर देते। इस प्रकार घर का खर्च चलने लगा। ठेकेदारी के साथ समाज सेवा का काम भी करते रहे। इस धन्धे में आने के बाद जोतिबा को निर्माण कार्य में लगे मजदूरों की आर्थिक और सामाजिक दशा को निकटता से देखने और जानने का भी अवसर मिला। मूल ठेकेदार मजदूरों का निष्करुण शोषण करते। काम अधिक मजदूरी कम। जोतिबा ने सोचा कि इन मजदूरों की स्थिति सुधारने का भी काम करना चाहिए। लेकिन उनका सुधार भी शिक्षा के माध्यम से ही तो किया जा सकता है। उन्होंने निर्णय किया कि लड़कियों की पाठशाला के साथ-साथ गंजपेठ के अछूतों-मजदूरों के बच्चों के लिए भी पाठशाला संचालित करना आवश्यक है।

जोतिबा की आर्थिक स्थिति सँवरने लगी थी। स्कूल में बच्चों की संख्या बढ़ती जा रही थी। ज्योतिबा के व्यायाम-गुरु लहूजी साल्वे और राणवा महार ने गंजपेठ के बच्चों को और उनके अभिभावकों को समझा-बुझाकर उत्साहित किया। सवर्ण जातियों के अलावा अवर्ण जातियों के बच्चे स्कूल आने लगे। बच्चों की बढ़ती संख्या देखकर और अध्यापकों की आवश्यकता महसूस होने लगी। श्री विष्णुकान्त धत्ते नामक एक ब्राह्मण ने बच्चों को पढ़ाने हेतु अपनी सेवा दी, परन्तु रूढ़िवादी ब्राह्मणों ने उन्हें इतनी अधिक मानसिक प्रताड़ना दी कि उससे हतोत्साहित होकर उन्होंने अध्यापन-कार्य छोड़ दिया।

स्कूल में बच्चों के लिए पेयजल की व्यवस्था नहीं थी। ब्राह्मणों ने अपने कुओं से पानी लेना मना कर दिया था। ज्योतिबा ने किसी तरह बच्चों के पीने के लिए पानी का प्रबन्ध किया। इन कठिनाइयों ने ज्योतिबा और उनकी पत्नी सावित्रीबाई के संकल्प को कमजोर करने के बजाय और सुदृढ़ता प्रदान की।

कहावत है कि जो स्वयं अपनी मदद करता है, भगवान भी उसकी ही मदद करते हैं। ब्राह्मण मण्डली के लोग एक ओर ज्योतिबा का जहाँ हर तरह से विरोध कर रहे थे, वहीं उसी वर्ग के कुछ ब्राह्मण ज्योतिबा की मदद करने लगे थे। विद्यार्थियों की बढ़ती संख्या को देखते हुए ज्योतिबा ने गंजपेठ में ही एक मुसलमान का मकान किराये पर ले लिया। मोरो विठ्ठल वालवेकर और देवराज ठोकस शाम को अपनी निःशुल्क सेवा देने लगे। उन्होंने स्कूल के पत्राचार आदि के निपटाव का भार सँभाल लिया। एक अंग्रेज मेजर कैंडी ने पुस्तकों का प्रबन्ध कर दिया। स्कूल का स्वास्थ्य उन्नत होता जा रहा था। अछूतों के बच्चों के लिए महाराष्ट्र ही नहीं, बल्कि पूरे देश में पहला स्कूल खोलने का श्रेय ज्योतिबा को जाता है। शिक्षा के प्रसार में इस

क्रान्तिकारी कदम की जानकारी करीब आठ-नौ दशक बाद जब मोहनदास करमचंद गाँधी को यरवदा जेल में मिली तो उन्होंने जोतिबा को प्रेरक-ज्योति के रूप में अंगीकृत कर लिया। उन्होंने यह भी कहा कि जिस युग में जोतिबा ने नारियों और अछूतों के उत्थान के लिए कार्य किया, उस युग में ऐसा कार्य कोई सन्त महात्मा ही कर सकता है।

नारियों की शिक्षा को समाज में शनैः-शनैः मान्यता मिलने लगी थी। प्रगतिशील विचारकों ने जोतिबा को हर तरह की मदद पहुँचाने का संकल्प लिया। परन्तु अछूतों की शिक्षा का प्रयास किसी के गले नहीं उतर रहा था। ब्राह्मण ही नहीं, शूद्र वर्ण की भी अधिकांश जातियाँ अछूतों को शिक्षित करने के पक्ष में नहीं थीं। सामाजिक वातावरण अछूतों के प्रतिकूल था जिसकी छाया पड़ने से छूत लग जाती थी। वेद मन्त्र अछूत के कान में पड़ जाने पर उसके कान में पिघला हुआ शीशा और लाह डाल दिया जाता था। वेद मन्त्र का उच्चारण करने पर जीभ कटवा ली जाती थी। ऐसे कठिन-क्रूर समय में जोतिबा का अछूतों के लिए स्कूल चलाना सामाजिक क्रान्ति का तीव्रतम बिगुल था, जिसे सुनकर ब्राह्मण समुदाय बौखला गया। उन्होंने प्रचार करना शुरू कर दिया कि ज्योतिबा ने अछूतों को शिक्षित कर महापाप किया है। हिन्दू धर्म को अपवित्र किया है। वे हिन्दुओं को ईसाई बनाना चाहते हैं। ब्राह्मण और कट्टरपन्थी ब्राह्मणेतर लोगों ने ज्योतिबा को समाज से बहिष्कृत करने की मुहिम छेड़ दी। जोतिबा ने बाह्मणों के हर कुचाल का मुँहतोड़ उत्तर दिया। लोगों का विवेक क्रियाशील हुआ। शीघ्र ही उनके झूठे प्रचार पंख लगाकर उड़ गये। इसी समय एक घटना घटी। हुआ यह कि एक चपरासी अपनी गरीबी और समाज की उपेक्षा से तंग आकर ईसाई धर्म अपनाने के लिए तैयार था। ज्योतिबा को इसकी सूचना मिली। उन्होंने उसे समझाया कि धर्म परिवर्तन से गरीबी दूर नहीं होगी। समाज में इज्जत पाने के लिए रूढ़ियों से लड़ना होगा। उसने ईसाई धर्म ग्रहण करने का इरादा छोड़ दिया। इस उदाहरण से ब्राह्मणों द्वारा प्रचारित धर्म परिवर्तन की अफवाह पर लोगों को विश्वास नहीं हुआ, बल्कि ज्योतिबा के शिक्षा प्रसार को लोगों ने प्रोत्साहित करना शुरू कर दिया।

विपुल जन सहयोग और मित्रों की आर्थिक मदद से ज्योतिबा का मनोबल उन्नीत होना स्वाभाविक था। उन्होंने जुलाई, 1851 में बुधवारपेठ के सम्मानित नागरिक श्री अन्नासाहब चिपलूणकर के मकान में एक और कन्या पाठशाला खोल दी। इस पाठशाला में अध्यापन का दायित्व उन्होंने स्वयं अपने ऊपर लिया। जब स्कूल चलने लगा, तब जोतिबा ने अपनी पत्नी सावित्री को अछूतों के स्कूल से

हटाकर लड़कियों की इस पाठशाला में प्रतिनियोजित कर दिया और अछूत पाठशाला में स्वयं पढ़ाने लगे। इसके बाद तो जोतिबा ने पुणे नगर में पाठशालाओं की कतार खड़ी कर दी। सितम्बर, 1851 में रास्तापेठ में, उसके बाद नानापेठ में और बाद में बेतालपेठ में पाठशालाएँ स्थापित कीं। पूरे पुणे नगर और उसके समीपस्थ इलाकों में कुछ ही वर्षों में अठारह से अधिक पाठशालाएँ क्रियाशील हो गयीं। ज्योतिबा का सपना साकार हुआ। उनकी रुचि शिक्षा के साथ-साथ गरीबों, किसानों और मजदूरों की दूसरी समस्याओं के निदान की ओर बढ़ने लगी।

जीवन के अंतिम दिन

नवम्बर, 1890 की सुखदायी शाम थी। महात्मा फुले को लकवा मारने की बात वायुवेग से चतुर्दिक बिखर गयी। बड़ौदा नरेश महाराज सयाजीराव ने अपने सचिव को पुणे भेजा। वे यथेष्ट वित्तीय सहायता के साथ जोतिबा फुले के गंजपेठ मकान में मिले और महाराजा का सन्देश दिया कि इस बीमारी के उपचार में जो भी आवश्यकता होगी, महाराज उपलब्ध करायेंगे। डॉ. विश्राम रामजी धोले जोतिबा के स्वास्थ्य की देखभाल कर रहे थे। उन्होंने कहा कि महाराज को सूचित कर दें कि महात्मा फुले की पूरी देखभाल की जा रही है। उन्हें विशेष चिन्ता करने की आवश्यकता नहीं है।

महात्मा फुले 'सार्वजनिक सत्यशोधक' ग्रन्थ को पूरा करने के लिए कभी-कभी चिन्तित से लगते थे। उन्होंने एक स्थल पर लिखा कि "इस भूमण्डल पर महान सत्पुरुषों ने जो ग्रन्थ लिखे हैं, उन सभी में अपने-अपने समय के हिसाब से कोई न कोई सत्य अवश्य है। इसलिए किसी एक परिवार की महिला बौद्ध धर्म का ग्रन्थ पढ़ने पर चाहे तो उस धर्म को स्वीकार कर सकती है और उसी परिवार का उसका पति पुराना तथा नया टेस्टामेंट पढ़कर अपनी मर्जी के अनुसार ईसाई बन सकता है। उसी परिवार की कन्या कुरान पढ़कर अपने विचारों के अनुसार महमदी धर्म को अपना सकती है और उसी परिवार का पुत्र 'सार्वजनिक सत्य धर्म' पढ़कर सार्वजनिक सत्यधर्मीय हो सकता है। अपने माता-पिता के साथ कन्या तथा पुत्र अपनी घर-गृहस्थी करें और कोई किसी धर्म से ईर्ष्या न करें। इन सभी को चाहिए कि वे अपने परिवार के सदस्यों को निर्माणकर्ता की ही सन्तानें समझें और अपने को उसी (निर्माणकर्ता) के परिवार का सदस्य मानकर प्रेम तथा श्रद्धा का बर्ताव अपने अन्तःमन से करें जिससे वे सभी निर्माणकर्ता के शासन में धन्य हो जाएं।"

आज धर्मनिरपेक्षता और समता के नाम पर राजनीति हो रही है। महात्मा फुले ने एक ही परिवार में सर्वधर्म समभाव की कल्पना की थी। इस कल्पना को साकार करना हर मानव का कर्तव्य है। क्या ऐसा हो सकेगा ? यह प्रश्न उत्तर माँग रहा है। 'सत्यमेव जयते' के सिद्धान्त को मानने वाले फुले ने सदैव सत्य की वकालत की, सत्यता के मार्ग पर चले, अनेक संघर्षों के बाद वे सफल भी हुए। लकवा की बीमारी से उनका शरीर कमजोर होता जा रहा था। परन्तु उनका जोश और मन कभी कमजोर नहीं पड़ा। दिसम्बर 1880 में पक्षाघात ने दूसरी बार आक्रमण किया। वे सत्यशैया पर लेट गये।

महात्मा फुले भविष्य दृष्टा थे। आने वाली घटनाओं को पहले ही जान लेते थे। वे सच्चे सन्त थे। उनका स्वास्थ्य गिरता जा रहा था। 27 नवम्बर, 1890 की गोधूलि में उन्होंने अपने परिजनों, हितैषियों, अनुयायियों और सार्वजनिक सत्यशोधक समाज के सदस्यों को बुलाया और क्षीण स्वर में डॉ. विश्राम रामजी धोले से कहा, "अब इलाज का कोई उपयोग नहीं है।"

उन्होंने अपने लोगों की ओर मुँह करके कहना प्रारम्भ किया, "मित्रो! अब मेरे जाने का समय आ गया है। मैंने अपने जीवन में जिन-जिन कार्यों को हाथ में लिया, उन्हें लगभग पूरा किया है। आप सभी ने मेरे कार्यों में मेरी मदद की, उसका मूल्य आँकना सम्भव नहीं है। मेरी पत्नी सावित्री ने हरदम परछाईं की तरह मेरा साथ दिया। मेरा पुत्र यशवंत अभी छोटा है, लेकिन उसमें कुछ करने की उमंग है। मैं इन दोनों को आपके हवाले करता हूँ।"

इतना कहते-कहते उनकी आँखों से अश्रुबिन्दु स्वतः लुढ़क गये। उनकी पत्नी सावित्री ने अपने आँचल से उनके आँसू पोछे और कहा, "आप ये सब क्या कह रहे हैं!"

महात्मा ने अपने को सँभाला। भर्राये गले को साफ किया और कहने लगे, "मेरे जाने से स्वाभाविक रूप से आपको दुःख होगा, लेकिन जो जन्मता है, उसका मरना भी तो स्वाभाविक है। पहले हमारे पूर्वज गये, आज मैं जा रहा हूँ, कल आप भी जायेंगी। जब यह निश्चित है, तब व्यर्थ शोक क्यों किया जाय।"

महात्मा फुले की साँस फूलने लगी। वे चित्त लेट गये। कुछ क्षण के पश्चात् पुनः आगन्तुकों को सम्बोधित करने लगे, "आप अपना कर्तव्य करते रहें और सत्यशोधक समाज के विचारों को अपनाएँ। आपको मेरे साथ बहुत तकलीफें सहनी पड़ीं और आगे इनसे भी ज्यादा तकलीफें सहनी पड़ सकती हैं, लेकिन उनसे न डरते हुए ईश्वर के प्रति आदर रखते हुए आप अपना काम करते रहें।"

सावित्री फुले और यशवंत राव चारपाई की बगल में बैठे थे। उन्होंने महात्मा को बोलने से मना किया और कहा कि ''आप धैर्य रखें सब ठीक हो जायेगा। अभी तो समाज के लिए और बहुत कुछ करना शेष है।''

महात्मा फुले ने पत्नी और पुत्र को सान्त्वना देते हुए कहा, ''बोलने का समय बीतता जा रहा है सावित्री! अभी नहीं बोलूँगा तो फिर कभी बोलने का अवसर नहीं मिलेगा। मैं शान्ति के सागर में गोते लगा रहा हूँ। क्योंकि तुम लोगों में इतनी शक्ति और साधना है कि किसी भी परिस्थिति को सँभाल सकते हो।''

रात्रि गहराती जा रही थी। डॉ. विश्राम बगल में बैठे हर क्षण महात्मा के स्वास्थ्य का परीक्षण कर रहे थे। महात्मा फुले ने आँखें खोलीं और कहा कि "आप सब लोग प्रार्थना करें। यह शरीर रिक्त हो रहा है। जीव को जाते हुए देख रहा हूँ। वह नये शरीर की खोज में है।"

"सावित्री मैं सदैव तुम्हारे साथ रहूँगा। यह आत्मा दो साल तक तुम्हारे आस-पास चक्कर काटता रहेगा। दो साल के पश्चात् एक नया घर मिलेगा, जिसमें वह अपना निवास बनायेगा और मेरे कार्यों को पूरा करेगा। मेरे सपने पूरे होंगे।"

यह कहते-कहते महात्मा की पलक ढक गयी। हाथ-पैर टेढ़े पड़ने लगे। वे चिर-निद्रा में सो गये। ज्योतिबा गोविन्द राव फुले 'महात्मा' के देहावसान की सूचना वायु पर आरूढ़ चतुर्दिक फैल गयी। पूरा वातावरण शोकमग्न हो गया। सुबह होते-होते गंजपेठ मुहल्ला जोतिबा के अनुयायियों से भर गया। उनके मकान परिसर में तिल रखने की भी जगह नहीं रही। महात्मा का पार्थिव शरीर मकान के बाहर रखा था। नाकों में इत्रस्नात रुई का फाहा, चारों ओर गमगमाती अगरबत्तियों की सुगन्ध और प्रसन्नचित्त जोतिबा के शरीर पर अनधोया सफेद वस्त्र था जो रह-रहकर हवा के मद्धिम झोंकों से लहरा जाता था। लगता था कि ज्योतिबा का शरीर सजग हो रहा है, पर यह आँखों का भ्रम था।

महात्मा फुले ने अपनी वसीयतनामा में यह इच्छा व्यक्त की थी कि "हम दोनों के मृत शरीर को हमारे परम्परागत रिवाज के अनुसार यथा सामर्थ्य नमक डालकर दफन कर देना चाहिए। हमारे मृत शरीर को अग्नि को समर्पित नहीं करना चाहिए।"

महात्मा फुले की इच्छानुसार सावित्री फुले ने अपने पति को मकान के परिसर में दफन करना चाहा, परन्तु तत्कालीन सरकार ने इसकी अनुमति नहीं दी। करीब 10 बजे शवयात्रा निकाली गयी। श्मशान घाट पर पहुँचने में दो घण्टे से अधिक का समय लग गया। श्मशान घाट पर ज्योतिबा के मित्र और कई विद्वानों ने अन्तिम विदाई दी। जोतिबा के पुत्र यशवंत राव ने, 'सार्वजनिक सत्यधर्म' के विधान के अनुसार अन्तिम संस्कार किये। क्रुसेडर ज्योतिबा का शरीर पंचतत्त्व में विलीन हो गया।

महात्मा की उपाधि

दलितों और निर्बल वर्ग को न्याय दिलाने के लिए ज्योतिबा ने सत्यशोधक समाज स्थापित किया। उनकी समाजसेवा देखकर 1888 ई. में मुंबई की एक विशाल

सभा में उन्हें महात्मा की उपाधि दी गई। ज्योतिबा ने ब्राह्मण-पुरोहित के बिना ही विवाह-संस्कार आरंभ कराया और इसे मुंबई हाईकोर्ट से भी मान्यता मिली। वे बाल-विवाह विरोधी और विधवा-विवाह के समर्थक थे। वे लोकमान्य के प्रशंसकों में थे।

सामाजिक व शैक्षणिक क्रांति के प्रणेता

महात्मा ज्योतिबा फुले सामाजिक व शैक्षणिक क्रांति के एक महान् अग्रदूत थे। 19वीं सदी के मध्य में उन्होंने एक महान् सामाजिक आंदोलन का सूत्रपात किया जिसके तहत वे किसानों, मजदूरों, महिलाओं और तमाम पिछड़े तबके के लोगों को अधिकार दिलाने और उनमें स्वाभिमान एवं आत्म गौरव की भावना जगाने के लिए, जीवनपर्यन्त संघर्ष करते रहे।

राष्ट्रपिता महात्मा गाँधी ने ''ज्योतिबा'' को सच्चा ''महात्मा'' कहा जबकि भारत रत्न डॉ. भीमराव अम्बेडकर ने उन्हें अपना गुरू माना, इस युग पुरुष के विचारों और कार्यों से उन्होंने प्रेरणा प्राप्त की थी। बाबू जगजीवन राम के अनुसार, महात्मा फुले दलित चेतना की दिशा में ज्योति पुरुष थे। उनके जीवन का एक मात्र लक्ष्य-न्याय और मानव अधिकारों को प्राप्त करना था।

तत्कालीन स्थिति

पेशवा बाजीराव द्वितीय के शासन काल में उन दिनों किसान और मजदूरों पर भयंकर अत्याचार किए जाते थे, समय पर लगान नहीं देने पर उनके बच्चों के शरीर पर उबलता तेल डाला जाता, तवों को गर्म कर उन पर किसानों को खड़ा कर दिया जाता था और उनकी पीठ पर बड़े-बड़े शिलाखण्ड रख दिए जाते। किसानों को उल्टा लटकाकर उनकी नाक में मिर्च का धुआं छोड़ा जाता था। अकाल और सूखे की स्थिति में भी किसान मजदूरों की इस सजा में कोई रियायत नहीं की जाती थी।

महिलाओं की दुर्दशा की तो कोई सीमा नहीं थी। बचपन में शादी हो जाना, अनपढ़ बने रहना, घर की चार दीवारी में कैद रहना और यदि दुर्भाग्य से कोई बचपन में ही विधवा हो जाए तो हर तरफ से तिरस्कार, सामाजिक प्रथा के अनुसार विधवा लड़की के बाल काट दिये जाते थे। अक्सर औरतों को ऐसे कामों की सजा दी जाती थी जिनसे उनका वास्ता ही न रहा हो।

दलित और अछूतों के साथ तो पशु से भी बदतर व्यवहार किया जाता था। पढ़ने-लिखने, पूजा-पाठ करने, भगवान के दर्शन और वेद पाठ सुनने की भी सख्त

मनाही थी। ऐसा करने की कोशिश करने वालों के कानों में गर्म सीसा और पारा तक डाल दिया जाता था।

संकल्प और कार्य

ऐसी अमानवीय स्थितियों ने ज्योतिबा के मन में हिन्दू धर्म की विसंगतियों, ऊँच-नीच और जाति-पांति की भावना से बड़ी उथल-पुथल पैदा कर दी। उन्होंने जाना कि समस्त समस्याओं की जड़ महिलाओं, पिछड़ों और अछूतों का अनपढ़, अज्ञानी और असंगठित रहना है।

ज्योतिबा ने आदमी-आदमी के बीच इस अन्तर और महिलाओं की स्थिति को देखकर संकल्प किया कि वे स्त्रियों को समाज में पुरुषों की बराबरी का दर्जा दिलाएंगे तथा पिछड़े दलितों और अछूतों को समाज की मुख्य धारा में लाकर राजनैतिक, सामाजिक और आर्थिक समानता पर आधारित एक शोषण रहित समाज बनाएंगे। अपने संकल्प को मूर्त रूप देने की दिशा में पहले कदम के रूप में ज्योतिबा ने 1 जनवरी, 1848 को पूना में बालिका विद्यालय की स्थापना की। वह किसी भारतीय द्वारा स्थापित देश का पहला बालिका विद्यालय है। ज्योतिबा की धर्मपत्नी सावित्री बाई इस विद्यालय की पहली शिक्षिका बनीं। इस विद्यालय को चलाने के लिए फुले दम्पति को अथक प्रयास करने पड़े। 15 मई, 1848 को फुले दम्पत्ति ने अछूतों के लिए देश में पहली पाठशाला खोलकर वंचितों, दलितों, पिछड़ों एवं महिलाओं को समाज की मुख्य धारा में जोड़ने के अपने आंदोलन को आगे बढ़ाया।

सनातनी लोगों ने धर्म और शास्त्रों के नाम पर ज्योतिबा और उनके स्कूल का कड़ा विरोध किया। पर ज्योतिबा इन सबकी परवाह किये बिना अपने काम में जुटे रहे। सनातनी लोगों ने अंतिम प्रयास के रूप में ज्योतिबा के पिता को डरा-धमका कर दोनों पति-पत्नी को घर से निकलवा दिया। समस्या और कठिनाइयों के कारण ज्योतिबा को एक बार फिर अपना विद्यालय बंद करना पड़ा। लेकिन अपने सुधारवादी ब्राह्मण मित्र सदाशिव बल्लाल, गोबिन्दे और मुंशी गफ्फार बेग की सहायता से थोड़े समय बाद ही उन्होंने स्कूल दुबारा शुरू कर दिया। ज्योतिबा का दलितों और महिलाओं को शिक्षित करने का काम लगातार आगे बढ़ता रहा। संकट उन्हें न तोड़ सके और न ही रोक सके। हर समस्या और बाधा के बाद वे और मजबूत होकर आगे बढ़े। मानवता, समानता और समता का उनका आन्दोलन लगातार जारी रहा।

ज्योतिबा ने किसान, मजदूरों और कामगारों की आवाज को मजबूत करने के लिए जनवरी 1877 में "दीन बन्धु" नाम से एक साप्ताहिक अखबार शुरू किया।

उन्होंने किसानों और मजदूरों की बेहतरी और उनकी वाजिब मांगों के लिए एक जुट होकर संघर्ष करने के लिए प्रेरित, शिक्षित और संगठित भी किया। मजदूर आंदोलन की नींव डालने वाले पहले नेता ज्योतिबा फुले ही हैं। फुले के सहयोग और प्रयासों से उन दिनों किसान और मजदूरों के हितों की रक्षा और "सत्यशोधक समाज" के प्रचार हेतु "अंबलहरी" "दीनमित्र" एवं "किसानों का हिमायती नाम" से अन्य अखबार भी प्रकाशित किए गए।

अपने अखबारों–"मराठा" एवं "केसरी" में कोल्हापुर रियासत के विरुद्ध छापने के कारण बाल गंगाधर तिलक और गोपाल गणेश आगरकर को चार मास की सजा सुनाई गई। ज्योतिबा ने ऐसे कठिन समय में न केवल दोनों की आर्थिक मदद करवाई, बल्कि जेल से छूटने पर उनका सभाओं के माध्यम से जगह-जगह स्वागत भी करवाया। कांग्रेस की स्थापना के समय ज्योतिबा ने महाराष्ट्र की अनेक सभाओं में लोगों को कांग्रेस का प्रचार करते हुए, उसके कार्य को समझाया।

दर्शन

ज्योतिबा के अनुसार परमेश्वर एक है और सभी मानव उसकी संतान हैं। उस परमपिता की भक्ति और पूजा के लिए न तो किसी मध्यस्थता की आवश्यकता है और न ही किसी विशेष स्थान मंदिर आदि की। धर्मग्रंथ ईश्वर द्वारा बनाए नहीं हो सकते। समाज में स्त्री-पुरुष का दर्जा बराबर है। शिक्षा पुरुष एवं स्त्री दोनों के लिए समान रूप से आवश्यक है। उनका मानना भा कि धर्म का उद्देश्य आत्मिक विकास ही नहीं बल्कि मानवता की सेवा करना भी है। इन्हीं विचारों को आधार बनाकर ज्यातिबा ने 1873 में "सत्य शोधक" समाज की स्थापना की। सत्य शोधक समाज ब्राह्मण वर्चस्व और उच्च्व जातियों द्वारा समाज की पिछड़ी, दलित जातियों के बौद्धिक शोषण तथा सामाजिक, सांस्कृतिक उत्पीड़न और अन्याय के विरुद्ध प्रतीकात्मक रूप से एक जन आंदोलन बनकर सामने आया। इसके प्रभाव के कारण विवाह आदि मांगलिक कार्य पंडित-पुरोहितों के बिना ही सम्पन्न होने शुरू हो गए थे।

ज्योतिबा फुले वर्ण व्यवस्था के कट्टर शत्रु थे। उनका मानना था कि मनुष्य की श्रेष्ठता का प्रमाण उसकी जाति नहीं वरन् उसके अपने गुण हैं। हिन्दुओं में ऊँच-नीच की भावना पैदा करने वाली इस व्यवस्था वर उन्होंने कठोरता से लगातार आघात दिए। उनका मानना था कि हिन्दू समाज के पतन और इनमें महिलाओं, पिछड़ों एवं दलितों के शोषण का एक मात्र कारण वर्ण व्यवस्था ही है। उनकी कोशिश

हिन्दू समाज में लोकतांत्रिक मूल्यों की स्थापना करना था। उन्होंने मुसलमान एवं गैर हिन्दुओं के साथ भी समान व्यवहार की पुरजोर वकालात की।

ज्योतिबा फुले के 61 वर्ष और सामाजिक जीवन के 40 वर्ष पूरे करने पर मई 1888 में बम्बई में एक विशाल जन समुदाय के बीच इस युग पुरुष को ''महात्मा'' की उपाधि से विभूषित किया गया। ज्योतिबा ने उस अवसर पर कहा—"यह अल्प सा कार्य मैंने ईश्वर की प्रेरणा से किया है। मैं आज तक यही मानता रहा हूँ कि जन सेवा ही सच्ची सेवा है और यह मैं आगे भी करता रहूँगा।" जुलाई, 1888 में ज्योतिबा को लकवा मार गया। इससे उनके शरीर का दायां हिस्सा बेकार हो गया, उस पर उन्होंने बांये हाथ से लिखते हुए अपना ''सार्वजनिक सत्य धर्म'' नामक ग्रंथ पूरा किया। लेकिन दिसम्बर, 1888 में लकवे के दूसरे आक्रमण ने उन्हें तोड़ दिया। इस बीमारी से वे उठ नहीं सके और अन्ततः 28 नवम्बर, 1890 को वे चिर निद्रा में लीन हो गए। एक दिव्य ज्योति परमात्मा में विलीन हो गई।

2

तत्कालीन परिस्थितियों में दलित संघर्ष की स्थिति का अवलोकन

19वीं सदी में धार्मिक तथा सामाजिक सुधार आन्दोलनों से भारतीय राष्ट्रीयता के विकास का एक नया युग प्रारम्भ होता है। इस समय समाज को सती प्रथा, जाति प्रथा, बाल विवाह, पर्दा प्रथा, मूर्तिपूजा, छुआछूत एवं बहुदेववाद आदि बुराइयों ने दूषित कर रखा था, जबकि विभिन्न आडम्बरों के कारण धर्म भी संकीर्ण होता जा रहा था। इस समय ईसाई मिशनरियों द्वारा किए जा रहे प्रचार कार्य के कारण लोगों का ध्यान ईशाई धर्म की तरफ आकृष्ट हो रहा था तथा वे हिन्दू धर्म के प्रति उदासीन होते जा रहे थे। इस समय देश में पुनर्जागरण हुआ तथा विभिन्न सुधारकों ने देश की सामाजिक एवं धार्मिक स्थिति में अनेक सुधार किए, जिसके कारण आधुनिक भारत के निर्माण को प्रोत्साहन मिला।

बंगाल के राजा राममोहन राय तथा बंबई प्रेसीडेंसी के ज्योतिबा फुले ने दो विचारधाराओं का प्रतिनिधित्व कर अनवरत सामाजिक-सुधारों का सिलसिला जारी रखा। राजा राममोहन राय और उनके बाद के अनेक भद्र समाज के सुधारक पाश्चात्य शिक्षा, संस्कृति और आचार-विचारों के रंग में रंगे हुए थे और निःसंदेह अभिजात्य वर्ग से संबंध रखते थे। फुले अस्पृश्य दलित और पिछड़े वर्ग के प्रतिनिधि थे। वे मुश्किल से अपनी देशी-मिशन स्कूल में शिक्षा पूर्ण नहीं कर पाए थे। बिलकुल साधनहीन थे। धीरे-धीरे उनका समस्त कार्य-क्षेत्र शूद्रों, दलितों, बहिष्कृतों तक ही सीमित नहीं रहा, वरन् बड़े व्यापक रूप में स्त्रियों, विधवाओं, परित्यक्ताओं, किसानों

और मजदूरों तक फैला। फुले समग्र सामाजिक क्रांति के मसीहा बन गए। अभिजात्य वर्ग के धार्मिक-सामाजिक सुधारक पहले अपने ही वर्ग की बात सोचते थे, दबे-कुचले वर्ग के ऊपर उनका कम ही ध्यान जाता था। फुले ने सोते हुए पूरे समाज को पूरी तरह से झकझोरने का प्रयास किया।

फुले ने गरीबी को काफी करीब से देखा था। अस्पृश्यता, जाति-पांति, सामाजिक असमानता को भोगा था, जबकि अन्य उच्च वर्ग के सामाजिक चिंतकों और सुधारकों के बारे में यह बात नहीं थी। ये यूरोपीय उदारवाद, व्यक्तिगत स्वतंत्रता, संस्कृति और चिंतन से अवश्य प्रभावित थे। दरअसल वे ईसाइयों द्वारा हिंदुत्व की निंदा तथा सामाजिक बुराइयों को देखकर ही समाज सुधारों और समाज सेवा की ओर आकृष्ट हुए थे।

यद्यपि उनका जन्म निम्न जाति में हुआ था, फिर भी उनके कई ब्राह्मण और उच्च जातियों के मित्र सामाजिक और शिक्षा कार्यों में पूर्ण सहयोगी थे। फुले महाराष्ट्र में दलित क्रांति और सामाजिक सुधारों के अग्रणी पुरोधा हैं। इसलिए फुले युगीन भारत को धार्मिक और सामाजिक सुधारों तथा शैक्षिक और सांस्कृतिक नवोत्थान का सांस्कृतिक काल कहा जाता है। इसी काल में राष्ट्रीयता तथा सामाजिक परिवर्तन का बीजांकुर हुआ था। भारत की चारों दिशाओं, उत्तर से दक्षिण और पूर्व से पश्चिम तक नवजागरण का संदेश लहराया। इसके बहुत से कारण हैं। एक ओर यूरोपीय नवोत्थान, वैचारिक क्रांति, व्यक्तिगत स्वतंत्रता, प्रजातंत्र की भावनाओं और भारी औद्योगिक क्रांति, यांत्रिकीकरण वैज्ञानिक दृष्टिकोण ने पाश्चात्य शिक्षा प्राप्त भारत की युवा पीढ़ी में स्वाभिमान और राष्ट्रीय भावनाओं का संचार किया, दूसरी ओर भारत में ईसाई धर्म के बढ़ते कदम, पादरियों द्वारा हिंदुओं के धर्म परिवर्तन के संगठित प्रयास तथा उनके द्वारा भारतीय धर्मों और जीवन-शैली की भर्त्सना से भद्र-समाज आशंकित हुआ, उसकी आंख खुली। उन्होंने सर्वप्रथम ब्रह्मसमाज की स्थापना की थी। फुले से पूर्व इस नव जागरण और सामाजिक-सांस्कृतिक क्रांति के प्रखर प्रणेता राजा राममोहन राय थे। उन्होंने यूरोपीय विपुल ज्ञान, सभ्यता और संस्कृति के उन तत्वों को अपनाया जिनसे दिग्भ्रमित और अंधविश्वासों में आकंठ डूबा भारत अपना सामाजिक और बौद्धिक, आर्थिक और राजनीतिक विकास पर बल दे सकता था।

केशवचन्द्र का भारतीय ब्रह्म समाज

केशचन्द्र सेन 1857 ई. में ब्रह्म समाज के सदस्य बने। उन पर पाश्चात्य सभ्यता एवं संस्कृति का बहुत प्रभाव था, अतः उनका देवेन्द्रनाथ ठाकुर से मतभेद हो गया तथा 1866 ई. में उन्होंने भारतीय ब्रह्म समाज की स्थापना की। सन् 1857 में जब उत्तर भारत में प्रथम स्वतंत्रता संग्राम छिड़ा 19 वर्ष की आयु के केशवचंद्र सेन ब्रह्म समाज में शामिल हो चुके थे। वह तेजस्वी और मेधावी अंग्रेजी पढ़े-लिखे

नवयुवक थे। यूरोप के धर्म और संस्कृति का उन पर प्रभाव था। उन्होंने यज्ञोपवीत, धार्मिक अनुष्ठान, जाति प्रथा, मूर्ति-पूजा सभी का विरोध किया। उन्होंने अंतरजातीय विवाहों का समर्थन किया। सेन के सुधारवादी दृष्टिकोण और कार्यक्रमों से देवेन्द्रनाथ पूर्णरूप से सहमत नहीं थे।

केशवचंद्र सेन यूरोपीय आचार-विचार और ईसाई धर्म की ओर ज्यादा झुके हुए थे। उन्हें हिंदू धर्म में अधिक दोष-भ्रांतियां प्रदर्शित हुई थीं। उन्होंने जातीय कट्टरता का घिनौना रूप देखा था। इसलिए वे सर्वधर्म और जातीय उदारता के परिपोषक बने रहे। पाश्चात्य विचारों ने उनमें उदारवाद और वैज्ञानिक दृष्टिकोण अपनाने की प्रवृत्ति पैदा कर दी थी और समाज में परिवर्तन लाने के भाव भर दिए थे।

सन् 1866 में दुर्भाग्यवश केशवचंद्र सेन तथा देवेंद्रनाथ ठाकुर का ब्रह्म समाज दो भागों में विभाजित हो गया जो काफी दुर्भाग्यपूर्ण था।

सेन के धार्मिक विचार

केशवचन्द्र सेन पर पाश्चात्य सभ्यता एवं संस्कृति तथा ईसाई धर्म का बहुत प्रभाव था। अतः उनके नेतृत्व में भारतीय ब्रह्म समाज का हिन्दू धर्म एवं भारतीय संस्कृति से नाता टूट गया। इस समाज के सदस्य ईसा मसीह को अपना ईश्वर मानकर पूजने लगे। इसके अलावा वे ईसाई ग्रन्थों तथा बाइबल का भी अध्ययन करने लगे। सेन विश्व धर्म की स्थापना के इच्छुक थे, अतः उन्हें सभी धर्मों की उपासना आरम्भ कर दी। इस समाज की प्रार्थनाओं में हिन्दू, इस्लाम, ईसाई, बौद्ध, चीनी, यहूदी आदि सभी धर्मों की प्रार्थानाएँ सम्मिलित थीं। इसके सदस्य सड़कों पर सामूहिक कीर्तन करते हुए चलते थे।

सामाजिक सुधार

केशचन्द्र सेन एक महान् समाज सुधारक थे। उन्होंने बाल विवाह, बहु विवाह, पर्दा प्रथा, जाति प्रथा आदि बुराइयों का विरोध करते हुए स्त्री शिक्षा, विधवा विवाह तथा अन्तर्जातीय विवाह पर बल दिया। उनके प्रयासों से सरकार ने 1872 में एक कानून बनाकर अन्तर्जातीय विवाह को मान्यता प्रदान कर दी तथा विवाह हेतु लड़कों के लिए न्यूनतम आयु 18 वर्ष तथा लड़कियों हेतु 14 वर्ष निर्धारित कर दी। उन्होंने स्त्रियों व मजदूरों की दशा में सुधार हेतु 1870 ई. में भारतीय सुधार संघ की स्थापना की। अपने विचारों के प्रसार हेतु सेन ने सुलभ समाचार नामक समाचार पत्र का प्रकाशन किया।

भारतीय ब्रह्म समाज ने सेन के नेतृत्व में काफी विकास किया। 1866 ई. मं इसकी बंगाल में 50, उत्तर प्रदेश में 2 एवं पंजाब व मद्रास में एक-एक शाखा स्थापित हो चुकी थी। इस समाज के सिद्धान्तों के प्रसार हेतु विभिन्न भाषाओं में 37 पत्र-पत्रिकाएँ प्रकाशित होती थीं। 1878 ई. में उन्होंने अपनी पुत्री का विवाह कूच बिहार के राजकुमार से कर दिया। विवाह के समय वर-वधू दोनों नाबालिग थे अर्थात् 18 व 14 वर्ष की आयु से कम थे। सेन के विरोधियों ने इस विवाह की आलोचना करते हुए अपना अलग समाज साधारण ब्रह्म समाज स्थापित कर लिया। इस पर सेन ने भी एक नवीन समाज विधान समाज का गठन किया, जिसका ईसाई धर्म की तरफ बहुत अधिक झुकाव था।

साधारण ब्रह्म समाज

आनन्द मोहन बोस, शिवनाथ शास्त्री, विजय कृष्ण गोस्वामी आदि ने केशवचन्द्र सेन से मतभेद होने पर साधारण ब्रह्म समाज की स्थापना की। इसने समाज एवं धर्म में महत्त्वपूर्ण सुधार किए। इसके प्रयासों से कलकत्ता में एक स्कूल की स्थापना की गई, जो आगे चलकर सिटी कॉलेज ऑफ कलकत्ता के नाम से विख्यात हुआ। इस समाज के सिद्धान्तों का प्रचार करने के लिए तत्त्व कौमुदी नामक बांगला एवं ब्रह्म पब्लिक ओपिनियन नामक अंग्रेजी समाचार पत्र प्रकाशित होने लगे। इसने 1884 ई. में संजीवनी नामक साप्ताहिक पत्र का प्रकाशन किया तथा 1880 ई. में ब्रह्म बालिका नामक स्कूल की स्थापना की।

यद्यपि आज ब्रह्म समाज लगभग लुप्त हो चुका है, किन्तु फिर भी धर्म तथा समाज सुधार के क्षेत्र में इसका योगदान कभी नहीं भुलाया जा सकता। इसने प्रेस की स्वतन्त्रता पर बल देकर भारतीयों में राष्ट्रीयता की एक नई बावना जाग्रत की।

राजा राममोहन राय और ब्रह्म-समाज

राजा राममोहन का जन्म फुले से छह दशक पूर्व 1772 में बंगाल के बर्दवान जिले के राधानगर ग्राम में उन्होंने एक ब्राह्मण परिवार में हुआ था। उनकी प्रारंभिक दीक्षा अरबी और फारसी में हुई थी। बाद में अंग्रेजी, हिंब्रू और ग्रीक का भी अध्ययन किया था। उन्होंने 1803 में अपने विचारों के प्रतिपादन के लिए फारसी में एक पुस्तक लिखी। इसमें मूर्ति-पूजा का खंडन किया और एकेश्वरवाद की प्रशंसा की थी। उन्होंने विश्व धर्म या मानवतावादी दर्शन की आवश्यकता पर काफी बल दिया था।

उन्नीसवीं शताब्दी के पहले दशक में वह कंपनी की नौकरी में आए और रंगपुर के कलेक्टर के दीवान के रूप में पद ग्रहण किया। बाद में एक नाबालिग जमींदार के मैनेजर नियुक्त हुए। 1815 में उन्होंने नौकरी का परित्याग कर दिया।

उस दौरान कलकत्ता ब्रिटिश की राजधानी थी। उन्होंने अंग्रेजी को शिक्षा का माध्यम बनाए जाने का पक्ष लिया। भारत में प्रचलित सती प्रथा पर रोक लगायी। 1829 में लार्ड विलियम बैंटिक ने सती प्रथा पर रोक लगा दी। सती प्रथा उन्मूलन को कानून का दर्जा दिलाने में राजा राममोहन राय की महती भूमिका थी जिसके कारण उनका इतिहास स्वर्णाक्षरों में लिखा गया।

राममोहन राय ने बड़े प्रभावी ढंग से अपनी एक पुस्तक में ईसाई धर्म की अलौकिक और चमत्कार पूर्ण बातों की आलोचना की। लेकिन इस ग्रंथ में उन्होंने ईसा की विवेकपूर्ण शिक्षाओं को उजागर किया। इससे पादरी समाज नाराज हो गया। ईसा ईश्वर पुत्र नहीं थे, इससे संबंधित राममोहन राय ने तीन तर्कपूर्ण लेख लिखे। इससे उनका बाइबिल और ईसाई मत के बारे में गहरा ज्ञान प्रकट होता है।

उन्होंने ईसाइयों द्वारा धर्म की भर्त्सना पर अपने शोध निबंध में लिखा कि जब कोई जाति दूसरी जाति पर जीत हासिल कर लेती है तो विजित जाति पर अपना धर्म थोपती है। ईसाई और मुसलमानों ने भारत में यही किया। इसलिए ईसाइयों के चरित्र में हिंदू धर्म की छीछालेदर अस्वाभाविक बात नहीं थी।

हिंदू धर्म की रूढ़िवादी विचारधाराओं पर राजा राममोहन राय द्वारा काफी प्रहार किया गया था, लेकिन उन्होंने यूरोप के नए आचार-विचारों के साथ सामंजस्य बिठाने की बात की। उन्होंने यूरोप की औद्योगिक क्रांति और विज्ञान के आविष्कारों से शिक्षा ग्रहण करने की बात कही। उन्हें ईसाई धर्म में मानवता, उदारता, सेवाभाव जैसे तत्वों का आयोग किया जाता है, जबकि हिंदू धर्म में व्याप्त मूर्ति-पूजा, अवतारवाद, मंदिर-तीर्थों के मनगढ़ंत ढकोसले, पौराणिकता और सामाजिक रूढ़ियां आदि पसंद नहीं थीं। उनका चिंतन व्यापक, वैज्ञानिक और सार्वभौम था, जबकि उनके आलोचक उन पर आरोप लगाते हैं कि वह पूर्ण रूप से भारतीय नहीं थे तथा हिदुओं को ईसाई में परिवर्तित करना चाहते थे। यह बातें भ्रमपूर्ण थीं, जबकि वह भारतवासियों को अंग्रेजी भाषा के द्वारा पाश्चात्य ज्ञान-विज्ञान और चिंतन में पारंगत बनाना चाहते थे, ताकि उनमें मानवता के प्रति प्रेम उमड़े। राष्ट्रीयता की भावना प्रबल हो। देश को नई दिशा मिले। **मिस कालेट** ने उनकी जीवनी लिखते हुए भाव-विभोर शब्दों में लिखा है–

"निःसंदेह इतिहास में राममोहन राय का स्थान उस महान सेतु के सदृश है जिस पर चलकर भारत अपने अथाह अतीत से अज्ञात भविष्य में प्रवेश करता है। प्राचीन सड़ी-गली वर्ण व्यवस्था और जाति-प्रथा तथा नवीन उदार मानवता के बीच जो खाई है, अंधविश्वास, जड़ता तथा नए आविष्कारों और वैज्ञानिक चिंतन के बीच जो दूरी है, स्वेच्छाचारी-सामंती राज्य और लोकतंत्र के बीच जो अंतराल है तथा बहुदेववाद एवं विशुद्ध ईश्वरवाद के मध्य जो भेद है उनकी सारी खाइयों पर पुल बांधकर भारत को प्राचीन से नवीन, जड़ भावों से प्रगतिशील चिंतन की ओर ले जाने वाले महापुरुष राममोहन राय हैं।" यह कथन राममोहन के बारे में अक्षरशः सत्य साबित होती है।

सन् 1816 में राममोहन राय ने कलकत्ता में वेदांत कालेज की स्थापना की थी। 1815 में धार्मिक चर्चा हेतु वह आत्मीय सभा का गठन कर चुके थे। कलकत्ता के प्रगतिशील विचारों के रईस, जमींदार और पंडित इसके सदस्य थे। मूर्ति पूजा, कर्मकांड तथा पाखंडवाद जैसे विषयों पर इसमें वाद-विवाद होता था। आत्मीय सभा धार्मिक और सामाजिक सुधारों की श्रृंखला में एक अच्छा प्रयास माना जा सकता था।

कलकत्ता यूनिटेरियन सोसाइटी का निर्माण सन् 1819 में आत्मीय सभा बंद होने के पश्चात् हुआ। कुछ अंग्रेज बैरिस्टर और अभिजात्य वर्ग के उच्चशिक्षा प्राप्त बंगाली उसके सदस्य बने। संभवतः इसका उद्देश्य 'सर्वधर्म समभाव' रहा होगा। हिंदू और ईसाई धर्म के अनुयायियों के इस संगठन में दोनों धर्मों की अच्छी-लोकहित की बातों पर चर्चा होती थी। यह संस्था भी बाद में निष्प्राण हो गई।

राममोहन राय ने कलकत्ता में 20 अगस्त, 1828 को ब्रह्म समाज की स्थापना की। इस वर्ष फुले मात्र एक वर्ष के दुध मुंहे बालक थे। कौन जानता था कि यह बालक युवावस्था में समाज को नई दिशा देने वाला एक महापुरुष बनेगा। समाज पर जिसका प्रभाव राममोहन राय की तरह ही होगा। वरन् कई बातों में उनसे भी अधिक ब्रह्म समाज के रूप में यूरोप के संपर्क में हिंदू धर्म का परिमार्जित रूप देश के सम्मुख आया। इन्होंने मूर्ति पूजा का पूर्ण रूप से बहिष्कार किया। अवतारवाद और देवी-देवताओं में उनकी कोई आस्था नहीं थी। संतों और वेदांत में जिस निराकार, निर्विकार ब्रह्म का स्वरूप निरूपित हुआ था उसे ब्रह्मसमाजियों ने माना। उनके अधिवेशनों में वेदपाठ किया जाता था। ब्रह्म समाज सभी धर्मों के प्रति उदार भाव रखता था। ब्रह्म(ब्रह्म) समाज की स्थापना के दो वर्ष पश्चात् वह इंग्लैंड गए। 27

सितंबर, 1833 को ब्रिस्टल में उनकी मृत्यु हो गयी। 19वीं शताब्दी के प्रथम तीन दशकों में सामाजिक सुधारों, नवजागरण और विश्व मानवता की त्रिवेणी प्रवाहित करने वाले इस विरले महापुरुष की मात्र 61 वर्ष की आयु में मृत्यु होने से ब्रह्म समाज को बड़ा गहरा आघात लगा।

महर्षि देवेंद्रनाथ ठाकुर

महर्षि देवेन्द्रनाथ राजा राममोहन राय की मृत्यु के पश्चात् ब्रह्म समाज के कर्ता-धर्ता बने। वह रहस्यवादी और बुद्धिवादी हिंदू थे। रूढ़िवादिता के सख्त खिलाफ थे। उन्होंने वेद उपनिषदों का काफी अध्ययन किया था। कुछ लोगों को भ्रम हो गया था कि ब्रह्म समाज हिंदू समाज को ईसाइयत में दीक्षित करने का व्यापक अभियान है। इस व्याप्त भ्रम को दूर किया गया।

महर्षि देवेंद्रनाथ ने **"तत्व बोधिनी सभा"** का गठन किया था। इसको ब्रह्म समाज में मिला दिया गया। आर्य समाज की तरह ही ब्रह्म समाज का मुख्य उद्देश्य भी धार्मिक सामाजिक सुधार करना था। युग को देखते हुए यह प्रगतिशील विचारों वाला संगठन था।

परमहंस समाज

बंगाल में फुले से पूर्व नवजागरण काल के ब्रह्म समाज धार्मिक और सामाजिक सुधारों के लिए दुविधा पूर्वक प्रयासरत था और अपने आंदोलन को धार्मिक नजरिए से देखने का अधिक अभ्यस्त हो चला था तथा एक मायने में हिंदू धर्म और ईसाई मत के बीच फंस कर रह गया था। उसके ठीक विपरीत महाराष्ट्र में 1849 में बंबई में स्थापित **परमहंस समाज** के सदस्य जाति प्रथा तोड़ने का प्रयास आरंभ हो चुका था। ऐसा लगता है परमहंस नामक सुधारक द्वारा संस्थापित आस्तिक समाज ही बाद में प्रार्थना समाज में शामिल हो गया।

प्रार्थना समाज

इसकी स्थापना 1867 ई. में डॉ. आत्माराम पाण्डुरंग ने महाराष्ट्र में की थी। यह समाज एवं धर्म में व्याप्त बुराइयों को दूर करने के उद्देश्य से स्थापित किया गया था। कालान्तर में आर.जी. भण्डाकर तथा महादेव रानाडे भी इस समाज से जुड़ गए। इस समाज ने जाति प्रथा, पर्दा प्रथा, बाल विवाह आदि बुराइयों का विरोध किया तथा एकेश्वारवाद, स्त्री शिक्षा, विधवा विवाह, निराकार उपासना आदि पर बल दिया। इसके प्रयासों से महाराष्ट्र में अनेक अनाथालयों, विधवाश्रमों एवं

रात्रि पाठशालाओं की स्थापना हुई। वहां उन्होंने ब्रह्म समाज की शाखा प्रार्थना समाज के नाम से चालू की जिसके चार प्रमुख उद्देश्य थे–(1) जाति प्रथा का उन्मूलन (2) विधवा-विवाह का समर्थन (3) स्त्री-शिक्षा का प्रचार और (4) बाल-विवाह पर रोक।

जगह-जगह सुधारवादियों के सहयोग से प्रार्थना समाज की शाखाएं खोली जाने लगीं। इनमें से कुछ मध्यमार्गी अपने को ब्रह्मसमाजी कहते थे। प्रार्थना समाज की प्रार्थनाओं में सभी धर्मों की अच्छी-अच्छी बातें संकलित की गई थीं।

इसके उद्देश्य ब्रह्म समाज के समान परिलक्षित होते थे। बंगाल की शस्य श्यामला धरती से निकला ब्रह्म समाज जहां पाश्चात्य विचारों और पश्चिमी सभ्यता से प्रभावित था, वहीं प्रार्थना समाज ने मराठी संत परंपरा के अग्रणी नामदेव, तुकाराम, समर्थ गुरु रामदास और एकनाथ आदि से प्रेरणा ली थी। एक प्रकार से ब्रह्म समाज का मराठी संस्करण प्रार्थना समाज था। 1867 में डॉ. आत्माराम पांडुरंग ने प्रार्थना समाज की गतिविधियों को आगे बढ़ाने का प्रयास किया था। डॉ. पांडुरंग के अतिरिक्त सर गोपाल भंडारकर और जस्टिस महादेव गोविंद रानाडे ने भी इसकी गतिविधियों में सक्रिय रूप से भाग लिया। उनके प्रयास से महाराष्ट्र में प्रार्थना समाज की जगह-जगह शाखाएं स्थापित हुईं। क्योंकि इसमें भंडारकर और जस्टिस रानाडे जैसे व्यक्ति शामिल थे अतः प्रार्थना समाज ने काफी समाज सुधार के कार्य किए। कुरीतियों को मिटाने के लिए जनमत तैयार किया। स्त्री शिक्षा पर प्रार्थना समाज द्वारा काफी बल दिया गया था। प्रार्थना समाज के कुछ सदस्य निम्न जाति वालों के यहां छिपकर खाना खाते थे। लेकिन जब यह भेद खुला तो प्रार्थना समाज के सदस्यों का आपस में बिखराव हो गया। लेकिन ऊंची जातियों का दोहरा चरित्र और खोखलापन प्रकट हो गया।

रानाडे

सन् 1861 में महादेव गोविंद रानाडे ने विधवा पुनर्विवाह संघ की स्थापना कर समाज सुधारों का श्रीगणेश कर चुके थे। बाद में उन्होंने ज्योतिबा से प्रेरणा ग्रहण कर पंढरपुर में अनाथाश्रम की स्थापना की थी। शिक्षा प्रचार के लिए दक्कन एजुकेशन सोसायटी की स्थापना की। उनके शिष्य गोखले ने बाद में **'सर्वेंट्स ऑफ इंडिया सोसायटी'** की स्थापना की। भारतीय पुनर्जागरण के इतिहास में रानाडे और प्रार्थना समाज में भारत के गौरवमय अतीत की याद और कुरीतियों से समाज को मुक्ति दिलाने में काफी योगदान किया था।

भारतीय पुनर्जागरण से प्रभावित ब्रह्म समाज, आस्तिक समाज और प्रार्थना समाज जैसे सुधारवादी संगठन और आंदोलन अधिकांशतः ऊंची जातियों के महापुरुषों ने आरंभ किए थे। उन्हें जाति भेद और अस्पृश्यता मिटाने पर विशेष बल नहीं दिया था।

इस प्रकार राममोहन राय से रानाडे तक समाज सुधारकों की लंबी सूची है। ये सभी पाश्चात्य शिक्षा व आचार-विचार से प्रभावित थे। इन सबके लिए समाज सुधार की भावना एक सामाजिक प्रदर्शन एवं अहं तुष्टि का साधन थी। फुले लोकवादी नेता थे तथा जमीन से उनका काफी जुड़ाव था। वह समाज में परिवर्तन लाने के पक्ष में थे। ऊंची जातियां परंपरागत और परिस्थितिजन्य कुरीतियों को दूर करने में लगी थीं, फुले सदियों से दासता, नारकीय जीवन जीने वाले दासों से भी गए गुजरे छोटी जाति के लोगों के जीवन में समग्र क्रांति लाना चाहते थे। सच तो यह है कि राजा राममोहन राय से लेकर 19वीं शातब्दी तक सामाजिक-धार्मिक सुधारों के लिए जितने भी संगठन बने उन पर अभिजात्य वर्ग और पाश्चात्य शिक्षा-संस्कृति से प्रभावित व्यक्ति ही हावी थे। कुछ लोग जो बुद्धिजीवी तो थे लेकिन खुलकर सामने न आ पाने के कारण अपनी जातीय सीमाओं में सिमट कर रह गए।

पारसी रहनुमा सभा तथा अन्य सामाजिक-धार्मिक संगठन

19वीं शताब्दी में पारसी समाज सुधार के पक्ष में थे। वे समाज के धनी वर्ग से संबंध रखते थे जो उस दौरान काफी सक्रिय हो गये थे। इस शृंखला में बंबई के पारसियों ने 1851 में पारसी रहनुभाई सभा बनाई जिसका काम पारसियों तक सीमित रहा। उन्होंने लोक कल्याण के भी कुछ काम किए।

कलकत्ता के उच्च जाति के हिंदुओं ने जिनमें अधिकांशतः जमींदार, रईस, पाश्चात्य शिक्षा प्राप्त उच्च और मध्यम दर्जे की सरकारी नौकरियों में प्रवृत्त भद्रजन आदि अधिक थे। उन्होंने 1870-1873 के मध्य सनातन धर्म रक्षिणी सभा स्थापित की। दक्षिण भारत में 1877 में माधव सिद्धांत उन्नयिनी सभा की स्थापना हुई जिसका कार्य क्षेत्र माधवाचार्य के दर्शन पर आधारित धार्मिक गतिविधियों तक सीमित रहा। दक्षिणात्य ब्राह्मण वर्ग का इस दौरान संगठन हुआ था। 1886 में तिनवेल्ली में **शैव सिद्धांत सभा** का गठन हुआ जिसका मुख्य उद्देश्य शैव मत का प्रचार-प्रसार और संरक्षण करना था। इधर **राधास्वामी सत्संग** उत्तर प्रदेश के आगरा शहर में संस्थापित होकर अपना प्रभाव-क्षेत्र बढ़ा रहा था। इसमें दलित और पिछड़ी जातियों के लोग भी शामिल हो गये थे।

जातीय संगठन

धार्मिक संगठनों के अतिरिक्त लोग जातीय संगठन का निर्माण करने लगे थे। इनमें ब्राह्मण सभा, क्षत्रिय सभा, जाट सभा, कायस्थ सभा (1888), जैन सभा (1888), राजपूत हित कारिणी सभा, पंजाबी खत्री सभा(1888-89) में बनीं। ब्राह्मण, मारवाड़ी और वैश्यों ने भी अपने जातीय संगठन खड़े किए। समाज के धनी-मनी तथा पढ़े-लिखे वर्गों तक ही सीमित था। बंबई में उन दिनों गुजराती समाज सुधारक करसोनदास मूलजी ने समाज सुधार की दिशा में 'सत्यप्रकाश' नामक अपने पत्र में चर्चाएं की और लेख छापे। उन्होंने गुजरात और महाराष्ट्र में प्रचलित वल्लभाचार्य संप्रदाय के आचार्यों और महाराजों की अधार्मिक, अनैतिक और राजनीतिक क्रियाओं, पोलखातों और कारनामों पर लेख लिखे। यद्यपि उन्होंने एक ही धार्मिक संगठन के विरोध में खुलकर लिखा था, लेकिन अन्य धार्मिक प्रतिष्ठान और धर्माचार्य उनसे भयभीत रहने लगे थे। **मूलजी** इंग्लैंड भ्रमण करने गए। उनके जीवन दर्शन को पाश्चात्य विचारधारा ने प्रभावित किया था। यद्यपि फुले विदेश नहीं गए लेकिन लोक हित के जो कार्य वह संपादित कर गए हैं वह अन्य किसी समाज सुधारक ने नहीं किए।

उस दौरान कुछ ऐसे संगठनों का निर्माण किया गया था जिनके दृष्टिकोण व्यापक थे। फुले के एक अन्य समकालीन **मेहताजी दुर्गाराम मंचाराम** (1809-1876) ने हिंदू विधवाओं के साथ दुर्व्यवहार के खिलाफ लिखा। वे फुले से काफी प्रभावित थे। बंबई के हरिकेशजी ने भी विधवाओं की व्यथा से प्रभावित हो विधवा पुनर्विवाह का सशक्त आंदोलन चलाया। उन्होंने ढेर सारी सामाजिक रूढ़ियों का विरोध किया। गणपत लक्ष्मणजी ने सामाजिक बुराइयों पर प्रहार किए। समान स्त्री-शिक्षा की आवाज उठाई, बनारस के हिंदी साहित्यकार भारतेंदु हरिश्चंद्र (1850-1885) ने समाज सुधार के अनेक कार्य किए। उन्होंने अपनी पत्रिका में विधवा-विवाह, विदेश-यात्रा और स्त्री-शिक्षा का पक्ष लिया तथा बेमेल विवाह, बाल-विवाह, सती-प्रथा, भ्रूण-हत्या आदि सामाजिक बुराइयों को जड़ से समाप्त करने का प्रयास किया। वे जातिप्रथा के विरुद्ध थे।

मारवाड़ी समाज ने कुएं, तालाब, बाबली, प्याऊ, दवाघर, धर्मशालाएं, गोशाला, अनाथालय, विधवा आश्रम खोले। गरीबों के उत्थान पर बल दिया।

उन्नीसवीं शताब्दी के मध्य में फुले समाज सेवा के कार्य में तन, मन, धन से लग गए थे। उन्होंने जातीय आधार पर अपनी फूलमाली जाति का ही नहीं वरन्

पूरे गरीब, उपेक्षित, बहिष्कृत और दलित समाज के संगठन की बात सोची और धीरे-धीरे अपनी कल्पना को मूर्त रूप प्रदान किया। पुणे और महाराष्ट्र के दबे-कुचले समाज के लोगों का संगठन बनाने में उन्हें ब्राह्मणों और उच्चजाति के अनेक सहयोगियों, मित्रों और समाज सुधारकों का सहयोग दिया था।

गोपाल गणेश आगरकर

फुले दलित-शिक्षा द्वारा समाज में क्रांति लाने के पक्ष में थे। वह उनके संगठन द्वारा सामाजिक अधिकार प्राप्त करने के पक्ष में थे। उन्होंने अंधविश्वासों, सामाजिक एवं जातीय असमानता, आर्थिक तंगी एवं अस्पृश्यता के कलंक को मिटाने के लिए अकेले ही महाराष्ट्र में जो कार्य किया, वह भविष्य में दलित क्रांति का उद्घोष बना। उनका दलित शिक्षा-सामाजिक सुधार का कार्यक्रम मील का पत्थर साबित हुआ। इसलिए उन्हें युग-मनीषी और मसीहा भी कहा जाता था। आगे चलकर फुले के विचारों से प्रभावित मानवतावादी **जी.जी. आगरकर** ने प्रगतिशील विचारों और सामाजिक सुधारों की चिंतनधारा में महत्त्वपूर्ण योगदान दिया था। उन्होंने बाल-विवाह, बेमेल-विवाह और अनेकानेक सामाजिक कुरीतियों का डटकर विरोध किया। उन्होंने अनमेल विवाह के विरुद्ध आंदोलन चलाया जिसकी जड़ में यह सब बुराइयां छिपी थीं। उन्होंने सुधारात्मक, उदार और प्रगतिशील कानून बनाने की बात की। आगरकर ने तिलक के दकियानूसी और संकीर्ण विचारों जैसे वर्ण-व्यवस्था, जाति-पांति और धर्मग्रंथों में उनकी आस्था का विरोध किया। उन्होंने व्यक्तिगत स्वतंत्रता की वकालत पर काफी जोर दिया। सामाजिक जीवन में समानता और प्रतिष्ठा भाव का समर्थन किया। उनका मानना था कि पाश्चात्य शिक्षा और आचार-विचार वैचारिक उदारता, व्यक्तिगत स्वतंत्रता और व्यापक दृष्टि को जन्म देते हैं जिनसे वर्ण-व्यवस्था को जड़ से समाप्त किया जा सकेगा। उन्होंने प्रतिक्रियावादी शक्तियों का डटकर सामना किया। वह उदार राष्ट्रीयतावाद के परिपोषक थे।

आर्य समाज

19वीं सदी के सुधारवादी आन्दोलनों में आर्य समाज अपना प्रमुख स्थान रखता है। इसकी स्थापना 10 अप्रैल, 1875 ई को स्वामी दयानन्द सरस्वती ने बम्बई में की थी। यह वैदिक धर्म पर आधारित था। स्वामी दयानन्द के अवतीर्ण होने से पूर्व हिन्तुत्व जर्जर हो चुका था एवं उसमें अनेक आडम्बरों, कर्मकाण्डों एवं रूढ़ियों ने

प्रवेश कर लिया था। ईसाई और इस्लाम धर्म प्रचारक हिन्दू धर्म का खुला उपहास उड़ा रहे थे एवं अपने धर्म का प्रचार कर रहे थे। केशवचन्द्र सेन के ब्रह्म समाज का झुकाव भी ईसाई धर्म की तरफ था।

इन परिस्थितियों में दयानन्द ने हिन्दू धर्म में व्याप्त बुराईयों को दूर करते हुए हिन्दुओं का ध्यान उनके धर्म के मूल स्वरूप की ओर आकृष्ट किया। उन्होंने इस बात पर बल दिया कि भारतीय संस्कृति विश्व की श्रेष्ठतम् संस्कृति है। उनकी धारणा थी कि हिन्दू धर्म ही सच्चा धर्म है तथा वेद ज्ञान का भण्डार है। स्वामी दयानन्द का मानना था कि यदि वैदिक धर्म की बुराइयों को दूर कर उसे पुनः प्रतिष्ठित किया जाए, तो भारत पुनः विश्व का गुरू बनने में सक्षम है। इस प्रकार जहाँ राजा राममोहन राय का झुकाव ईसाई धर्म की तरफ था, वहीं स्वामी दयानन्द का झुकाव हिन्दू धर्म की तरफ था। उन्होंने हिन्दू धर्म में एक नए प्राण फूंक दिए। रोमा रोलां के शब्दों में, दयानन्द इलियड् अथवा गीता के प्रमुख वाचक के समान थे, जिसने हरक्युलिस की शक्ति के साथ हिन्दू अन्धविश्वासों पर प्रबल प्रहार किया। वस्तुतः शंकराचार्य के बाद इतनी महान् बुद्धि का सन्त दूसरा नहीं जन्मा। रवीन्द्रनाथ टैगोर के अनुसार, स्वामी दयानन्द सरस्वती आधुनिक भारत के एक महान् पथ-दर्शक थे।

स्वामी दयानंद सरस्वती फुले के समकालीन थे। उन्होंने फुले के जीवन काल में ही आर्य समाज की स्थापना धार्मिक सुधारों के लिए की थी। फुले से उनकी पूना में भेंट भी हुई थी और उनकी एक सभा के दौरान उन्हें असामाजिक तत्त्वों से भी बचाया था। उनके द्वारा आर्य समाज की स्थापना राजकोट नामक स्थान बंबई में हुई थी। दयानंद जाति व्यवस्था के खिलाफ थे। उन्होंने अस्पृश्यता का विरोध किया। जाति के नाम पर शूद्रों पर ब्राह्मणों के थोपे गए अत्याचार-अनाचार का उन्होंने डटकर प्रतिकार किया। यद्यपि वह वैदिक वर्ण व्यवस्था के पोषक और सामाजिक जीवन में शुद्धि के समर्थक थे। उन्होंने हिंदू धर्म छोड़कर इस्लाम धर्म स्वीकार करने वाले मुसलमानों का शुद्धीकरण का आंदोलन चलाया और स्त्रियों को वेद पठन-पाठन और शिक्षा ग्रहण करने के समानाधिकार दिलाने का प्रयास भी किया था।

स्वामी दयानंद सरस्वती ने संस्कृत शिक्षा की बात दुहराई और अंग्रेजी माध्यम से शिक्षा दिए जाने का विरोध किया। यद्यपि बाद में आर्य समाजियों ने खूब पाश्चात्य शिक्षा ग्रहण की। अनेक ऐंग्लो-वैदिक शिक्षा के स्कूल कालेज खोले और वर्ण व्यवस्था को बढ़ावा दिया। पंजाब और उत्तर भारत में आर्य समाज खूब

फला-फूला। लेकिन यह बुद्धिजीवियों और अधिकांशतः सामाजिक कार्यकताओं के हृदय में प्रगतिशील विचारधारा नहीं फैला पाया; क्योंकि वह वेद को प्रामाणिक पुस्तक और वर्णव्यवस्था को मानता था। आर्य समाज लघु स्तरीय पारिवारिक यज्ञ, हवन, भजन, कीर्तन और वैयक्तिक शुचिता का आंदोलन बनकर रह गया। यह आंदोलन फुले द्वारा शुरू किया गया था जो संचालित समग्र सामाजिक क्रांति से यह काफी दूर था। आर्य समाज दलितों और निम्न वर्गों में लोकप्रिय तो हुआ, लेकिन बहुत दिनों तक उन्हें प्रभावित नहीं कर पाया।

दूसरी तरफ मुसलमान आर्यसमाज से काफी आतंकित थे जो इसे सिर्फ हिंदुओं का आंदोलन मानते थे। इसी प्रकार दूसरी ओर ईसाई धर्मावलंबी भी आर्य समाज से चिढ़ते थे क्योंकि यह धर्मांतरण में बाधक बनता था। अपने प्रारंभिक स्थापना काल में आर्य समाज, ब्रह्म समाज और प्रार्थना समाज की तरह गतिशीलता और आधुनिकता से रहित था। आर्य समाज भारतीय वैदिक संस्कृति का पक्षधर था। आधुनिकता और प्रगतिशीलता से कतराता था। आर्य समाज व्यापारियों, धनाढ्य खत्रियों, जाटों, शिक्षित ब्राह्मणों, अंग्रेजी पढ़े-लिखे सुधारप्रिय पंडितों, भजनोपदेशकों की जमात बनकर रह गया। दिखावे के लिए वे सामाजिक कुरीतियों पर प्रहार करते थे, वाक् प्रहारों या शब्दों से जाति-पांति तोड़ते थे, लेकिन शादी-ब्याह, प्रीतिभोज अपनी ही बिरादरी में करते थे। अपनी ही जाति के हित के बारे में सोचते थे।

जितने भी दलित और निम्न जातियों के सुधारक आर्य समाज के पीछे लगे वे जनेऊधारी बनकर भनोपदेशक से ज्यादा कुछ नहीं बन पाए। फुले के बाद महाराष्ट्र, गुजरात और उत्तर भारत की निम्न जातियों में आर्य समाज ने अपने पैर जमाए लेकिन **डॉ. अम्बेडकर और बाबू जगजीवन राम** के दलित सामाजिक-राजनीतिक क्रांति के आकाश में उदय के साथ-साथ आर्य समाज का प्रभाव क्षीण हो गया।

गांधीवादी विचारधारा ने बीसवीं सदी में आर्य समाज का प्रभाव पूरी तरह क्षीण कर दिया था। कट्टर आर्यसमाजी कांग्रेस में समाहित होते गए।

स्वामी दयानन्द सरस्वती (1824-1883 ई.)

स्वामी दयानन्द सरस्वती का जन्म 1824 ई. में गुजरात के भैरवी क्षेत्र में निकट टंकरा नामक गाँव में एक धनी तथा रूढ़िवादी ब्राह्मण परिवार में हुआ था। उनके बचपन का नाम मूलशंकर था। उनके पिता का नाम अम्बाशंकर था। 14 वर्ष की आयु में एक बार महाशिवरात्रि के पर्व पर अपने पिता के साथ शिव के मन्दिर में

गए वहाँ उन्होंने एक चूहे को शिवलिंग पर चढ़कर प्रसाद खाते हुए देखा। यह देखकर मूर्तिपूजा पर से उनका विश्वास उठ गया। जब उनके पिता 15 वर्ष की आयु में उनका विवाह करने लगे, तो वह घर छोड़कर भाग गए। इसके बाद वे 15 वर्ष तक सम्पूर्ण देश में घूमते रहे। 1860 ई. में उन्होंने मथुरा आकर स्वामी विरजानन्द को अपना गुरू बनाया तथा वेदों का ज्ञान प्राप्त किया। इसके बाद अपने गुरू के आदेश के अनुरूप इन्होंने आजीवन वैदिक धर्म में व्याप्त बुराइयों को दूर करने एवं वैदिक संस्कृति की श्रेष्ठता स्थापित करने का प्रयत्न किया।

जहाँ राजा राममोहन राय पर पाश्चात्य संस्कृति एवं अंग्रेजी भाषा का प्रभाव था, वहीं स्वामी दयानन्द सरस्वती हिन्दू धर्म एवं भारतीय संस्कृति से बहुत प्रभावित थे। उनका उद्देश्य हिन्दू धर्म में व्याप्त बुराइयों को दूर करते हुए एक बार पुनः उसकी श्रेष्ठता स्थापित करना था। उन्होंने मूर्तिपूजा का डटकर विरोध किया। वेदों में आस्था होने के कारण उन्होंने वेदों की तरफ लौटो का नारा दिया। उन्होंने सम्पूर्ण देश का भ्रमण कर हिन्दू धर्म का प्रचार किया तथा विभिन्न विद्वानों को शास्त्रार्थ में पराजित किया। स्वामी दयानन्द सरस्वती संस्कृत के महान विद्वान थे। 1822 ई. में उन्होंने ब्रह्म समाज के साथ मिलकर कार्य करने का प्रयत्न किया, किन्तु प्रयत्न विफल रहा, क्योंकि ब्रह्म समाज के सदस्यों का वेदों की प्रामाणिकता तथा पुनर्जन्म के सिद्धान्त में कोई विश्वास नहीं था एवं उनका झुकाव पाश्चात्य संस्कृति तथा ईसाई धर्म की तरफ था।

स्वामी दयानन्द सरस्वती ने केशवचन्द्र सेन के परामर्श पर संस्कृत भाषा के स्थान पर हिन्दी भाषा में अपने विचारों का प्रचार करना आरम्भ कर दिया। स्वामीजी ने 10 अप्रैल, 1875 ई. को बम्बई में आर्य समाज की स्थापना की। यहाँ से दिल्ली गए, जहाँ सत्य की खोज हेतु हिन्दू, ईसाई एवं मुस्लिम धर्म प्रचारकों का सम्मेल बुलाया गया था। इस सम्मेलन में दो दिन तक वाद-विवाद होता रहा, किन्तु सम्मेलन किसी निर्णय पर न पहुँच सका। स्वामी जी ने इसके बाद पंजाब में जाकर अपने विचारों का प्रचार किया। इसके परिणामस्वरूप पंजाब में स्थान-स्थान पर आर्य समाज की शाखाएँ स्थापित हुईं। इसके बाद वे ग्वालियर, राजस्थान, उत्तर प्रदेश, गुजरात आदि स्थानों पर आर्य समाज का प्रसार किया।

स्वामी दयानन्द सरस्वती ने तीन ग्रन्थों की रचना की–

1. प्रथम ग्रन्थ ऋग्वेदादि भाष्य में उन्होंने वेदों के सम्बन्ध में विचार व्यक्त किए।
2. द्वितीय ग्रन्थ में वेद भाष्य में उन्होंने ऋग्वेद तथा यजुर्वेद के सम्बन्ध में टीका लिखी।

3. स्वामी दयानन्द का तीसरा ग्रन्थ सत्यार्थ प्रकाश था, जो बहुत अधिक प्रसिद्ध है। इस ग्रन्थ में उन्होंने सभी धर्मों के दोषों पर प्रकाश डालते हुए यह प्रामाणित करने का प्रयत्न किया है कि वैदिक धर्म ही सभी धर्मों में श्रेष्ठ है। इसमें उन्होंने इस्लाम तथा ईसाई धर्म के आडम्बरों तथा कर्मकाण्डों की भी खुलकर आलोचना की है। इससे हिन्दू इन धर्मों के दोषों से परिचित हुए तथा वे समझ गए कि ये धर्म हिन्दू धर्म से श्रेष्ठ नहीं है। इससे हिन्दुओं का विश्साव इन धर्मों से उठने लगा तथा पुनः हिन्दू धर्म की तरफ आकर्षित होने लगा। उन्होंने ईसाई एवं इस्लाम धर्म की श्रेष्ठता पर पानी फेर दिया। यह उनकी महान् देन थी। डॉ. ताराचन्द ने लिखा है कि, दयानन्द को आपत्ति तो इस बात पर थी कि इस्लामी और ईसाई तत्त्व हिन्दू धर्म पर आक्रमण करने से बाज नहीं आ रहे थे और इसलिए अपने धर्म के बचाव में उन्होंने प्रत्याक्रमण के शस्त्र का सहारा लिया, ताकि हिन्दू धर्म पर हमले के बजाय उन्हें अपनी स्थिति बचाने की फिक्र हो। एम.ए. चमूपति ने लिखा है कि, मुल्लाओं और पादरियों ने पहली बार यह अनुभव किया कि अनेक विश्वास की बिना किसी संकोच के आलोचना हो सकती है।

स्वामी दयानन्द सरस्वती का अन्तिम समय राजस्थान में व्यतीत हुआ। उनके उपदेशों से प्रभावित होकर यहाँ के अनेक राजा तथा सामन्त उनके भक्त बन गए। उनके राजनीतिक विचार बड़े ऊँचे थे। उन्होंने सत्यार्थ प्रकाश में लिखा है कि, विदेशी राज्य से स्वराज्य हर प्रकार से अच्छा है। स्वामी जी ने जोधपुर के व्यसनी नरेश महाराज जसवन्त सिंह को खूब लताड़ा था, अतः महाराज की कृपापात्र नन्हीं जान ने स्वामी जी के भोजन में विष मिला दिया, जिसके कारण 30 अक्टूबर 1883 ई. को स्वामी जी की अजमेर में मृत्यु हो गई। उनकी मृत्यु के सम्बन्ध में मादाम ब्लोवाट्स्की ने लिखा था कि, यह बिल्कुल सही बात है कि शंकराचार्य के बाद भारत में कोई भी ऐसा व्यक्ति नहीं हुआ, जो स्वामी जी से बड़ा संस्कृतज्ञ, उनसे बड़ा दार्शनिक, उनसे अधिक तेजस्वी वक्ता तथा कुरीतियों पर टूट पड़ने में उनसे अधिक निर्भीक रहा हो। दी थियोसोफिस्ट ने स्वामी जी की मृत्यु के बाद प्रशंसा में लिखा था कि, उन्होंने जर्जर हिन्तुत्व के गतिहीन जन-समूह पर भारी बम प्रहार किया और अपने भाषणों से लोगों के हृदय में आग लगा दी। सारे भारत वर्ष में उनके समान हिन्दी और संस्कृत का वक्ता दूसरा कोई नहीं था। पाल रिचार्ड ने लिखा है कि, स्वामी दयानन्द निःसन्देह एक ऋषि थे। उनका प्रादुर्भाव लोगों को कारागार से मुक्त करने और जाति बन्धन तोड़ने के लिए हुआ था। मैक्समूलर ने लिखा है कि, स्वामी

दयानन्द सरस्वती ने हिन्दू धर्म के सुधार का बड़ा कार्य किया। जहां तक समाज सुधार का सम्बन्ध है, वे बड़े उदार हृदय थे। वे अपने विचारों को वेदों पर आधारित और उन्हें ऋषियों के ज्ञान पर अवलम्बित मानते थे।

इन्होंने वेदों पर बड़े-बड़े भाष्य किए, जिससे मालूम होता है कि वे पूर्ण विद्वान थे। उनका स्वाध्याय बड़ा व्यापक था। रोमां रोलां ने लिखा है कि, ऋषि दयानन्द उच्चतम् व्यक्तित्व के पुरुष थे। दयानन्द ने अछूतपन के अन्याय को सहन न किया और उससे अधिक उनके अपह्यत अधिकारों का उत्साही समर्थक दूसरा कोई न हुआ। भारत में स्त्रियों की शोचनीय दशा को सुधारने में भी दयानन्द ने बड़ी उदारता व साहस से काम लिया। वास्तव में राष्ट्रीय भावना और जागृति के विचार को क्रियात्मक रूप देने में सबसे अधिक प्रबल शक्ति उन्हीं की थी। उन्होंने नव-निर्माण और राष्ट्रीय संगठन की जो मशाल जलाई थी, उसका कोई जवाब नहीं था। वे जो कुछ कर रहे थे, उसका उत्तर न तो मुसलमान दे सकते थे, न ईसा, न पुराणों पर पलने वाले हिन्दू पण्डित और विद्वान। हिन्दू पुनर्जागरण अब पूरे प्रकाश में आ गया था और उनके समझदार लोग यह अनुभव करने लगे कि सच ही पौराणिक धर्म में कोई सार नहीं है। एर्मसन ने लिखा है, यह स्वीकार महत्त्वपूर्ण है। उनकी मान्यताओं और सिद्धान्तों ने एक बार तो हीनभाव ग्रस्त इस जाति को अपूर्व उत्साह से भर दिया। स्वामी दयानन्द के सिद्धान्तों के विषय में श्री ए. ओ. ह्यूम ने लिखा है, कोई मनुष्य कैसी ही सम्मति स्थिर कर ले, परन्तु वह सबको मान लेना पड़ेगा कि स्वामी दयानन्द अपने देश के लिए गौरव रूप थे। दयानन्द को खोकर भारत को महान् हानि उठानी पड़ी है। वह एक महान और श्रेष्ठ मनुष्य थे। डॉ. राजेन्द्र प्रसाद ने लिखा है, महर्षि दयानन्द के उपदेशों ने करोड़ों लोगों को नवजीवन, नई चेतना और नया दृष्टिकोण प्रदान किया। उन्हें श्राद्धांजिल अर्पित करते हुए हमें व्रत लेना चाहिए कि उनके बताए हुए मार्ग पर चलकर हम देश को शान्त और वैभवपूर्ण बनाएँगे। डॉ. राधाकृष्ण ने लिखा है कि, स्वामी दयानन्द एक महान् सुधारक और प्रखर क्रान्तिकार महापुरुष तो थे ही, साथ ही उनेक हृदय में सामाजिक अन्यायों को उखाड़ फेंकने की प्रचण्ड अग्नि भी विद्यमान थी। उनकी शिक्षाओं का हम सबके लिए भारी महत्त्व है। उन्होंने हमें यह महान संदेश दिया हि हम सत्य को कसौटी पर कसकर ही किसी बात को स्वीकार करें।

आर्य समाज के सिद्धान्त

स्वामी दयान्नद सरस्वती ने अपनी पुस्तक सत्यार्थ प्रकाश में आर्य समाज के 10 सिद्धान्तों का वर्णन किया है, जो इस प्रकार हैं–

1. ईश्वर ही ज्ञान का मुख्य कारण है। सभी सत्य, विद्या एवं जो पदार्थ विद्या से जाने जाते हैं, उन सबका मूल कारण परमेश्वर है।
2. ईश्वर सच्चिदानन्द, सर्वशक्तिमान, सर्वव्यापक, न्यायकारी, अजन्मा, दयालु, अनादि, अजर, अमर, अभय, नित्य पवित्र, सृष्टिकर्ता एवं निर्विकार है। हम सभी को उसकी भक्ति व उपासना करनी चाहिए।
3. वेद ज्ञान के भण्डार हैं। अतः प्रत्येक आर्य का कर्तव्य है कि वह वेदों को पढ़ें और सुने।
4. असत्य का त्याग करने तथा सत्य को ग्रहण करने हेतु सदैव उद्यथ रहना चाहिए।
5. सबसे धर्मानुसार, प्रेमपूर्वक एवं यथायोग्य व्यवहार करना चाहिए।
6. विद्या का सृजन एवं अविद्या का नाश करना चाहिए।
7. सभी कार्य सत्य एवं असत्य पर विचार करने के बाद ही करने चाहिए।
8. समाज का उद्देश्य सभी व्यक्तियों की शारीरिक, आत्मिक एवं सामाजिक उन्नति के लिए प्रयत्ना करना है।
9. प्रत्येक व्यक्ति को अपनी उन्नति से सन्तुष्ट न रहते हुए दूसरों की उन्नति को भी अपनी उन्नति समझना चाहिए।
10. व्यक्तिगत हित सम्बन्धी कार्यों में सभी व्यक्तियों को स्वतन्त्रता होनी चाहिए, किन्तु सार्वजनिक हित सम्बन्धी विषयों पर आपसी मतभेद भुलाकर परस्पर सहयोग से कार्य करना चाहिए।

आर्य समाज के सुधार–आर्य समाज द्वारा निम्नलिखित सुधार किए गए–

(1) सामाजिक सुधार–स्वामी दयानन्द सरस्वती एक महान् सामाजिक सुधारक थे। उन्होंने बाल विवाह, बहु विवाह, पर्दा प्रथा, सती प्रथा, जाति प्रथा, छुआछूत, अशिक्षा आदि का विरोध करते हुए स्त्री शिक्षा, विधवा विवाह एवं अन्तर्जातीय विवाह पर बल दिया।

स्वामी जी का मानना था कि लड़को का विवाह 25 वर्ष तथा लड़कियों का विवाह 16 वर्ष की आयु से पहले नहीं करना चाहिए। उन्होंने अन्तर्जातीय विवाह एवं विधवा विवाह पर बल दिया। वे नियोग प्रथा के भी समर्थक थे, जिसके अनुसार विधवा स्त्री अपने पति के छोटे भाई अथवा छोटा भाई न होने पर परिवार के किसी सदस्य के साथ मिलकर सन्तान उत्पन्न कर सकती थी, जिसके उसे सम्पत्ति में अधिकार मिल जाता था। आर्य समाज ने हजारों विधवाओं का विवाह करवाया।

स्वामी दयानन्द सरस्वती ने स्त्रियों की शिक्षा तथा स्त्रियों को पुरुषों के समान अधिकार दिए जाने पर बल दिया। उनका मानना था कि स्त्रियों को भी वेदों का अध्ययन करने एवं यज्ञोपवीत धारण करने का अधिकार है। उन्होंने स्त्रियों की शिक्षा हेतु अनेक पाठशालाओं की स्थापना करवाई।

स्वामी दयानन्द ने वर्ण व्यवस्था, जाति-पाँति एवं ऊँच-नीच का विरोध करते हुए सामाजिक समानता पर बल दिया। उन्होंने वर्ण व्यवस्था को जन्म के स्थान पर कर्म पर आधारित माना और कहा कि हमें मनुष्य के जन्म से नहीं, उसके कर्म से घृणा करनी चाहिए। उन्होंने ब्राह्मणों के प्रभुत्व का विरोध करते हुए सभी वेदों के अध्ययन का अधिकार दिया। उन्होंने अछूतों के उद्धार के लिए अथक् प्रयास किया, अतः उन्हें समाज में कुछ सम्मान प्राप्त हुआ। दिनकर ने लिखा है कि, उन्होंने धीरे-धीरे पपड़ियों (सामाजिक कुरीतियों की पपड़ियाँ) तोड़ने का काम न करके उन्हें एक ही चोट से तोड़ देने का निश्चय किया।...दयानन्द के अन्य समकालीन सुधारक केवल सुधारक मात्र थे, किन्तु दयानन्द क्रान्ति के वेग से आए।

शुद्धि आन्दोलन–स्वामी दयानन्द सरस्वती ने शुद्धि आन्दोलन चलाया। ऐसे हिन्दू को बलपूर्वक ईसाई अथवा ईस्लाम धर्म में दीक्षित कर दिए गए थे एवं जो पुनः हिन्दू धर्म ग्रहण करना चाहते थे, उन्हें शुद्ध कर हिन्दू धर्म की दीक्षा दी जाती थी। यह आन्दोलन शुद्धि आन्दोलन कहलाया। दिनकर ने लिखा है, यह केवल सुधार की वाणी नहीं थी, जाग्रत हिन्दुत्व का समरनाद था। इसके फलस्वरूप लाखों हिन्दुओं ने, जिन्होंने इस्लाम तथा ईसाई मत धारण कर लिया था, पुनः हिन्दू बन गए। इस प्रकार इस आन्दोलन ने हिन्दू धर्म की रक्षा की। आगे चलकर हिन्दू समाज के उद्धार का कार्य लाल हंसराज तथा स्वामी श्रद्धानन्द ने किया।

(2) धार्मिक सुधार–दयानन्द ने हिन्दू धर्म में व्याप्त मूर्तिपूजा, बहुदेववाद, बलि प्रथा, प्रचलित मत-मतान्तरों, अवतारवाद, आडम्बरों, अन्धविश्वास आदि की आलोचना करते हुए एकेश्वरवाद, यज्ञ, हवन, मन्त्रपाठ इत्यादि पर बल दिया। उनका माना था कि कोई भी व्यक्ति सत्कर्म, ब्रह्मचर्य एवं ईश्वर की उपासना का सहारा लेकर मोक्ष प्राप्त कर सकता है। स्वामी जी का मानना था कि वैदिक धर्म श्रेष्ठतम् है क्योंकि यह वेदों पर आधारित है, जो ईश्वरीय देन है, उन्होंने ईसाई धर्म तथा इस्लाम के साथ-साथ हिन्दू धर्म की बुराइयों पर भी प्रकाश डाला। मृतकों के श्राद्ध का विरोध करते हुए कहा कि परलोक में मृतक की आत्मा की शान्ति हेतु यहाँ दान देना एवं भोजन करवाना मूर्खता है। इस प्रकार आर्य समाज ने हिन्दू धर्म में सुधार करते हुए उसकी पुनः श्रेष्ठता स्थापित करने का प्रयत्न किया।

(3) साहित्यिक तथा शैक्षणिक देन—साहित्य एवं शिक्षा के क्षेत्र में स्वामी जी का योगदान बहुत ही महत्त्वपूर्ण रहा है। उन्होंने हिन्दी भाषा में अनेक ग्रन्थों की रचना की। वे संस्कृत के महत्त्व को पुनः स्थापित करना चाहते थे तथा स्त्रियों को शिक्षा दिए जाने के प्रबल समर्थक थे। वे प्राचीन गुरुकुल शिक्षा प्रणाली के समर्थक थे, ताकि विद्यार्थी उचित ढंग से शिक्षा प्राप्त कर सकें। वे शिक्षण संस्थाओं में सभी बच्चों के साथ समान व्यवहार किए जाने के समर्थक थे।

स्वामी दयानन्द की मृत्यु के बाद शिक्षा के प्रश्न को लेकर आर्य समाज दो भागों में विभाजित हो गया। एक के नेता लाल हंसराज तथा दूसरे के नेता महात्मा मुन्शीराम थे। लाला हंसराज पर पाश्चात्य शिक्षा का बहुत प्रभाव था। उनके प्रयत्नों से अनेक स्थानों पर डी.ए.वी. (दयानन्द एंग्लो वैदिक) के नाम से स्कूलों एवं कॉलेजों की स्थापना हुई। महात्मा मुन्शीराम प्राचीन गुरुकुल प्रणाली के समर्थक थे। उनके प्रयत्नों से 1900 ई. में गुरुकुल कांगड़ी नामक संस्था की स्थापना हुई, जो आगे चलकर विख्यात विश्वविद्यालय बन गया। महात्मा मुन्शीराम स्वामी श्रद्धानन्द के नाम से लोकप्रिय हुए। उन्होंने भी शुद्धि आन्दोलन को बहुत लोकप्रिय तथा प्रबल बनाया, अतः एक मुसलमान ने उनकी हत्या कर दी। आर्य समाज ने कई अनाथालयों, गो-शालाओं एवं विधवा आश्रमों की स्थापना की, जो आज भी समाज सेवा के कार्य में संलग्न हैं।

(4) राष्ट्रीय आन्दोलन में योगदान—स्वामी दयानन्द सरस्वती ने राष्ट्रीय आन्दोलन में भी महत्त्वपूर्ण योगदान दिया। उनके दो प्रमुख नारों 'भारत भारतीयों का है' तथा 'वैदिक सभ्यता को अपनाइए' ने भारतीयों में नवीन उत्साह भर दिया। स्वामी दयानन्द सरस्वती ने हिन्दू समाज में नवचेतना का संचार किया और हिन्दुओं में आत्म-सम्मान की भावना जाग्रत की। उन्होंने हिन्दुओं को यह बताया कि उनकी संस्कृति विश्व की प्राचीन और महान् संस्कृति है। इस पर वे अपनी संस्कृति पर गर्व करने लगे। आर्य समाज ने नमस्ते शब्द को प्रचलित किया, जो आज भी भारत तथा विदेशों में लोकप्रियता प्राप्त किए हुए है। स्वामी जी ने भारतवासियों में भी राजनीतिक चेनता जाग्रत की। स्वामी दयानन्द सरस्वती की जीवनी के एक लेखक ने उनके बारे में लिखा है, दयानन्द का मुख्य लक्ष्य राजनीतिक स्वतन्त्रता था। वास्तव में वह प्रथम व्यक्ति थे, जिन्होंने विदेशी वस्तुओं का बहिष्कार करना तथा स्वदेशी वस्तुओं का उपयोग करना सिखाया। वह प्रथम व्यक्ति थे, जिन्होंने हिन्दी को राष्ट्रभाषा स्वीकार किया। जयसवाल ने लिखा है, संन्यासी दयानन्द ने हिन्दुओं की आत्मा को उसी प्रकार स्वतन्त्रता प्रदान की, जिस प्रकार लूथर ने यूरोपियन आत्मा

को प्रदान की थी और उन्होंने इस स्वतन्त्रता का निर्माण भीतर से अर्थात् हिन्दू साहित्य के आधार पर किया। उन्होंने हिन्दुओं में देशप्रेम की भावना उत्पन्न करते हुए कहा कि विदेशी राज्य कभी स्वराज्य का मुकाबला नहीं कर सकता। कर्नल आल्काट ने लिखा है, दयानन्द ने अपने अनुयायियों पर बड़ा भारी राष्ट्रीय प्रभाव डाला। एनी बेसेण्ट ने लिखा है–

दयानन्द पहले व्यक्ति थे, जिन्होंने लिखा कि भारत भारतीयों के लिए है। स्वामी जी ने हिन्दुओं में स्वाभिमान और स्वदेश प्रेम की भावना जाग्रत की थी। उन्होंने अपनी पुस्तक सत्यार्थ प्रकाश में लिखा है कि अच्छा से अच्छा विदेशी राज्य स्वदेशी राज्य का मुकाबला नहीं कर सकता है। इस प्रकार, स्वामी जी ने भारतीयों में देशभक्ति की भावना का संचार किया और उन्हें अपनी सभ्यता से प्रेम करना सिखाया।

सन् 1855 में हरिद्वार में विशाल कुम्भ मेला लगा। स्वामी दयानन्द भी इस मेले में भाग लेने के लिए हरिद्वार पहुँचे। इस समय अंग्रेजों के अत्याचारों के कारण सम्पूर्ण देश की जनता में उनके विरुद्ध भयंकर असंतोष व्याप्त था। नाना साहब अजीमुल्ला खाँ, तात्या टोपे, कुँवरसिंह, महारानी लक्ष्मीबाई आदि मेले में भाग लेने के लिए के लिए हरिद्वार पहुँचे। वहाँ वे स्वामी जी से मिले। स्वामी जी ने उन्हें अंग्रेजों के विरुद्ध क्रान्ति करने के लिए प्रेरित किया।

सन् 1857 की क्रान्ति पूर्ण नियोजित तथा संगठित थी। क्रान्ति के प्रमुख सेनानायकों ने 31 मई, 1857 की तिथि विद्रोह के लिए तय की थी और इसकी सूचना देश भर की छावनियों में बड़े ही गोपनीय ढंग से पहुँचा दी गई थी, किन्तु दुर्भाग्यवश कुछ घटनाओं के कारण वह क्रान्ति निर्धारित तिथि से पूर्व ही प्रारम्भ हो गई थी। पहली घटना कलकत्ता के पाक बैरकपुर छावनी में 23 जनवरी को चर्बी वाले कारतूसों के प्रयोग के विरुद्ध हुई। बैरकपुर के सैनिकों ने चर्बी वाले कारतूसों का प्रयोग करने से इन्कार कर दिया। ब्रिटिश अधिकारियों ने इसे अनुशासनहीनता का अपराध समझकर सैनिकों को दण्ड दिया। 29 मार्च, 1857 ई. को एक ब्राह्मण सैनिक मंगल पाण्डे ने चर्बी वाले कारतूसों की आज्ञा से क्रुद्ध होकर अपने अन्य साथियों के सहयोग से कुछ अंग्रेज सैनिक अधिकारियों को मौत के घाट उतार दिया, परिणामस्वरूप मंगल पाण्डे तथा उसके साथियों को फाँसी के तख्ते पर लटका दिया गया।

मई, 1857 को मेरठ छावनी में कुछ सैनिकों ने चर्बी वाले कारतूसों का प्रयोग करने से इन्कार कर दिया। इसलिए उन्हें 9 मई को प्रातः 5-5 वर्ष की कैद की सजा सुनाई। इस पर 10 मई, 1857 ई. को मेरठ के सैनिकों ने विद्रोह कर दिया। जेल

खाने में बन्दी सिपाहियों को छुड़ा लिया गया और मैरठ की सेना ने दिल्ली की ओर कूच कर दिया। क्रान्तिकारियों ने दिल्ली पर अधिकार कर बहादुरशाह को पुनः सम्राट घोषित कर दिया।

इसके पश्चात क्रान्ति देश के अन्य भागों में फैलती गई। उत्तर भारत के अनेक राज्यों पर क्रान्तिकारियों ने अधिकार कर लिया। इसी समय लार्ड केनिंग ने एक ओर हिन्दुओं और मुसलमानों में फूट पैदा कर दी तथा दूसरी ओर क्रान्ति को कुचलने के लिए पटियाला, नाभा, जीन्द, नेपाल, हैदराबाद और ग्वालियर के शासकों से सहायता प्राप्त की। सिक्खों और गोरखों ने इस क्रान्ति को दबाने हेतु ब्रिटिश सरकार को पूरी-पूरी सहायता दी। फलस्वरूप 24 सितम्बर, 1857 ई. को ब्रिटिश सेना का दिल्ली पर अधिकार हो गया। मुगल सम्राट बहादुरशाह को बन्दी बना लिया गया और उसके दो पुत्रों को नंगा करके मौत के घाट उतार दिया गया तथा उनके सिर काटकर सम्राट के पास भेंट के रूप में भेजे गए। अंग्रेजी सेना ने एक सप्ताह तक दिल्ली में जी भरकर लूटमार की तथा कत्लेआम किया। उत्तर भारत के गाँव के गाँव मशीनगनों से स्वाहा कर दिए गए। बहादुरशाह पर मुकदमा चलाया गया और उसे उम्र कैद की सजा देकर रंगून भेज दिया गया, जहाँ 1862 में उसकी मृत्यु हो गई।

1857 ई. की क्रान्ति का केन्द्रस्थल उत्तर भारत ही रहा। दिल्ली के अतिरिक्त मेरठ, आगरा, इलाहाबाद, अवध, पटना एव रूहेलखण्ड आदि आस-पास के प्रदेशों के क्रान्तिकारियों ने अपनी सरकारों की स्थापना की और कुछ क्षेत्रों में तो थोड़े समय के लिए ब्रिटिश शासन समाप्त ही हो गया। नाना साहब, बहादुरशाह, तात्या टोपे, झाँसी की रानी लक्ष्मीबाई, कुँवरसिंह, मौलवी अहमदशाह, बेगम हजरत महल एवं खान बहादुर खाँ आदि नेताओं ने जगह-जगह पर क्रान्ति का नेतृत्व किया। झाँसी की रानी लक्ष्मीबाई वीरतापूर्वक लड़ती हुई 18 जून, 1857 ई. में ग्वालियर के युद्ध में शहीद हुई। तात्या टोपे को उसके साथी मानसिंह ने धोखे से अलवर में बन्दी बनवा दिया। अंग्रेज सरकार ने तात्या टोपे को फाँसी पर लटका दिया। मौलवी अहमदशाह की हत्या कर दी गई। इस प्रकार, इस क्रान्ति को अंग्रेजों ने कुचल दिया। इस क्रान्ति में लगभग 30 हजार भारतीय सैनिक और एक लाख नागरिक मारे गए। क्रान्ति को कुचलने के बाद अंग्रेजों ने क्रान्ति में भाग लेने वाले भारतीयों पर अमानवीय अत्याचार किए। उन्होंने बदला लेने के उद्देश्य से लूटमार तथा कत्लेआम करने की खुले रूप से घोषणा कर दी। इस क्षेत्र में तो उन्होंने नादिरशाह को भी पीछे छोड़ दिया था।

स्वामी दयानन्द सरस्वती ने 1857 से 1883 तक के काल में भारतीय जनता में राष्ट्रीय चेतना जाग्रत करने का हर सम्भव प्रयास किया। 1857 की क्रान्ति की असफलता के बारे में स्वामी जी का विचार था कि यदि देशी रियासतों के नरेशों ने भी स्वाधीनता संग्राम में सहयोग दिया होता, तो भारत 1857 में ही स्वतन्त्र हो जाता, परन्तु कुछ देशी रियासतों के शासकों ने क्रान्ति का साथ देने के स्थान पर क्रान्ति को कुचलने के लिए अंग्रेजों को सहायता दी।

स्वामी दयानन्द सरस्वती 1872 में कलकत्ता पहुँचे। वहाँ उनकी तात्कालीन गवर्नर लार्ड नार्थ ब्रुर्क से मुलाकात हुई। लार्ड नाथ ब्रुक ने स्वामी जी से कहा कि आप अपने भाषणों में अखण्ड अंग्रेजी साम्राज्य की स्थापना पर बल दिया करें, परन्तु स्वामी जी ने कहा कि मैं तो हमेशा भारत की स्वतन्त्रता और अंग्रेजी राज्य की समाप्ति के लिए कहता हूँ। इस प्रकार वार्ता भंग हो गई। इसके पश्चात् लार्ड नार्थ ब्रुक ने स्वामी जी को अंग्रेजों का शत्रु समझकर उनके पीछे गुप्तचर लगा दिए। इस पर स्वामी जी ने अपने प्रचार कार्य जारी रखा। उन्होंने अपनी पुस्तक सत्यार्थ प्रकाश में लिखा है कि, प्रभो हमारे देश में कभी विधेली राजा का राज न रहे। उन्होंने आगे लिखा कि, कोई कितना ही करे, परन्तु जो स्वदेशीय राज होता है, वह सर्वोपरि उत्तम होता है।. .प्रजा पर माता-पिता के समान कृपा, न्याय एवं दया के साथ विदेशियों का राज्य भी पूर्ण सुखदायक नहीं है।

इन भूले बिसरे क्रांतिकारियों के बारे में राष्ट्रीय अभिलेखागारों से जानकारी प्राप्त हुई है। इसके अतिरिक्त शोधकर्ता भी कुछ अज्ञात क्रांतिकारियों को प्रकाश में लाए हैं।

स्वामी जी ने पराधीनता के जुए को उतार फैंकने की बात उस समय की कही, जबकि अंग्रेजी सरकार की जडें पाताल तक पहुँच चुकी थीं। जब स्वतन्त्रता की माँग करना राजद्रोह माना जाता था। डॉ. श्याम प्रसाद मुखर्जी ने स्वामी जी के सम्बन्ध में कहा है कि, महर्षि दयानन्द सरस्वती ने सत्यार्थ प्रकाश में एक स्वतन्त्र भारत की कल्पना की थी, जिसमें स्वकीय संस्कृति तथा सभ्यता की अमूल्य परम्पराएँ अक्षुण्ण रहे। तिलक ने स्वामी जी को स्वराज्य का प्रथम सन्देश वाहक कहा था और सावरकर ने उन्हें स्वाधीनता संग्राम का सर्वप्रथम यौद्धा।

स्वामी जी पहले व्यक्ति थे, जिन्होंने स्वधर्म, स्वदेशी, स्वभाषा व स्वसंस्कृति का प्रचार किया। उनका कहना था कि अच्छा से अच्छा विदेशी राज्य स्वराज्य का मुकाबला नहीं कर सकता है। उन दिनों सरकारी कार्यालयों में देशी जूते पहनकर जाने पर प्रतिबन्ध था। स्वामी जी को यह बात बहुत बुरी लगी। उन्होंने अपने ग्रन्थ

सत्यार्थ प्रकाश में इस सम्बन्ध में एक स्थान पर लिखा है कि, जब इन लोगों को हमारे देश के बने हुए जूतों से भी इतनी घृणा है, तब हमारे देश के मनुष्यों से तो पता नहीं कितनी घृणा इन्हें होगी। अंग्रेजों द्वारा लूटी जा रही भारत की सम्पत्ति के बारे में स्वामी जी ने अनपे ग्रन्थ में एक अन्य स्थान पर लिखा है कि हमने सुना है, पारस पत्थर नाम का कोई पत्थर होता है, जिसके स्पर्श से लोहा सोना हो जाता है, परन्तु आज तक यह पत्थर किसी के देखने में नहीं आया। हमारा तो अनुमान यह कि भारत देश ही वह पारस पत्थर है, जिसमें बाहर से जो भी दरिद्र विदेशी लोहा बनकर आए, वे यहाँ से सोना बनकर ही गए।

सन् 1857 के स्वतन्त्रता संग्राम का एक प्रमुख कारण गाय का प्रश्न था। इस समय सैनिकों को ऐसे कारतूस दिए गए, जिनमें गाय की चर्बी का प्रयोग होता था। बन्दूक भरने से पूर्व सिपाहियों को कारतूस को खोल मुँह से काटना पड़ता था। जब सिपाहियों को यह पता चला कि अंग्रेजों द्वारा (कारतूस में गाय की चर्बी का प्रयोग कर) उनका धर्म भ्रष्ट किया जा रहा है, तो उन्होंने इसका विरोध भी किया, पर उन्हें उपेक्षित सफलता नहीं मिली। स्वामी जीने 1857 के बाद गोकरूणानिधि नामक एक पुस्तक लिखी, जिसमें गाय की उपयोगिता पर प्रकाश डाला गया था। इस पुस्तक में स्वामी जी ने एक स्थान पर तो यहाँ तक लिख दिया था कि, जो गाय के रक्षक नहीं, भक्षक है, वे म्लेच्छ हैं। भारत की पुण्य भूमि में एक क्षण भी म्लेच्छों को रहने का अधिकार नहीं है। स्वामी जी ने उन दिनों गो-वध बन्द करवाने के लिए एक स्मृति पत्र भी महारानी विक्टोरियो को भिजवाया था।

स्वामी जी पहले व्यक्ति थे, जिन्होंने हिन्दी को राष्ट्रभाषा बनाने की आवश्यकता पर बल दिया। वे अंग्रेजी से अनभिज्ञ थे। अतः इस सम्बन्ध में केशवचन्द्र सेन ने उनसे कहा कि महाराज, आपने एक बहुत बड़ी भूल की जो अंगेजी नहीं पड़ी। यदि आप अंग्रेजी जानते, तो वेदों का संदेश अमेरिका, इंग्लैण्ड और जर्मनी में जाकर देते। इस पर स्वामी जी ने हँसकर उत्तर दिया कि, केशव बाबू, एक भूल आपसे भी हुई। आपने संस्कृत नहीं पड़ी। यदि आप संस्कृत जानते, तो पहले हम दोनों मिलकर अपने घर का सुधार करते, बाद में समय रहता तो बाहर भी चलते। सारांश यह कि स्वामी दयानन्द सरस्वती ने अपने लेखों और उपदेशों से जनता में जागृति उत्पन्न कर दी थी। इस प्रकार, निःसन्देह वे एक महान् राष्ट्र-निर्माता थे। डॉ. आर.सी. मजूमदार ने स्वामी जी और उनके आर्य समाज के बारे में ठीक ही लिखा है कि, स्वामी दयानन्द के आर्य समाज की शिक्षाएँ, सार्वभौम हिन्दुत्व के आदेश से चाहे जितनी भिन्न हों, किन्तु वह यह मानना पड़ेगा की आर्य समाज ने ब्रह्म समाज के बुद्धिवादी आन्दोलन

की अपेक्षा नई राष्ट्रीय चेतना के विकास में अधिक महत्त्वपूर्ण योग दिया है। आर्य समाज के महान् कार्यों में हम वैदिक धर्म का उद्धार, समाज सुधार, शुद्धि आन्दोलन, जाति भेद, अछूतोद्धार, राष्ट्रीय शिक्षा पद्धति, हिन्दी का प्रसार और राष्ट्रीय जागरण का उल्लेख कर सकते हैं।

राधास्वामी

उत्तर भारत में 1861 में **राधास्वामी समाज** की **शिवदयाल जी** ने (1818-1878) आगरा में स्थापना की। यह एक आध्यात्मिक संगठन था और हिंदुओं के कर्मकांड-विधि विधानों का विरोध करता था। संत काव्यधारा के संत कवियों ने जिस प्रकार गुरु को मान्यता प्रदान की थी, इसमें भी गुरु की शिक्षाओं को प्रधानता दी गई। राधास्वामी शब्द परमात्मा स्वरूप माना गया। जो संत सद्गुरु प्रधान है। राधास्वामी का मत आध्यात्मिक ज्ञान तक ही सीमित रह गया था। उसमें जाति-लिंग भेद से ऊपर उठकर सभी के लिए द्वार खुले रखे गए। शिक्षा, सामाजिक सुधार और सादा जीवन व्यतीत करने पर विशेष बल दिया गया। उत्तर प्रदेश के अतिरिक्त दिल्ली, हरियाणा, पंजाब आदि स्थानों पर राधास्वामी व्यास बने हुए हैं। यह पंथ आज भी काफी लोकप्रिय है। सामाजिक समता और धार्मिक समरसता का परिपोषक यह मत जाति व्यवस्था में विश्वास नहीं करता।

सर सैयद अहमद खां

अपने जीवन के अंतिम चरण में जब महाराष्ट्र में फुले शूद्रों के लिए शिक्षा और सामाजिक प्रतिष्ठा की लड़ाई लड़ रहे थे और सामाजिक सुधारों का मंत्रों का शंखनाद किया था। सन् (1817-1898) में सर सैयद अहमद खां मुस्लिम जाति में नव-जागरण लाने के लिए काफी संघर्षरत थे। उन्होंने उस दौरान उत्तर भारत के अलीगढ़ को केन्द्र बिंदु माना था। उन्होंने मुस्लिम समाज में एकजुट रहने, अधिकारों के लिए संगठित प्रयास करने, मुगल साम्राज्य और सामंतों-नवाबों की ख्याली दुनिया के स्वप्न छोड़कर असलियत समझकर इस्लामी पद्धति पर अरबी-फारसी के साथ-साथ पाश्चात्य शिक्षा और यूरोप के नवजागरण से प्रेरणा ग्रहण करने का मुस्लिम नव-जागरण आंदोलन चलाया। उन्होंने मुसलमानों को निर्भीक होकर बताया कि राजनीतिक दृष्टि से वे पिछड़ गए हैं, बेअसर हो गए हैं; इसलिए अंग्रेजी शासन में भागीदारी के लिए पाश्चात्य शिक्षा और विचारों को अपनाने की सख्त जरूरत है। इस विचार को व्यावहारिक रूप देने के लिए सर सैयद अहमद खां ने अलीगढ़ में

मुहम्मडन ओरियंटल कालेज खोला जो बाद में अलीगढ़ मुस्लिम विश्वविद्यालय बना। दक्षिण पूर्व एशिया में यह मुस्लिम शिक्षा-संस्कृति और ज्ञान-विज्ञान का केंद्र बना।

शायद बहुत कम लोगों को यह बात ज्ञात होगी कि अम्बेडकर से बहुत पहले **सर सैय्यद अहमद खां** ने ब्रिटिश वायसराय के सम्मुख अपने लंबे-चौड़े प्रतिवेदन में भारत के मूल निवासी (दलितों) के हकों के लिए जोरदार वकालत की थी और फुले के जीवन काल के अंतिम चरण में ही दलितों की मुक्ति का पथ प्रशस्त किया था। सर सैयद अहमद खां ने मुस्लिम समाज को काफी सहूलियतें प्रदान की थी। अछूत-शूद्र नेतृत्वविहीन थे, इसलिए उन्हें इसका कोई फायदा प्राप्त नहीं हुआ था। उन दिनों अस्पृश्यता जोरों पर थी। लेकिन अंग्रेज अछूतों की दयनीय दशा से परिचित हो गए। पादरियों ने भी अछूतों की शुरू में वकालत की थी। उनकी दुर्दशा पर लेख व पुस्तकें छापीं।

सर सैय्यद अहमद खां ने हाथरस, अलीगढ़, इटावा, फर्रुखाबाद की कचहरियों में ओहदे पर रहते हुए अछूतों के साथ हो रहे अत्याचारों, शोषण और गुलामों के जैसे बंधुआ जीवन को बड़े निकट से देखा था। उन्होंने अलीगढ़ में मुस्लिमों के साथ-साथ चमार-कोरी-खटीक-बाल्मीकि जैसी (अछूत) जातियों को शिक्षा और सांस्कृतिक जागरण के लिए चेताया और धार्मिक समरसता की बात की। पश्चिमी संयुक्त प्रांत की जाट, गूजर और किरार-यादव जातियों को शिक्षा के लिए जागृत किया। इस प्रकार उन्नीसवीं सदी के पूर्वार्द्ध और उत्तरार्द्ध में सभी वर्गों में सामाजिक-जातीय सुधारों की लहर ने सामाजिक पुनर्निर्माण का पथ प्रशस्त किया।

विपिनचंद्र पाल

विपिन चन्द्र पाल ने सन् 1870 के दशक में लिखा था कि– *"शिक्षित युवा समुदाय न सिर्फ राजनीतिक स्वतंत्रता चाहता है, वरन् समता का भी हामी है और अधिक नहीं तो वह उन तमाम बेड़ियों को तोड़ डालना चाहता है जो विचार और क्रियाशीलता की स्वतंत्रता में बाधक हैं। सामाजिक सुधारों की उस समय प्रबल लहर फैली हुई थी और बुद्धिजीवी-समाज सुधारक सड़ी-गली मान्यताओं, अस्पृश्यता, जाति-पांति से ऊपर उठकर राष्ट्रीयता और बंधुत्व की भावना से ओत-प्रोत थे।"*

गोपाल हरि देशमुख

गोपाल हरि देशमुख एक लोकहितवादी विचारधारा के महापुरुष थे। रानाडे की तरह उन्होंने भी कहा कि राजनीतिक स्वतंत्रता से पूर्व सामाजिक सुधारों को

प्राथमिकता देनी होगी। जर्जर समाज व्यवस्था, समाज में व्याप्त जातिगत भेदभाव, अस्पृश्यता, गरीबी और ऊपर से उपनिवेशवादी आधिपत्य से लोक हितवादी पूरी तरह खिन्न थे और सामाजिक परिवर्तन के हामी थे।

उन दिनों अखबारों और पत्रिकाओं में समाज-सुधार, अस्पृश्यता उन्मूलन और जातिवाद की कठोरता संबंधी खबरें प्रकाशित होने लगी थीं।

10 जुलाई, 1887 को **'इंडियन स्पेक्टेयर'** नामक पत्रिका में उन्होंने लिखा था कि : *"इंदु प्रकाश में प्रतिनिधि सरकार के बारे में कहा गया है। हमारी शंका इससे बढ़ी है कि क्या सामाजिक सुधार का प्रश्न कभी हल नहीं होगा जब विधिवत वैधानिक सहयोग मिलेगा। जातिवादी अनुदार व्यवस्था में बहुत से सामाजिक सुधारों के प्रति हम न्याय नहीं कर पाते।" इसका स्पष्ट अर्थ था कि जातिवाद के रहते समाज सुधार प्रक्रिया में ढील रहेगी।*

6 अगस्त, 1887 को **'बंबई गार्जियन'** में लिखा गया कि : "हमारे बंबई-पूना के युवा स्नातकों और निचली कक्षाओं के छात्रों की अभिरुचि कलकत्ता में भी देखी जाती है जो फिलहाल किसी भी सुधार के विरोधी हैं। जैसे कि बाल विवाह की प्राचीन प्रथा जो अंततः विधवाओं की जन्मदात्री है।...नई पीढ़ी में यह एक घातक मनोवृत्ति है।" नई पीढ़ी सुधारों के प्रति ऊहापोह की स्थिति में थी। 'इंडियन मेसेंजर' (1887) में "इन्हीं दिनों में एक खबर प्रकाशित हुई कि एक शूद्र जाति के विद्यार्थी ने इंटरमीडिएट परीक्षा पास की है जिसे उसके सहपाठियों ने हेय दृष्टि से देखा और उसे बेंच पर भी नहीं बैठने दिया गया। ऐसी प्राचीन मान्यताओं, रीति-रिवाजों से हिंदू जाति का पतन हुआ है।"

'सतसार'—शूद्र-दलित क्रांति के जनक फुले ने खुद अपनी पत्रिका में जाति भेद, सामाजिक कुरीतियों का जोरदार प्रतिकार किया।

गोपाल बाबा वलंगकर

य. दि. फड़के के अनुसार—ये सेना से रिटायर थे। "वे कोंकण के रावढल गांव के रहने वाले थे। 1888 में उन्होंने 'विटाल विध्वंसन' (अपवित्रता विध्वंसन) पुस्तिका लिखी। उन्होंने प्रतिपादित किया कि अस्पृश्य पहले क्षत्रिय थे, कालांतर में अछूत अस्पृश्य माने गए। वलंगकर ने जातिवाद से लड़ने के लिए **'अनार्य दोष परिहारक मंडल'** की स्थापना की। अम्बेडकर ने **'बहिष्कृत भारत'** के प्रथम अंक में अस्पृश्यों की उन्नति का आंदोलन आरंभ करने का श्रेय गोपाल बाबा वलंगकर और बंबई प्रांत को दिया। 1892 में महारों की सेना में भर्ती पर रोक लगी, वलंगकर

ने रानाडे की सहायता ली। लेकिन सरकार ने कोई कार्यवाही नहीं की। जिस समय प्रथम विश्व युद्ध प्रारंभ हुआ उस समय अंग्रेजों को महारों की याद आई।

1895 में उन्हें कोलाबा के जिलाधीश ने 'महाड़ लोकल बोर्ड' का सदस्य नियुक्त किया। परन्तु जब सभा आयोजित हुई कोई भी सवर्ण सभा में हिस्सा लेने नहीं आया। जैसे कि अछूत नहीं कोई शेर आ गया हो। 1895 में जब पुणे में कांग्रेस अधिवेशन हुआ उन्होंने नेताओं से मांग की कि ये अस्पृश्यता निवारण के लिए ठोस कदम उठाएं।''

लंदन विश्वविद्यालय के **फिलिप कांस्टेबिल** ने *'उन्नीसवीं सदी के अंत और बीसवीं सदी के पश्चिम भारत के प्रारंभिक दलित साहित्य एवं संस्कृति'* नामक लंबे शोधपूर्ण लेख में गोपाल बाबा वलंगकर की दलित चेतना में साहित्यिक रचनाओं का अध्ययन प्रस्तुत किया है जिसे उन्होंने डॉ. अम्बेडकर जन्मशती (1991-92) के दौरान भारत सरकार द्वारा लंदन में आयोजित अंतर्राष्ट्रीय विचार गोष्ठी में प्रस्तुत किया था।

इसी को हम मूल आधार मानकर वलंगकर की रचनाओं की यथार्थवादी प्रभावी भूमिका पर यहां पर संक्षेप में प्रकाश डाल रहे हैं जो ज्योतिराव फुले की भांति दलित संघर्ष की ऐतिहासिक विरासत कही जा सकती है।

बाबा वलंगकर को दलित साहित्य और संस्कृति का प्रेरक माना जाता है जिन्होंने **'अनार्य दोष परिहारक मंडल'** या मंडली की स्थापना की। इस मंडल ने महार, चमार जैसी दलित जातियों की संस्कृति का प्रथम बार शब्द-चित्रण किया। कोलाबा जिले के महाड ताल्लुका से पांच मील दूर रावढल जैसे छोटे से ग्राम के निवासी बाबा वलंगकर इस मंडल के अध्यक्ष थे। उन्होंने अपना सम्पूर्ण जीवन ब्रिटिश फौज में एक हवलदार का जीवन व्यतीत कर रहे थे और जब वे पुणे और बंबई में फौज में थे **ज्योतिबा फुले** और उनके अनुयायियों के संपर्क में आए और सत्यशोधक समाज के सदस्य बन गए। वलंगकर के समकालीन और एक सैनिक आर.सी. घाडगे ने अपने संस्मरणों में लिखा है कि वे और वलंगकर रविवार के दिनों में फुले का भाषण सुनते थे जब वे पुणे कैम्प के फौजियों को संबोधित किया करते थे। प्रत्यक्ष प्रमाणों के आधार पर जो आंखों देखे हैं फुले और वलंगकर दोनों अभिन्न मित्र थे। फुले महारवाड़ा, भवानी पेठ, पुणे में वलंगकर के घर रोजाना एक बार अवश्य जाया करते थे। फुले के अभिन्न मित्र गोविन्द गनपत काले ने विशेष रूप से उस प्रवेश विधि को देखा जिसके अनुसार फुले और वलंगकर 'सत्यशोधक समाज' में आने वाले सवर्ण जाति के हर दर्शक की परख

करते थे और इसका आधार था वह खाने की पंक्ति जिसमें अस्पृश्य वलंगकर बैठते थे। सयाजीराव गायकवाड़ महाराज के सम्मान में हुए सत्य शोधक समाज के एक उत्सव में फुले के साथ वलंगकर ने भी अपने मत को प्रस्तुत किये थे। सन् 1880 के मध्य तक उनकी मित्रता गहरी हो चुकी थी। वे हवलदार के पद से सन् 1886 में फौज से सेवानिवृत्त हुए थे। फिर वे अपृश्य महार जाति के उत्थान कार्य में प्रवृत्त हुए। अवकाश ग्रहण करने के उपरांत वे रत्नागिरि जिले में दपोली में रहने लगे जहां स्कूल मास्टर की नौकरी कर ली। वहां महार और चमार जाति के सेवानिवृत्त फौजी अधिकारियों के साथ मिलकर सन् 1890 में **'अनार्य दोष परिहारक मंडल'** का गठन किया। इससे पूर्व फौजी अधिकारियों द्वारा अलग से संगठन बनाना, जबकि इनमें से अधिकांश 'सत्य शोधक समाज' के सदस्य थे और फुले के अनुयायी थे, एक विशिष्ट लक्ष्य की ओर इंगित करता है। यदि महार-चमार जातियों को हिंदू शास्त्रों और समाज द्वारा उन पर किए गए अत्याचारों और सामाजिक बहिष्कार के विषय में जागरूक बनाना आवश्यक था तो यह भी परम आवश्यक था कि उन्हें अपनी मान्यताओं और सांस्कृतिक विरासत के बारे में स्वतंत्र अस्तित्त्व के बारे में आश्वस्त किया जाए।

इस प्रकार अनार्य दोष परिहारक मंडल महार एवं चमार सांस्कृतिक चेतना का सर्वप्रथम संस्थागत सक्रिय प्रयास था, ताकि दलित समाज की स्वतंत्र पहचान बने और सामाजिक बहिष्कार से संघर्ष करने के लिए एक सीधे विकल्प का रूप ले।

कोंडाजी रामजी

मराठी कवि कोंडाजी को पंडित कोंडीराम के नाम से भी पुकारा जाता है। रामजी गोपाल बाबा वलंगकर के समकालीन थे। इन्होंने अपने मराठी पदों में 'अनार्य दोष परिहारक मंडल' जैसे संगठनों की आवश्यकता पर जोर दिया था जो महार-चमार जातियों में सांस्कृतिक चेतना के लिए कार्यरत थी। उनकी मराठी कविता में 19वीं सदी के अंत में महारों पर हुए अमानवीय व्यवहारों के बारे में उल्लेख है। कोंडाजी एक अध्यापक थे जो नेस्बित रोड मुम्बई में निवास करते थे। वे 'श्रीसोमवंशी मित्र समाज', बंबई के अध्यक्ष थे। बीसवीं सदी के प्रथम दशक में महाराष्ट्र दलित सभाओं में वे भाषण किया करते थे। ऊंची जातियों और मराठों के दबाव में सन् 1892 में दलितों को फौज में से निकाला गया था, इसलिए वलंगकर और कोंडीराम पुणे फौजी कैम्प में साथ-साथ रहे थे, ऐसी धारणा है और दोनों ने ही अध्यापकी अपनाई। दोनों ही फुले की सभाओं और 'सत्य शोधक समाज' की गतिविधियों में हिस्सा लेते रहे

थे। सन् 1894 में जब वलंगकर ने 'दपोली अनार्य दोष परिहारक मंडल' की ओर से बंबई सरकार को ज्ञापन प्रेषित किया तो उसमें महारों की सामाजिक दुर्दशा के बारे में कोंडीराम का पद उद्धृत किया गया था।

कोंडीराम की पद्य रचनाओं में दलितों की वेदना का रहस्य छिपा हुआ है। उसमें अछूतों की भूख-गरीबी, सामाजिक बहिष्कार, जातीय घृणा की सच्ची मर्मांतक गाथा निहित है जो अनार्य दोष परिहारक मंडल के दलित मुक्ति अभियान में मार्गदर्शक बनीं। अगस्त, 1888 में प्रकाशित **'विनंति पत्र'** में दलित नीति को उजागर किया गया है। यह एक प्रकार से हिंदू धर्माचार्यों द्वारा वेद, शास्त्र और पुराणों में वर्णित वर्ण व्यवस्था के दैवीय उद्गम के प्रतिकार 'अस्पृश्यता' को चुनौती देने के लिए रची गई थी। ज्योतिबा फुले से वलंगकर ने वार्तालाप के दौरान इस दलित बौद्धिक विरासत के सन्दर्भ में बातचीत की थी। ईसाई मिशनरियों की विचारधारा ने महार भक्ति चिंतन को और भी क्रांतिकारी बनाया जिसमें हिंदुओं के अंधविश्वासों और मान्यताओं के प्रति विद्रोह की भावना भरी हुई थी। 'अनार्य दोष मंडल' का 'विनंति पत्र' के जरिए महार-चमार जातियों में उन्नीसवीं सदी के अंत में और बीसवीं सदी के प्रारंभ में वैचारिक सिद्धांतों का प्रतिपादन करने का प्रयास हिंदुओं द्वारा दलितों की मानवीय एवं सांस्कृतिक पहचान को अनादृत करने की प्रतिक्रिया का परिणाम थी। वलंगकर ने 'विनंति पत्र' में, फुले की तरह आर्य ब्राह्मणों द्वारा वर्ण और जाति के विस्तार की कड़ी की आलोचना की है। फुले द्वारा लिखी गयी कृति **'गुलामगिरी'** (1873) की तरह वलंगकर ने आर्यों द्वारा मूल निवासी द्रविड़ों को परास्त कर सामाजिक-धार्मिक सत्ता हथियाने की इतिहास-सम्मत बात कही।

वलंगकर ने लिखा है कि महार भक्त संत **चोखामेला** सर्वधर्म समभाव और सामाजिक समरसता के प्रतीक थे। **रेवरेंड जे. स्टीवेंशन** उनकी भक्ति कविता से प्रभावित थे। उसी प्रकार रेवरेंड एलेक्जेंडर राबर्टसन ने चोखा मेला के अभंगों में दलितों की करुण वेदना के दर्शन किए। उधर दूसरी ओर डॉ. अम्बेडकर ने फुले के समकालीन वलंगकर को प्रथम दलित साहित्य का प्रणेता और दलित अधिकारों के लिए लड़ने वाला एक कुशल वीर कहा है।

शिवराम जानवा कांबले का योगदान

20वीं सदी के प्रारंभिक दौर में अस्पृश्यता-उन्मूलन आंदोलन को आगे बढ़ाने में पुणे के **शिवराम जानवा कांबले** की भूमिका काफी सराहनीय है। उन्होंने 1903

में 51 गांवों के महारों की सभा बुलाई जिसमें अछूतों को सेना और पुलिस में भर्ती करने की मांग की गई। कांबले ने 1904 में **'श्री शंकर प्रासादिक सोमवंशीय हित चिंतक मंडल'** स्थापित किया और 1908 में **'सोमवंशीय मित्र'** नामक समाचार पत्र का प्रकाशन प्रारंभ किया।

राष्ट्रीय चेतना युग में शायद प्रथम बार उन्होंने देवदासियों के अंधकार भरे जीवन और धर्म के नाम पर होने वाले उनके भयानक यौन-शोषण की भी जानकारी दी। जब देवदासियों के पुनर्वास के लिए शिवराम कांबले ने उनका विवाह कराने का प्रयत्न किया तो खुद उनके ही जाति वाले उनसे अपना मुख मोड़ने लगे अर्थात् नाराज हो गये। ये देवदासियां अछूत समाज की औरतें थीं जिनका सदियों से मठाधीश-मंदिरों के स्वामी ब्राह्मण-पुरोहित शारीरिक यौन-शोषण करते आ रहे थे। चंद्रा और चंचरीक ने एक स्थल पर लिखा है कि कांबले से पूर्व इनकी कष्ट गाथा से कोई भी देश का राममोहन राय द्रवित नहीं हुआ, यह हिंदुओं के लिए शर्मनाक बात है। यह उस काल में सती-प्रथा, बाल-विवाह, वृद्ध-अनमेल विवाह और अस्पृश्यता से भी भीषण समस्या थी।

विदर्भ की अंगड़ाई

डॉ. भीमराव अम्बेडकर के पूर्व विदर्भ के तीन दलित समाज सुधारकों द्वारा अस्पृश्यता तथा जातिवाद के खिलाफ नारा बुलन्द किया था, उन समाज सुधारकों का नाम था–किसन फागू बनसोड, गणेश आकाजी गवई और काली चरण नंदागवली। किसन फागू ने 1903 में **'सन्मार्ग बोधक निराश्रित समाज'** की स्थापना करके अस्पृश्यता निवारण का काम किया। 1907 में उन्होंने बालिकाओं हेतु चोखामेला शाला की स्थापना की। गांव-गांव घूमकर जातिवाद और अस्पृश्यता के विरोध में लोगों को समझाया। संगठित होकर शिक्षा ग्रहण करने और अधिकारों के लिए जागृत रहने की बात की। गवई उनके सहकारी थे। वे उनकी संस्था के सचिव भी थे। गवई ने 1914 में **'बहिष्कृत भारत'** पत्रिका निकाली। मध्य प्रांत के गवर्नर ने गणेश आकाजी गवई और सामाजिक कार्यकर्ता नंदागवली को विधान परिषद में नियुक्त किया।

बी. एम. मलाबारी एवं सुरेद्रनाथ बनर्जी

अस्पृश्यता उन्मूलन आन्दोलन को आगे बढ़ाने में बी.एम.मलाबारी एवं सुरेन्द्रनाथ बनर्जी का भी विशेष योगदान रहा है। इन लोगों का मानना था कि

राजनीतिक आजादी जरूरी तो है, लेकिन समाज में बिना आमूल-चूल परिवर्तन के स्वतंत्रता बेमानी है। उनके उदार विचार में भारत में तत्कालीन समस्त प्रगति ब्रिटिश शासन के दौरान ही संभव है। अधिकांश शिक्षित भारतीय **मलाबारी** की इस विचारधारा के पोषक थे कि : *''सदियों से भारत में प्रचलित पुरानी मान्यताओं, जड़ता, कुरीतियों जाति-प्रथा, अस्पृश्यता, गरीबी से छुटकारा पाना और एक नए समाज की संरचना सर्वोपरि है, जबकि विदेशी हुकूमत से आजादी पा लेना एक गौण बात है। सामाजिक बुराइयों ने भारत की कमर तोड़ दी है। इसके लिए राज्य का पूर्ण हस्तक्षेप जरूरी है और सामाजिक कानून बनाने और विधि सम्मत शासन व्यवस्था के परिचालन के लिए ब्रिटिश शासन की उपस्थिति बुरी बात नहीं है। समाज सुधारों से समाज में जागृति और चेतना आएगी।''* फुले ने भी इसी विचारधारा का सम्पूर्ण जीवन भर समर्थन किया।

मलाबारी के अनुसार **'सोशल रिफार्म कांफ्रेंस'** को कांग्रेस संगठन से अलग हटकर अपने कार्य को अन्जाम देना चाहिए, तभी उसके विचारों में अपनी अलग पहचान, परिपक्वता और समाज सुधारों की नई अवधारणा उपजेगी। **मलाबारी** का मानना था कि एक के बाद एक बदली हुकूमतों ने सिद्ध कर दिया है कि भारत के लोग अपना शासन चलाने में समर्थ नहीं हैं। सामाजिक संगठन में कहीं भारी त्रुटियां अवश्य हैं कि भारत के लोग अराजकता, कुशासन और विदेशियों के हाथ की कठपुतली बन गए हैं। इन कारणों की खोज की जानी चाहिए और समाधान ढूंढना चाहिए।

उस दौरान यह भी दृष्टिकोण विद्यमान थी कि हम अस्पृश्यता और जातिगत ऊंच-नीच की भावना से ही इतने कमजोर और गुलाम हुए। जिस दिन देश में संगठनात्मक एकता और राष्ट्रीयता जागेगी, जातीय एकता की भावना जोर पकड़ेगी हमें आगे बढ़ने और आजादी हासिल करने से कोई नहीं रोक पाएगा। जातियों में विभाजित भूतकाल का भारत और जातिवाद से लड़ता वर्तमान भारत, भविष्य में तभी सुदृढ़ एवं समृद्धशाली बनेगा जब जातिवाद का कलंक मूल रूप से मिट जायेगा।

सन् 1901 की जनगणना : एक नया बोध

सर हर्बर्ट रिजले ने सन् 1901 की जनगणना के संदर्भ में अपनी टिप्पणी में–हिंदू, मुस्लिम और ईसाई इन तीनों धर्मों के सन्दर्भ में लिखा कि–''सन् 1901 की जनगणना के दस वर्षों के अंतर्गत मुस्लिम 9 प्रतिशत और ईसाई लगभग 28 प्रतिशत बढ़े हैं...हिंदू धर्म भारत का प्रधान धर्म है, यह अपने विकास की गति में

जाति और सामाजिक एवं धार्मिक मान्यताओं से पूरी तरह जुड़ा है जिन्हें अलग स्तर पर नहीं देखा जा सकता। दो विपरीत धर्म-ईसाई और इस्लाम–(बुद्ध धर्म पर यहां विचार करना उपयुक्त नहीं) जाति के सिद्धांत को नहीं मानते और निस्संदेह उनका हिंदू धर्म पर बहुत बड़ा प्रभाव रहा है। जब तक कि हिंदू धर्म की संख्या में कोई कमी नहीं आती, जातिगत मान्यताओं की प्राचीन प्रमुखता हावी रहेगी और ईसाई या इस्लाम धर्म के मानने वालों की जनसंख्या में विशेष रूप से वृद्धि होना असम्भव है और भारत के सामाजिक और धार्मिक भविष्य पर कोई परिवर्तन प्रभावी नहीं होगा। क्या इस दिशा में किसी प्रवृत्ति की झलक दिखाई देती है? क्या पिछली जनसंख्या के परिणाम ईसाई या इस्लाम धर्म के पुनरुत्थान और हिंदू धर्म के लिए संकट का संकेत करते हैं? अथवा हिंदू धर्म भविष्य में भी यथावत् बना रहेगा जैसा कि वह सदियों से भूतकाल से अब तक रहा है?

यह तथ्य पूर्ण रूप से साफ है कि ईसाई धर्म प्रचारकों ने गरीब-अनपढ़ अस्पृश्य दलित जातियों और आदिवासियों में न सिर्फ शिक्षा का प्रचार किया, अस्पताल और शरण स्थल खोले, नौकरियों, शादियों के लालच दिए और उदारतापूर्वक धन और अन्य भौतिक वस्तुएं उपलब्ध कराईं, वरन् उन्हें ईसा मसीह और चर्च की ओर आकृष्ट करते हुए ईसाई धर्म में दीक्षित किया। मुस्लिम और मुगल साम्राज्य के रहते इस्लाम ने भी दलित वर्गों को अपनी ओर प्रभावित किया। यही नहीं राजपूत जातियों ने भी बढ़-चढ़ कर शासक जाति से अपने खूनी रिश्ते जोड़ने में कोई कसर नहीं रखी। देखा-देखी हिंदू शिल्पी किसान जातियों ने भी आर्थिक-सामाजिक लाभों की खोज में इस्लाम धर्म स्वीकार कर लिया। तीसरे उन छोटी दलित हस्तशिल्पी और कला कौशल में प्रवीण जातियों ने भी इस्लाम धर्म अपनाया जो पुरोहित वर्ग, हिंदू सामंतवाद और अन्य ऊंची जातियों के अत्याचारों के शिकार थे।"

सवर्ण हिंदुओं के अत्याचारों से त्रस्त दलित-अस्पृश्यों का धर्मांतरण समाज सुधारकों की आंखें खोलने के लिए पर्याप्त था।

कोल्हापुर के शाहू महाराज

20वीं शताब्दी के प्रारंभिक दो दशकों में दलित जागरण के पुरोधा **महाराजा शाहू महाराज** जो शिवाजी के वंशज थे, गैर-ब्राह्मण आंदोलन के अगुवा बने। इतिहासकार बताते हैं कि शिवाजी ने कोली और महार रण बांकुरों की फौज बनाकर मुगल साम्राज्य को नाको चने चबवाए थे। महाराष्ट्र में विभिन्न क्षेत्रों में शाहू महाराज ने दलितों के सामने खड़ी विभिन्न समस्याओं के संदर्भ में भाषण दिये। युवा

अम्बेडकर को प्रारंभिक सामाजिक जीवन में प्रेरणा दी, यही नहीं कुछ आर्थिक सहायता दी जिससे वे दुबारा लंदन पढ़ने गए। दोनों ने संयोगवश अछूतों की सभाओं में साथ-साथ भाषण भी दिए। निसंदेह, दलित आंदोलन के इतिहास में शाहू महाराज का नाम बड़े गौरव के साथ लिया जाता है।

सयाजीराव गायकवाड़

महाराजा बड़ौदा, **सयाजीराव गायकवाड़** प्रगतिशील विचारों के शासक थे। उन्हें समाज-सुधारों और दलित शिक्षा में भारी रुचि थी। अछूतों की दयनीय सामाजिक-आर्थिक स्थिति से वे सिर्फ परिचित ही नहीं थे, बल्कि सामाजिक बुराइयों, जाति व्यवस्था और अस्पृश्यता मिटाने के लिए उन्होंने बड़ौदा राज्य में विशेष रूप से भूमिका निभाई। देश के सामाजिक जीवन में प्रचलित अस्पृश्यता के वे भारी खिलाफ थे। उन्होंने लिखा है कि–"भारत को छोड़कर इस सभ्य विश्व में ऐसा कोई देश नहीं है जहां जाति-पांति और अस्पृश्यता प्रचलित हो और धर्म की शक्ति की आड़ में आदमियों में भेदभाव माना जाता हो।...दलित जातियों को एक छोटी गिरी हुई जातियों के वर्ग के रूप में पहचाना जाता है। कुछ वैष्णव इस सीमा तक छुआछूत मानते हैं कि वे अपनी पत्नियों द्वारा पकाया भोजन स्वीकार करने में भी हिचकिचाते हैं। इससे उनकी मानसिक क्रूरता और हृदयहीनता का पता चलता है। शुद्ध-अशुद्ध की भावना के फेर में एक अछूत का स्पर्श कुत्ते-बिल्लियों के स्पर्श से भी गया गुजरा है। जो लोग बचपन से ऐसे वातावरण में पले हों उनसे किसी प्रकार के सद्‌व्यवहार की आशा रखना ही व्यर्थ होगा।"

सयाजीराव ने दलित जातियों की स्थिति सुधारने के साथ-साथ उनकी शिक्षा तथा नवीन उद्योगधन्धों हेतु भी प्रयास किया। उन्होंने आह्वान किया कि छुआछूत के रहते जिसे धर्म द्वारा न्याय संगत माना है और क्रियान्वित किया गया है, उससे न तो दलित जातियां शिक्षा प्राप्त कर सकती हैं न परंपरागत अशुद्ध पेशों से विमुख हो सकती हैं। इसी कारण शायद जाति व्यवस्था का अभेद्य जाल बुन दिया गया है। उन्होंने यह भी कहा कि अस्पृश्यता की अवधारणा ने इन जातियों को सभ्यता के लाभों से सदैव के लिए वंचित कर रखा है। हम न सिर्फ उन्हें सताते हैं और उन पर जुल्म ढाते हैं, बल्कि सदैव उन्हें विद्या और जागृति की रोशनी से भी दूर रखते हैं।

अस्पृश्यता अथवा छुआछूत ही एक ऐसा कारण है जिससे उनमें घोर दरिद्रता व्याप्त है और वे अपनी रोजी-रोटी भी बड़ी मुश्किल से जुटा पाते हैं। उनकी आर्थिक वास्तव में स्थिति काफी दयनीय है।

अस्पृश्यता की वजह से लोग उन्हें अपने घरों में काम नहीं देना चाहते हैं। वे अछूत होने की वजह से हमारे घरों में घरेलू नौकर की तरह से कार्य करने के लिए सर्वथा अनुपयुक्त हैं क्योंकि न तो कोई उनका स्पर्श किया हुआ भोजन ग्रहण करता था, न उन्हें घर में आने की आज्ञा थी। काम मिलना तो दूभर था।

सयाजीराव ने हिंदू धर्म की अत्यधिक निन्दा की है। उन्होंने जाति-व्यवस्था का भारी विरोध किया। इस बात पर दुख प्रकट किया कि उपनिवेशवादी भारत सरकार अस्पृश्यता और जाति व्यवस्था के मकड़ जाल को खत्म करने की ओर कतई ध्यान नहीं दे रही। उस समय उनका यह भी विचार था कि अस्पृश्यता जैसी बुराई प्रशासन द्वारा नहीं बल्कि समाज की सद्भावना से भी दूर की जा सकती है। उन्होंने संपत्ति संबंधों की पुनर्रचना पर कोई प्रस्ताव नहीं रखे और न धर्म को पूर्णरूपेण अस्वीकृत करने के विषय में विचार प्रकट किए, वरन् धर्म को परिष्कृत करने की ही बात कही। उन्होंने यह कहा कि हमारे प्रगति में धर्म बाधक नहीं बनना चाहिए। उनका विचार था कि "एक धर्म जो देश के लाखों-करोड़ों लोगों को शोषण-चक्र, दुख-दारिद्रय, अज्ञान, बीमारी और तमाम बुराइयों के गर्त में धकेलता है वह झूठा धर्म है। अस्पृश्यता की अवधारणा करुणामय हिंदू धर्म के विरुद्ध है।"

सयाजीराव ने अपने स्पष्ट शब्दों में लिखा है कि लगभग 6% जनसंख्या की निन्दा करके हम एक जघन्य अपराध, राष्ट्रीय आत्महत्या कर रहे हैं। समय आ गया है कि हम इन लाखों-करोड़ों अछूतों के साथ सहभागिता के लिए कदम उठाएं।" इन्होंने आगे लिखा है कि "अस्पृश्यता को समाप्त करने का प्रभावी कदम स्वयं अस्पृश्यों के हाथ में है। निम्न जातियों को खुद आगे आकर अपनी हालत सुधारनी होगी। उन्हें अपने पड़ोसियों को उकसाना नहीं है। आपने कर्तव्यों की उपेक्षा भी नहीं करनी है। जिन पर पूरे समाज का स्वास्थ्य और आराम टिका है, भले ही वह कर्तव्य कितने ही छोटे और अशुद्ध क्यों न समझे गए हैं।" सयाजीराव ने इस प्रकार वही बात कही जो आगे चलकर गांधी जी कहा करते थे कि अछूत अथवा दलित को परम्परागत व्यवसायों को नहीं छोड़ना चाहिए।

थियोसोफिकल सोसायटी

थियोसोफिकल सोसायटी भी एक प्रमुख सुधारवादी आन्दोलन था। थियोसोफी शब्द ग्रीक भाषा के थियो व सोफी शब्दों से मिलकर बना है। थियो का अर्थ ईश्वर एवं सोफी शब्द का अर्थ ज्ञान होता है। इसकी स्थापना सर्व प्रथम रूसी महिला

ब्लेवाट्स्की एवं अमेरिकन कर्नल एच.एस. आल्कॉट ने 7 सितम्बर, 1875 ई. को अमेरिका के न्यूयार्क नगर में की। इसके प्रमुख उद्देश्य इस प्रकार थे–

(1) प्रथम उद्देश्य प्रकृति के नियमों की खोज करना एवं जनता में दैवी शक्ति में विश्वास उत्पन्न करना था। इसका मानना था कि देवता हिमालय में निवास करते हैं एवं मनुष्य के भाग्य का निर्माण करते हैं। पुनर्जन्म में भी इनका विश्वास था।

(2) सभी धर्मों के साथ सहिष्णुता का व्यवहार करते हुए उनमें समन्वय स्थापित करना।

(3) प्राचीन धर्म, दर्शन एवं ज्ञान का अध्ययन तथा प्रसार करना।

(4) विश्व बन्धुत्व के सिद्धान्त में विश्वास करना तथा ब्रह्मा को सारी सृष्टि का निर्माता मानना।

(5) पूर्वी देशों के धर्मों एवं दर्शनों का अध्ययन तथा प्रसार करना।

1879 ई. में ब्लेवाट्स्की तथा आल्कॉट स्वामी दयानन्द के निमन्त्रण पर भारत आए। उन्होंने कहा कि हिन्दू धर्म विश्व का श्रेष्ठतम् धर्म है तथा सम्पूर्ण सत्ता इसी में निहित है। कर्नल आर्लूकाट ने अपनी सोसायटी का उद्देश्य भारतीयों को उनकी संस्कृति के गौरव तथा महानता का स्मरण करवाना बताया, ताकि भारत पुनः अपनी खोयी हुई प्रतिष्ठा प्राप्त कर सके। इस सोसायटी के संस्थापक ने 1879 से 1881 तक स्वामी दयायनन्द के साथ मिलकर भारत में ईसाई धर्म के बध्ते प्रसार को रकोने का प्रयत्न किया, किन्तु यह प्रयत्न अधिक समय तक न चल सका, क्योंकि जहां दयानंद वेदों को प्रामाणिक तथा ईश्वरीय ज्ञान मानते थे, वहीं थियोसोफिकल सोसायटी के प्रवर्तक इससे सहमत नहीं थे। अतः इन्होंने 1886 ई. में मद्रास के समीप अडयार नामक स्थान पर थियोसोफिकल सोसायटी का केन्द्र स्थापित किया एवं भारत में अपने विचारों का प्रचार करना आरम्भ किया।

श्रीमती एनी बेसेंट

भारत में इस आन्दोलन का नेतृत्व एक अंग्रेज महिला एनी बेसेंट ने किया, जिन पर भारतीय सभ्यता का बहुत प्रभाव था। उनका जन्म 1847 ई. में हुआ था एवं 10 मई, 1889 ई. को वे इस सोसायटी की सदस्या बनी थीं। 16 नवम्बर, 1893 ई. में वे भारत आते ही भारत की सांस्कृतिक पुनर्जागरण में लग गईं। उनसे प्रभावित होकर कई विद्वान इस सोसायटी के सदस्य बन गए। 1900 ई. में आल्कॉट की मृत्यु के पश्चात् वह इस सोसायटी की अध्यक्ष बनीं।

एनी बेसेंट का हिन्दू प्रेम

एनी बेसेंट को हिन्दू धर्म से बहुत प्रेम था और उनका मानना था कि हिन्दू धर्म के जागरण से ही विश्व का कल्याण हो सकता है। एक भाषण में उन्होंने कहा, भारत और हिन्दुत्व की रक्षा भारतवासी और हिन्दू ही कर सकते हैं। हम बाहरी लोग आपकी चाहे कितनी भी प्रशंसा करें, किन्तु आपका उद्धार आप ही के हाथ है। आप किसी प्रकार के भ्रम में न रहें। हिन्तुत्व के बिना भारत के सामने कोई भविष्य नहीं है। हिन्दुत्व ही वह मिट्टी है, जिसमें भारतवर्ष का मूल गड़ा हुआ है। यदि यह मिट्टी हटा ली गई, तो भारत रूपी वृक्ष सूख जाएगा। भारत में आश्रय पाने वाले अनेक धर्म हैं, अनेक जातियाँ हैं, परन्तु इसमें से किसी की भी शिक्षा भारत के अतीत तक नहीं पहुँची है। इसमें से किसी ने भी यह दम नहीं है कि भारत को एक राष्ट्र के रूप में जीवित रख सके। इनमें से प्रत्येक भारत में विलीन हो जाए, तब भी भारत, भारत ही रहेगा, किन्तु यदि हिन्दुत्व विलीन हो गया, तो शेष कुछ नहीं बचेगा।

एनी बेसेंट की हिन्दू धर्म के प्रति सेवाएँ

एनी बेसेंट ने हिन्दू धर्म की बड़ी सेवाएँ की। उन्होंने बहुदेववाद, यज्ञ, मूर्तिपूजा, तीर्थ, व्रत, कर्मवाद, पुनर्जन्म तथा धार्मिक अनुष्ठान आदि हिन्दुओं के विश्वासों एवं कर्मकाण्डों का प्रबल समर्थन किया। इससे हिन्दुओं का अपने धर्म में विश्वास पुनः जागृत होने लगा। उनका कर्म एवं पुनर्जन्म के सिद्धान्त में भी विश्वास था। उनका मानना था कि मोक्ष प्राप्ति पर आत्मा जन्म-मरण के चक्र से मुक्त हो जाती है।

सन् 1914 में एनी बेसेंट ने एक भाषण में कहा, विश्व के अनेक धर्मों के 40 वर्षों के अध्ययन के बाद मैं इस निष्कर्ष पर पहुँची हूँ कि मुझे हिन्दुत्व के समान कोई धर्म इतना पूर्ण, वैज्ञानिक, दार्शनिक और आध्यात्मिक नहीं लगता। जितना अधिक तुमको इसका भान होगा, उतना ही अधिक तुम इससे प्रेम रखोगे। श्रीमती एनी बेसेंट ने वैज्ञानिक दृष्टिकोण से मूर्तिपूजा पर बल दिया।

हिन्दुओं में आत्म-सम्मान की भावना जाग्रत करना

एनी बेसेंट के भारत में आने के समय हिन्दुत्व जर्जर हो चुका था एवं शिक्षित लोगों का पाश्चात्य संस्कृति के प्रति झूकाव बढ़ता जा रहा था। वे अपनी संस्कृति के प्रति उदासीन हो रहे थे। ऐसे समय में एनी बेसेंट ने भारतीय संस्कृति की महानता तथा गौरव को भारतीयों के सम्मुख रखा। एक विदेशी के मुख से अपनी संस्कृति की

महानता सुन भारतीयों में एक नया आत्मसम्मान जागृत हुआ। सर वेलेन्टाइन शिरोल ने लिखा है कि, जब अतिश्रेष्ठ बौद्धिक शक्तियों तथा अद्‌भुत वक्तुत्व शक्ति से सुसज्जित यूरोपियन भारत में जाकर भारतवासियों से यह कहें कि उच्चतम् ज्ञान की कुंजी यूरोप वालों के पास नहीं है, तुम्हारे पास है, तुम्हारे देवता, तुम्हारे दर्शन तथा तुम्हारी नैतिकता की यूरोप वाले छाया भी नहीं, छू सकते, तब इसमें क्या आश्चर्य है कि भारतवासी हमारी सभ्यता से पीठ फेर लें। इस सम्बन्ध में श्री प्रकाश ने लिखा है कि, श्रीमती एनी बेसेंट को इस बात का श्रेय है कि उन्होंने एक उदासनी और सोती हुई जाति को नींद से जगा दिया, उसने अपने आत्म-सम्मान तथा गौरव को पुनजीर्वित कर दिया। उनको (भारतीयों को) विवश कर दिया कि वे अपने कदम टेक सकें एवं संसार के राष्ट्रों में अपना नाम ले सकें।

सामाजिक तथा शैक्षणिक देन

एनी बेसेंट ने 1914 में भारत की राजनीति में प्रवेश किया तथा कॉमनवील व न्यू इण्डिया नामक समाचार-पत्रों का प्रकाशन किया। उन्होंने 1916 ई. में तिलक के साथ मिलकर स्वराज्य की प्राप्ति हेतु होमरूल आन्दोलन चलाया व भारतीयों में जागृति उत्पन्न की। डॉ. जकारिया ने लिखा है कि, उनकी योजना उग्र राष्ट्रीय व्यक्तियों को क्रान्तिकारियों के साथ इकट्ठा होने से रोकने की थी। वे भारतीयों को ब्रिटिश साम्राज्य के अन्तर्गत स्वराज्य दिलवाकर संतुष्ट रखना चाहती थी। श्रीमती एनी बेसेंट का कहना था कि, होमरूल भारत का अधिकार है तथा राजभक्ति के पुरस्कार के रूप में इसे प्राप्त करने की बात कहना मूर्खतापूर्ण है। भारत राष्ट्र के रूप में अपना न्यायिक अधिकार ब्रिटिश साम्राज्य से माँगता है। मद्रास अधिवेशन में उन्होंने कहा था कि, भारत साम्राज्य के शिशु गृह में एक शिशु (छोटे बच्चे) की भाँति बन्द नहीं रहना चाहता। भारत को स्वराज्य देना आवश्यक है।

इस आन्दोनल के सम्बन्ध में जवाहरलाल नेहरू ने लिखा है कि, देश के वातावरण में बिजली सी दौड़ गई और हम नवयुवक एक अजीब उत्साह तथा स्फूर्ति का अनुभव कर रहे थे, जिसका परिणाम भविष्य में कुछ होगा। के. वी. पुन्निया ने लिखा है कि सारा देश नए विचारों से आन्दोलित हो उठा और ऐसे नवजीवन से भर उठा, जैसा कि इससे पहले कभी नहीं हुआ था। 1917 ई. में एनी बेसेंट को बन्दी बनाने पर जनता ने प्रबल विरोध किया, अतः उन्हें छोड़ना पड़ा। गुरूमुख निहालसिंह ने लिखा है कि, देश के एक कोने से दूसरे कोने तक विरोध और रोष का तूफान खड़ा कर दिया। सारे देश में श्रीमती एनी बेसेंट की नजर बन्दी के विरोध में सभाएँ

हुईं। वे राष्ट्रीय नेता, जो अब तक होमरूल आन्दोलन में अलग थे, होमरूल लीग के सदस्य हो गए और उन्होंने इसमें उत्तरदायी पदों को सम्भाला। वे कांग्रेस की अध्यक्ष भीं बनीं।

एनी बेसेंट ने विदेशी होते हुए भी भारतीयों की बहुत सेवा की। 20 सितम्बर, 1933 ई. को अडयारप में उनकी मृत्यु हो गई। उन्हें श्रद्धांजलि देते हुए गाँधी जी ने कहा था कि, जब तक भारतवर्ष जीवित है, एनी बेसेंट की सेवाएँ भी जीवित रहेंगी। उन्होंने भारत को अपनी जन्मभूमि मान लिया था, उनके पास देने योग्य जो कुछ भी था, भारत के चरणों में अर्पित कर दिया था। इसलिए वे भारतवासियों की दृष्टि में इतनी प्यारी और श्रद्धेया हो गईं।

रामकृष्ण मिशन

यह 19वीं सदी का अन्तिम सुधारवादी आन्दोलन था। रामकृष्ण परमहंस ने बंगाल में अपने विचारों का प्रचार किया था। कालान्तर में उनके नाम पर स्वामी विवेकानन्द ने 1887 ई. में बारानगर में रामकृष्ण मिशन की स्थापना की।

रामकृष्ण परमहंस (1836-1886 ई.)

रामकृष्ण परमहंस का जन्म 1836 ई. में पश्चिमी बंगाल के हुगली जिले के कमारप्रकुर नामक गाँव में एक निर्धन ब्राह्मण परिवार में हुआ था। उनका मूल नाम गदाधर चट्टोपाध्याय था। उनका शिक्षा से विशेष लगाव न था एवं उन्हें साधुओं की संगति पसंद थी। 17 वर्ष की आयु में पिता की मृत्यु होने पर वे कलकत्ता आ गए। अपने बड़े भाई की मृत्यु के बाद वे कलकत्ता के समीप दक्षिणेश्वर में रासमणि द्वारा स्थापित काली के मन्दिर में पुजारी बन गए। वे काली के परम भक्त थे तथा उसे माँ कहकर पुकारते थे। 24 वर्ष की आयु में उनका विवाह 5 वर्षीया शारदामणी से हो गया। विवाह के पश्चात् 12 वर्ष तक रामकृष्ण ने काली मन्दिर में कई प्रकार की तपस्याएँ की। उन्होंने भैरवी नामक संन्यासिन से 2 वर्ष तक तांत्रिक साधना सीखी एवं तोतापुरी नामक साधु से वेदान्त साधना सीखी। उन्होंने वैष्णव धर्म की साधना से कृष्ण के साक्षात् दर्शन किए। उन्होंने इस्लाम तथा ईसाई धर्म की भी साधना की। निरन्तर साधना से वे शुद्ध एवं विरक्त हो चुके थे। दूर-दूर से लोग उनके दर्शनार्थ आते थे। उनकी पत्नी शारदामणी जब उनके पास आईं, तो उन्होंने उसे माँ कहकर पुकारा था। कैंसर की बीमारी केक कारण 16 अगस्त, 1886 ई. को उनका देहान्त हो गया।

रामकृष्ण ने किसी नए धर्म का प्रतिपादन नहीं किया। वे स्वयं धर्म के जीते-जागते स्वरूप थे। वे निराकार तथा साकार ईश्वर दोनों की उपासना में विश्वास रखते थे तथा वेद, उपनिषद्, रामायण, महाभारत, पुराण आदि को पवित्र धार्मिक ग्रन्थ मानते थे। उनका मूर्तिपूजा, एकेश्वरवाद तथा बहुदेववाद में भी विश्वास था। श्री दिनकर ने उनके सम्बन्ध में लिखा है कि हिन्दू धर्म में जो गहराई और माधुर्य है, परमहंस रामकृष्ण उनकी प्रतिमा थे।...सिर से पाँव तक वे आत्मी की ज्योति से परिपूर्ण थे। आनन्द, पवित्रता और पुण्य की प्रभा उन्हें घेरे रहती थी। वे दिन-रात परमार्थ चिन्तन में रत रहते थे। सांसारिक सुख, समृद्धि यहाँ तक कि सुयश का भी उनके सामने कोई मूल्य नहीं था।

रामकृष्ण परमहंस की शिक्षाएँ—रामकृष्ण परमहंस की शिक्षाओं का वर्णन इस प्रकार किया जा सकता है—

(1) मानव जीवन का मूल्य लक्ष्य ईश्वर से साक्षात्कार है।

(2) उनका मानना था कि व्यक्ति गृहस्थ जीवन में रहते हुए भी सांसारिकता से दूर रहकर ईश्वर की उपासना द्वारा उसे प्राप्त कर सकता है। इस प्रकार गृहस्थ जीवन ईश्वर प्राप्ति के मार्ग में बाधक नहीं है।

(3) मनुष्य विषय वासना को त्यागने पर ही ईश्वर के दर्शन कर सकता है।

(4) शरीर और आत्मा को अलग-अलग बताते हुए रामकृष्ण ने कहा, कामिनी कंचन की आसक्ति यदि पूर्णरूप से नष्ट हो जाए, तो शरीर अलग है व आत्मा अलग है, यह स्पष्ट दिखने लगता है। नारियल का पानी सूख जाने पर जैसे उसके भीतर का खोपरा नरेटी से खुलकर अलग हो जाता है, खोपरा और नरेटी दोनों अलग-अलग दिखने लगते हैं, वैसे ही शरीर और आत्मा के बारे में मानना चाहिए।

(5) उनका मानना था कि मूर्तिपूजा, पुनर्जन्म एवं अवतारवाद को लेकर शास्त्रार्थ करना व्यर्थ है। जो कुछ दिखता है, वह ईश्वरमय है एवं ईश्वर शास्त्रार्थ की शक्ति से परे है।

(6) मूर्तिपूजा का समर्थन करते हुए रामकृष्ण ने कहा, जैसे वकील को देखते ही अदालत की याद आती है, वैसे ही प्रतिमा को देखते ही ईश्वर की याद आती है।

(7) उनका मानना था कि अनुभूति से भी ईश्वर को साक्षात्कार हो सकता है। इससे व्यक्ति को शान्ति मिलती है एवं उसकी इच्छाएँ नष्ट हो जाती हैं।

(8) उनका मानना था कि मनुष्य समान हैं तथा उनमें एक ही ईश्वर निवास करता है।

(9) ईश्वर की उपासना का सरल मार्ग बताते हुए रामकृष्ण ने कहा, जब तुम काम करते हो, तो एक हाथ से काम करो और दूसरे हाथ से भगवान का पाँव पकड़े रहो। जब काम समाप्त हो जाए तो भगवान के चरणों को दोनों हाथों से पकड़ लो।

(10) एक विद्वान को सदाचारी, अनुशासनपूर्ण, नैतिकतापूर्ण एवं विनम्र होना चाहिए।

(11) रामकृष्ण का मानना था कि धर्म ईश्वर तक पहुँचने के अलग-अलग मार्ग हैं तथा सभी में सत्य है।

इस सम्बन्ध में उन्होंने कहा कि, ईश्वर एक है, लेकिन उसके विभिन्न स्वरूप हैं। जैसे एक घर का मालिक एक के लिए पिता, दूसरे के लिए भाई तथा तीसरे के लिए पति है और विभिन्न व्यक्तियों द्वारा विभिन्न नामों से पुकारा जाता है, उसी प्रकार ईश्वर भी विभिन्न कालों व देशों में भिन्न-भिन्न नामों व भावों से पूजा जाता है। इसलिए धर्मों की अनेकता देखने को मिलती है।

पी. सी. मजूमदार ने लिखा है, श्री रामकृष्ण के दर्शन होने से पूर्व धर्म किसे कहते हैं, यह कोई समझता भी न था। आडम्बर ही था। धार्मिक जीवन कैसा होता है, यह बात रामकृष्ण की संगति होने पर जान पड़ी।

रामकृष्ण परमहंस की देन

इसे निम्न प्रकार समझा जा सकता है–

आध्यात्मवाद–रामकृष्ण की प्रथम देन आध्यात्मवाद है। वे आध्यात्मवाद के जीते-जागते स्वरूप थे। उन्होंने अपने उपदेशों द्वारा वेदों व उपनिषदों के जटिल ज्ञान को सरल बना दिया एवं हिन्दुओं को उनकी संस्कृति के गौरव से परिचित करवाया। उन्होंने विश्व के सम्मुख आध्यात्मिक सत्य को रखा। उनके विचारों से प्रभावित होकर मैक्समूलर, रोम्मां रोलां आदि विद्वानों ने उनकी जीवनी लिखी।

विविध धर्मों की एकता में विश्वास–रामकृष्ण का मानना था कि ईश्वर एक है तथा विविध धर्म उसकी प्राप्ति के अलग-अलग मार्ग हैं। व्यक्ति किसी भी मार्ग पर चलकर ईश्वर को प्राप्त कर सकता है। इस प्रकार वे विविध धर्मों की एकता के समर्थक थे।

मानव मात्र की भलाई–रामकृष्ण मानव मात्र की सेवा एवं भलाई के समर्थक थे। उनका मानना था कि प्रत्येक व्यक्ति के हृदय में ईश्वर निवास करता

है, अतः मानव सेवा ही ईश्वर की सेवा है। इसी आधार पर उनके शिष्य विवेकानन्द ने आजीवन दरिद्र नारायण की सेवा की। डॉ. सिल्वेन लीवी ने रामकृष्ण के योगदान के सम्बन्ध में टिप्पणी करते हुए लिखा है, ...क्योंकि रामकृष्ण का हृदय और मस्तिष्क सभी देशों के लिए था, इसलिए उनका नाम सम्पूर्ण मानव मात्र की सम्पत्ति है।

स्वामी विवेकानन्द (1863-1902)

स्वामी विवेकानन्द रामकृष्ण परमहंस के शिष्य थे, जिन्होंने सम्पूर्ण विश्व में अपने गुरू के विचारों का प्रसार कर दिया। उनका जन्म 12 जनवरी, 1863 ई. को कलकत्ता में एक क्षत्रिय परिवार में हुआ था। उनका मूल नाम नरेन्द्र नाथ दत्त था। उन्होंने बी.ए. तक अध्ययन किया। वे बड़े प्रतिभावान छात्र थे। उनके सम्बन्ध में एक बार उनके आचार्य ने कहा था, मैंने दूर-दूर देशों की यात्रा की, परन्तु मैंने नरेन्द्रनाथ के समान प्रतिभा सम्पन्न युवक नहीं देखा। यहाँ तक कि जर्मन विश्वविद्यालयों में भी ऐसा जिज्ञासु युवक नहीं देखा।

नरेन्द्रनाथ व्यायाम में रुचि रखते थे। वे जॉन स्टुअर्ट मिल, ह्यूम, हर्बर्ट स्पेन्सर एवं रूसो के दार्शनिक विचारों से बहुत प्रभावित हुए। वे ब्रह्म समाज के सम्पर्क में आए, किन्तु उनकी जिज्ञासा शान्त नहीं हुई। उनके सम्बन्धी ने उन्हें रामकृष्ण परमहंस से मिलने को कहा, अतः वे 1881 ई. में उनसे मिलने दक्षिणेश्वर चले गए।

रामकृष्ण परमहंस से सम्पर्क

जब प्रथम बार नरेन्द्र रामकृष्ण से मिले, तो उनके विचार रामकृष्ण से अलग थे। नरेन्द्र पर पाश्चात्य संस्कृति का प्रभाव था, किन्तु रामकृष्ण के सम्पर्क ने उनके विचारों में क्रान्तिकारी परिवर्तन कर दिया। नरेन्द्र ने रामकृष्ण से पूछा क्या आपने ईश्वर को देखा है? तो उन्होंने कहा, हाँ, मैं ईश्वर को वैसे ही देखता हूँ, जैसे मैं तुम्हें देखता हूँ। तुम भी चाहो तो उसे देख सकते हो। उन्होंने नरेन्द्र से कहा, मैंने आज तक इस संसार में यह देखा कि कोई व्यक्ति अपने माता-पिता के लिए, कोई अपने पत्नी के लिए, कोई सन्तान के लिए रो रहा है, परन्तु मैंने आज तक ऐसा कोई व्यक्ति नहीं देखा, जो ईश्वर के लिए रो रहा हो। इन विचारों का नरेन्द्र पर बहुत प्रभाव पड़ा। दूसरी मुलाकात के समय रामकृष्ण ने अपना दांया पाँव नरेन्द्र के शरीर पर रखा। इस स्पर्श के सम्बन्ध में नरेन्द्र ने लिखा है, आँखें खुली होने पर भी मैंने दीवारों सहित सारे कमरे को शून्य में विलीन होते देखा। मेरे व्यक्तित्व सहित सारा ब्रह्माण्ड ही एक

सर्वव्यापक रहस्यमय शून्य में लुप्त होते हुए दिखाई पड़ा। इसके बाद नरेन्द्र ने रामकृष्ण को अपना गुरू बना लिया। यही नरेन्द्र आगे चलकर स्वामी विवेकानन्द के नाम से विख्यात हुए।

विवेकानन्द के तीन उद्देश्य थे–

(1) हिन्दुओं की अपने धर्म में पुनः आस्था उत्पन्न करना।

(2) बुद्धिजीवियों की धर्म में श्रद्धा उत्पन्न करने हेतु धर्म की पुनः स्थापना करना।

(3) भारतीयों को उनकी गौरवशाली संस्कृति से परिचित करवाकर उनमें आत्म-सम्मान की भावना उत्पन्न करना।

विवेकानन्द ने अपनी 39 वर्ष की अल्पायु में ही इन उद्देश्यों को पूरा कर दिखाया था। उन्होंने कहा कि भारतीय संस्कृति विश्व की श्रेष्ठतम् संस्कृति है।

रामकृष्ण मठ की स्थापना

रामकृष्ण की मृत्यु के पश्चात् विवेकानन्द ने 1887 ई. में काशीपुर के निकट बारा नगर में अपने गुरू के नाम पर रामकृष्ण मठ की स्थापना की। अब विवेकानन्द ने संन्यास ग्रहण किया तथा उनका नाम स्वामी विवेकानन्द रखा गया।

शिकागो सर्वधर्म सम्मेलन (1893 ई.)

संन्यास लेने के बाद विवेकानन्द ने सम्पूर्ण भारत का भ्रमण किया। जब वे कन्याकुमारी में थे, उस समय अमेरिका के शिकागो में सर्वधर्म सम्मेलन हो रहा था। वे निम्न कारणों से इस सर्वधर्म सम्मेलन में भाग लेना चाहते थे–

(1) इस समय हिन्दू समुद्र यात्रा पाप मानते थे एवं उनका मानना था कि विदेशियों के हाथ का छुआ खाने से धर्म भ्रष्ट हो जाता है। स्वामी जी उनके इस अन्धविश्वास को दूर करना चाहते थे।

(2) वे शिक्षित भारतीयों को यह दिखाना चाहते थे कि पाश्चात्य देशों में भारतीय संस्कृति के प्रति कितनी श्रद्धा है।

(3) वे सभी धर्मों को एक ही मानते थे तथा उनमें एकता स्थापित करने के इच्छुक थे।

1893 ई. में शिकागो में स्वामी जी ने सर्वधर्म सम्मेलन में भाग लिया। उन्होंने अपने भाषण का आरम्भ भाइयो और बहनो के सम्बोधन से किया, तो वहाँ उपस्थित अमेरिकनों ने तालियों की भारी गड़गड़ाहट के साथ इसका स्वागत किया। इसके बाद उन्होंने अपने 10-12 भाषणों द्वारा अमेरिका में हिन्दू धर्म तथा भारतीय संस्कृति की

धाक जमा दी। इन भाषणों के सम्बन्ध में द न्यूयार्क हेराल्ड नामक पत्र ने लिखा, धर्मों की पार्लियामेन्ट में सबसे महान् व्यक्तित्व विवेकानन्द हैं। उनका भाषण सुन लेने पर अनायास यह प्रश्न उठ खड़ा होता है कि ऐसे ज्ञानी देश को सुधारने के लिए धर्म प्रचारक भेजने की बात कितनी बेवकूफी की बात है। शिकागो सर्वधर्म सम्मेलन की विज्ञान शाखा के अध्यक्ष श्री मार्विनमेरी स्नैल ने कहा था, इस सर्वधर्म सम्मेलन का सबसे बड़ा लाभ यह हुआ कि उसने ईसाई जगत को विशेषतः अमेरिका के लोगों को यह पाठ सिखाया कि विश्व में दूसरे धर्म भी हैं, जो ईसाई धर्म की अपेक्षा कहीं अधिक ठोस, स्वतन्त्र विचार की दृष्टि से कहीं अधिक शक्तिशाली एवं मानवीय सौहार्द्र की दृष्टि से कहीं अधिक शक्तिशाली एवं मानवीय सौहार्द्र की दृष्टि से कहीं अधिक उदार तथा व्यापक हैं। वे पूर्ण कला और सौन्दर्य की दृष्टि से उससे यक्तिचित भी कम नहीं हैं। निवेदाति ने लिखा है, स्वामी विवेकानन्द भारत का नाम लेकर जीते थे। वे मातृभूमि के अनन्य भक्त थे और उन्होंने भारतीय युवकों को उसकी पूजा करना सिखाया।

विदेशों में भारतीय संस्कृति का प्रचार

शिकागो सर्वधर्म सम्मेलन के बाद स्वामी जी ने तीन वर्ष इंग्लैण्ड तथा अमेरिका में रहकर अपने भाषणों, लेखों, वक्तव्यों एवं कविताओं द्वारा सम्पूर्ण यूरोप में भारतीय संस्कृति का बहुच प्रचार किया। उन्होंने अमेरिका में वेदान्त समाज की स्थापना की। जनवरी, 1897 ई. वे भारत लौट आये।

विवेकानन्द ने 1897 ई. में रामकृष्ण मिशन की स्थापना की। इसके बाद 1899 ई. में उन्होंने अपना प्राचीन मठ वेलूर में स्थापित किया। रामकृष्ण मिशन के सदस्य शिक्षित होते थे एवं अकाल, महामारी व बाढ़ के समय जनता की सेवा करते थे। 1897 ई. में मुर्शिदाबाद के अकाल और कलकत्ता में प्लेग के समय इसके सदस्यों ने समाज की महत्त्वपूर्ण सेवा की। इस मिशन ने कई चिकित्सालयों, अनाथालयों, विद्यालयों, विधवाश्रमों एवं सेवाश्रमों की स्थापना की।

1899 ई. में विवेकानन्द पुनः अमेरिका गए। उन्होंने न्यूयार्क, लांस एंजिल्स, सैन फ्रांसिस्कों तथा केलीफोर्निया आदि स्थानों पर वेदान्त समाज की स्थापना की। उन्होंने पेरिस के धार्मिक सम्मेलन में हिन्दू धर्म का प्रतिनिधित्व किया। इस प्रकार स्वामी जी ने हिन्दू धर्म एवं भारतीय संस्कृति की धाक जमाते हुए भारत में ईसाइयों के द्वारा किए जा रहे प्रयासों पर पानी फेर दिया। जब भारतीयों को अपनी संस्कृति की महानता का पता चला, तो उनमें आत्म-गौरव की

भावना उत्पन्न हुई। दिनकर ने लिखा है, हिन्दुत्व को जीतने के लिए अंग्रेजी भाषा, ईसाई धर्म और यूरोपीयन बुद्धिवाद के पेट से जो तूफान उठा था, वह विवेकानन्द के हिमालय जैसे विशाल वृक्ष से टकराकर वापस लौट गया। हिन्दू जाति का धर्म है कि वह जब तक जीवित रहे, विवेकानन्द को उसी श्रद्धा से याद करे, जिससे वह व्यास तथा वाल्मिकि को याद करती है। हेन्स कोहने ने लिखा है, स्वामी विवेकानन्द ने देश को आत्मविश्वास, आत्मशक्ति और स्वामभिमान की शिक्षा दी। उन्होंने नवयुवकों को विदेशी सत्ता का विरोध करने के लिए नवीन उत्साह प्रदान किया। जवाहरलाल नेहरू ने विवेकानन्द के विषय में लिखा है, विवेकानन्द का व्यक्तित्व निराश एवं निरुत्साहित हिन्दू जाति के लिए एक स्फूर्तिवर्द्धक औषधि सिद्ध हुआ। उन्होंने हिन्दू जाति को स्वावलम्बन का सबक दिया एवं इतिहास से प्रेम करने का पाठ पढ़ाया। 4 जुलाई, 1902 ई. को 39 वर्ष की अल्पायु में विवेकानन्द की मृत्यु हो गई।

स्वामी विवेकानन्द के आदर्श

मानव सेवा सम्बन्धी विचार–विवेकानन्द का प्रथम आदर्श मानव सेवा का था। उन्होंने भारतीयों को मानव सेवा की प्रेरणा दी तथा उसे ही ईश्वर की सच्ची उपासना बताया। उन्होंने यूरोप व अमेरिका के लोगों को संयम की शिक्षा दी। उन्होंने कहा कि, जब पड़ोसी भूखा मरता हो, तो मन्दिर में भोग चढ़ाना पुण्य नहीं, पाप है। जब मनुष्य दुर्बल और क्षीण हो, तब हवन में घृत मिलाना अमानुषिक कर्म है। उन्होंने गरीबों तथा दुःखियों के लिए दरिद्रनारायण शब्द का प्रयोग करते हुए कहा कि इनकी सेवा करना ही ईश्वर की सच्ची उपासना है। उनका मानना था कि ईश्वर सभी मनुष्यों में निवास करता है। समाज में व्याप्त बुराइयों के सम्बन्ध में उन्होंने अपने एक साथी को लिखा था, निर्धन, नासमझ, अशिक्षित और असहाय को अपना ईश्वर बनाओ। उनकी सेवा करना ही महानतम् धर्म है। नारियों के सम्बन्ध में उन्होंने भारतवासियों से कहा, यदि तुमने नारियों को ऊपर नहीं उठाया तो यह मत सोचो कि तुम्हारी अपनी उन्नति का कोई मार्ग है। संसार की सभी जातियाँ नारियों को सम्मान करके ही महान् हुई हैं। जो जाति नारियों का सम्मान करना नहीं जानती, वह उन्नति नहीं कर सकीं। वे आजीवन दरिद्रों तथा मानव मात्र की सेवा में लगे रहे। एक बार उन्होंने कहा था, जब तक कि करोड़ों व्यक्ति मूखे और अज्ञान में रहते हैं, तब तक मैं हर व्यक्ति को देशद्रोही मानता हूँ, जो उन्हीं के खर्चे पर शिक्षा प्राप्त करता है और उनकी बिल्कुल परवाह नहीं करता।

धार्मिक विचार

विवेकानन्द का सभी धर्मों की एकता में विश्वास था। उनका मानना था कि सभी धर्मों का मूल एक जैसा है, केवल बाहरी साधनों में कुछ अन्तर है। धर्म की व्याख्या करते हुए उन्होंने कहा था, धर्म मनुष्य के भीतर निहित देव तत्त्व का विकास है। धर्म न तो पुस्तकों में है, न धार्मिक सिद्धान्तों में। यह केवल अनुभूति में निवास करता है। विश्व में अनेक धर्मों के अस्तित्व के सम्बन्ध में उन्होंने कहा था, मनुष्य सर्वत्र अन्न खाता है, किन्तु अन्न से भोजन तैयार करने की विधियाँ संसार में अलग-अलग हैं। इसी प्रकार धर्म मनुष्य की आत्मा का भोजन है, किन्तु अलग-अलग देशों में इसके स्वरूप अलग-अलग हैं, जबकि सभी धर्मों के लक्ष्यों में एकता है। विवेकानन्द ने कहा, हिन्दू संस्कृति विश्व की प्राचीन और महान् संस्कृतियों में से एक है, जो सत्यम् शिवम् और सुन्दरम् पर आधारित है। हिन्दू राष्ट्र संसार का शिक्षक रहा है और भविष्य में भी रहेगा। इसलिए प्रत्येक हिन्दू का कर्तव्य है कि वह अपने धर्म तथा संस्कृति की रक्षा करे।

विवेकानन्द की मान्यता थी कि भारत की आध्यात्मिक विचारधारा तथा पश्चिमी देशों की भौतिकवादी विचारधारा में समन्वय स्थापित करने से ही भारतीयों को वास्तविक सुख प्राप्त हो सकता है एवं उनकी उन्नति हो सकती है।

राष्ट्रीयता का प्रसार

विवेकानन्द ने राष्ट्रीयता का भी प्रसार किया। उन्होंने यूरोप तथा अमेरिका में भारतीय संस्कृति तथा हिन्दू धर्म की श्रेष्ठता स्थापित कर दी एवं भारतीयों में उनके धर्म व संस्कृति के प्रति गौरव की भावना उत्पन्न कर दी। उन्होंने भारतीयों से कहा, अब हमें दासता से मुक्त होकर खुद अपना मालिक बनना है। इस प्रकार उन्होंने भारतीयों में राजनीतिक स्वाधीनता की प्रेरणा जागृत की। स्वामी विवेकानन्द ने यह जयघोष किया, लम्बी से लम्बी रात्रि अब समाप्त होती जान पड़ती है।

हमारी यह मातृभूमि अब गहरी नींद से जाग रही है, कोई भी शक्ति उसे अब उन्नति से नहीं रोक सकती। संसार की कोई भी शक्ति उसे अब पीछे नहीं धकेल सकती, क्योंकि वह अनन्त शक्तिशाली देवी अपने पैरों पर खड़ी हो रही है। सुभाषचन्द्र बोस ने कहा था, स्वामी विवेकानन्द का धर्म राष्ट्रीयता को उत्तेजना देना वाला धर्म था। एस.एन. नटराजन ने लिखा है, विवेकानन्द ने अपना जीवन भारत के करोड़ों पीड़ित लोगों की सेवा के लिए समर्पित कर दिया। वह राष्ट्र का पुनर्निर्माण करना चाहते थे। श्री दिनकर ने लिखा है, स्वामी विवेकानन्द ने अपनी वाणी तथा

कर्म से भारतवासियों में यह अभिमान जगाया कि हम अत्यन्त प्राचीन सभ्यता के उत्तराधिकारी हैं। हमारे धार्मिक ग्रन्थ सबसे उन्नत तथा इतिहास सबसे प्राचीन है, महान् है। हमारा धर्म ऐसा है कि विज्ञान की कसौटी पर खरा उतरा है और विश्व के सभी धर्मों का सार होते हुए भी उन सबसे कुछ अधिक है। स्वामी जी के प्रचार से हिन्दुओं में यह विश्वास उत्पन्न हुआ कि उन्हें किसी के भी सामने सर झुकाने की आवश्यकता नहीं है। भारत में सांस्कृतिक राष्ट्रीयता पहले उत्पन्न हुई, राजनैतिक राष्ट्रीयता बाद में जन्मी। इस सांस्कृतिक राष्ट्रीयता के पिता विवेकानन्द थे। हिन्दू सभ्यता सदैव विवेकानन्द की ऋणी रहेगी। रवीन्द्रनाथ टैगोर ने कहा है, यदि कोई भारत को समझना चाहता है, तो उसे विवेकानन्द को पढ़ना चाहिए। अरविन्द ने लिखा है, पश्चिमी जगत में विवेकानन्द को जो सफलता मिली, वह इस बात का प्रमाण है कि भारत केवल मृत्यु से बचने को नहीं जागा है, वरन् वह विश्व विजय करके दम लेगा। पण्डित नेहरू ने लिखा है, एक बार इस हिन्दू संन्यासी को देख लेने के पश्चात् उसे और उसके संदेश को भुला देना मुश्किल है।

लाला लाजपतराय

जुलाई, 1900 में **'मॉडर्न रिव्यू'** में विश्व प्रसिद्ध समाज सुधारक तथा देशभक्त लाला लाजपतराय ने लिखा है कि–''हिंदू जाति व्यवस्था हिंदू समाज के पतन का कारण है। यह हिंदुओं की सामाजिक और राष्ट्रीय प्रगति में बाधक है। राष्ट्रीय एकता की दिशा में देश ने जिन ऊंचाइयों को स्पर्श करना था उसमें जाति व्यवस्था ने अवरोधक का काम किया है। निम्न जातियों की दशा जिन्हें अछूत और दलित वर्ग भी कहा जाता है, शर्म की बात है। यह मानवता के लिए अपमानजनक है। यह न्यायसंगत बात नहीं है और न हमारी सामाजिक मेल-मिलाप की भावनाओं के अनुरूप है।

अम्बिकाचरण मजूमदार

अम्बिकाचरण मजूमदार ने 'इंडियन रिव्यू' में दलित समस्या और अस्पृश्यता निवारण के सन्दर्भ में लिखा है कि–दलित जातियों की समस्या सामाजिक-धार्मिक समस्या ही नहीं है, वरन् उसके राजनीतिक पहलू भी हैं। उन्होंने बड़े विश्वास के साथ यह भी कहा था कि भले ही ऊंची जातियों के लोग इस समस्या का विरोध करते हों। दलित वर्गों की समस्या को उनके हित में शीघ्र ही हल किया जाएगा। अगर लोग विरोध पर उतारू हैं तो यह राष्ट्र के लिए अत्यधिक घातक सिद्ध होगा। उन्होंने

कहा कि दलितों की समस्या के हल के क्रांतिकारी कदम नहीं उठाने वरन् जो व्यर्थ और मूर्खतापूर्ण सामाजिक प्रतिबंध हैं उन्हें हटाने से सब कुछ सुधर जायेगा।

नटेशन और मद्रास दलित वर्ग सम्मेलन का आह्वान

'इंडियन-रिव्यू' में दो साल तक चली लंबी वैचारिक परिचर्चा का विद्वत् जगत और राजनीतिक-सामाजिक क्षेत्र में अत्यधिक प्रभावित रहा और इन क्षेत्रों में उसका स्वागत भी किया गया। देश में अछूतों के प्रति सहानुभूति का वातावरण बना। अस्पृश्यता निवारण और जाति व्यवस्था के समूल विनाश के लिए देश का बुद्धिजीवी और समाज सुधारक वर्ग कृत संकल्प हुआ। इसका एक तुरंत लाभ और भी हुआ कि निम्न हिंदू जातियों के लोगों की दयनीय आर्थिक-सामाजिक, शैक्षिक हालत का ईसाई मिशनरी और इस्लाम धर्मावलंबी फायदा उठाकर उन्हें धर्म परिवर्तन के लिए उकसाते थे उस पर रोक लगी।

सन् 1911 में 'इंडियन रिव्यू' के प्रकाशक जी.ए. नटेशन ने दलित वर्गों की समस्याओं पर मद्रास में एक सम्मेलन भी आयोजित किया। नटेशन उदार राष्ट्रवादी थे। सम्मेलन में उन्होंने अपने प्रभावी उद्‌गार प्रकट करते हुए कहा कि–"देश के विकास में अछूतों का महान योगदान है। बिना उनके सहयोग के भारतीय कृषि कार्य पूरी तरह संपन्न नहीं हो सकता।

दलितों की सक्रिय भागीदारी के अभाव में भारत की पूरी अर्थव्यवस्था चरमरा कर हिल सकती है। नटेशन ने दलित जातियों के आर्थिक शोषण की ओर इशारा करते हुए कहा कि "ये विनम्र, चरित्रवान, उद्योगी, अत्यंत भावुक लोग हैं और उन लोगों द्वारा अछूत माने जाते हैं जो उनके श्रम पर गुलछर्रे उड़ाते हैं। उन्हें अभी तक वही मजदूरी दी जाती है जो 1860 में दी जाती थी। यही नहीं उनके साथ एक गुलाम की तरह व्यवहार किया जाता है। तथाकथित हिंदू समाज भी सामाजिक व्यवस्था पर अछूतों की वर्तमान् हालत एक कलंक है।"

नटेशन ने सभा को सम्बोधित करते हुए कहा था कि "भारत का एक भी राजनीतिज्ञ इस बात से असहमत नहीं हो सकता कि भारत के लोगों की एकता प्राप्त करना तब तक कठिन है जब तक करोड़ों अछूत गरीबी और अज्ञानता का जीवन जीते हैं। भारत उस समय तक राष्ट्र नहीं बन सकता जब तक दलित जातियां दूसरों के साथ-साथ प्रगति नहीं कर लेतीं।"

नटेशन के अनुसार–"अस्पृश्यता की समस्या का समाधान तभी हो सकता है जब पढ़ा लिखा वर्ग तथा उच्च वर्गों के सम्मानित प्रतिनिधि उनके प्रति

सहानुभूति और मदद करने के लिए कृत-संकल्प होते हैं तथा प्रभावशाली और गण्यमान हिंदू और वे तमाम सामाजिक संगठन जो सुधार कार्यों में सक्रिय हैं उनके उत्थान में अभिरुचि दिखाते हैं।'' उनकी आर्थिक दशा में सुधार लाने के लिए नटेशन ने ठोस सुझाव देते हुए कहा कि ''दलित जातियों को बंजर-बेकार पड़ी भूमि को कृषि करने के लिए दे देना चाहिए। यदि दलित जातियों ने पश्चिम की नकल करते हुए संगठित क्रांति का बिगुल बजाया तो इससे भारतीय समाज का पूर्णतया विनाश हो जाएगा। रक्तपात हो सकता है। एक भयावह क्रांति जन्म ले सकती है।

नटेशन के क्रांतिकारी विचारों से मद्रास सम्मेलन स्तब्ध रह गया। लोग अपना हृदय टटोलने लगे। एक प्रत्यक्षदर्शी के अनुसार उनके मर्मस्पर्शी एवं सत्य के अत्यंत निकट विचारों में कोरी भावुकता नहीं थी वरन् देश के लोगों की आंख खोल देने वाला एक संदेश था जिस पर भविष्य के समाज सुधारकों और राजनेताओं को विचार करना था। नटेशन के उद्‌गारों में दलित जातियों की मार्मिक पीड़ा थी। उनकी सामाजिक आर्थिक मुक्ति और भविष्य में राजनीतिक भागीदारी की चुनौती थी।

थोड़े में यह कहा जा सकता है कि नटेशन ने दलित जातियों के मुक्ति संग्राम के द्वार खोल दिए थे। यह आने वाले वक्त की एक झलक थी कि यदि उन्हें और तिरष्कृत किया गया तो उनके परिणाम यूरोप और रूस की संगठित क्रांतियों से भी ज्यादा भयंकर हो सकते हैं। वर्ग संघर्ष जाति संघर्ष में परिवर्तित होकर सम्पूर्ण समाज व्यवस्था की जड़ को झकझोर सकता है।

गोपालकृष्ण गोखले

सन् 1903 में गोपालकृष्ण गोखले ने 'इंडियन नेशनल सोशल कांफ्रेंस' के अधिवेशन में दलित और शूद्र जातियों की तकलीफों और उनके प्रति अमानवीय व्यवहार की ओर अपने विचार रखे। उन्होंने कहा कि बुद्धिजीवियों और शिक्षित वर्ग का कर्तव्य बनता है कि निम्न-अछूत वर्गों का मार्गदर्शन करें, उनकी प्रगति में सहायता करें। अज्ञानता, बर्बरता और गिरावट की जिस जिंदगी की उन्होंने वर्षों से ढोया और जिया है उसमें सुधार लाने के लिए वे अपने संपूर्ण जीवन को एक पवित्र कर्तव्य मानकर समर्पित कर दें। गोखले के अनुसार अस्पृश्यता एक राष्ट्रीय समस्या है। जाति समाज के स्थायित्व के लिए जरूरी हो सकती है, लेकिन वह देश की प्रगति के उद्देश्य में सदैव बाधक बनी रही है। इसलिए जातिगत ऊंच-नीच के भेदभाव को हमेशा-हमेशा के लिए जड़ से उखाड़ देना चाहिए।

जस्टिस सर नारायण चन्दावरकर

ब्राह्मण परिवार में जन्मे विश्व विख्यात राजनेता और समाज सुधारक जस्टिस सर नारायण चन्दावरकर ने 20वीं शताब्दी के आरंभ में ही दलित जातियों में जागृति लाने का अभियान तेज कर दिया था। वे 1900 में भारतीय राष्ट्रीय कांग्रेस के अध्यक्ष थे और इसी के साथ उन्होंने दलितों में शिक्षा, समाज सुधार और चेतना से संबंधित विभिन्न कार्य किये। वे 'इंडियन नेशनल सोशल कांफ्रेंस' के अध्यक्ष भी बने और इसी के तत्त्वावधान में सन् 1911 में ब्राह्मण समाज से अपील की कि वे दलित जातियों के उत्थान संबंधी कार्यक्रमों में अपना योगदान दें। इसके अलावा उन्होंने यह कहा कि हालांकि उच्च वर्गों विशेषकर ब्राह्मणों ने अस्पृश्यता और जाति-पांति को बढ़ावा दिया है, लेकिन अब ऐसा भी ब्राह्मण मौजूद है जो इस कलंक को मिटाने के लिए आगे आया है। उन्होंने बताया कि यदि ब्राह्मणों ने इस बुराई को जिंदा रखा है तो ऐसे समाज सुधारक भी पैदा किए हैं जो इसे मिटाने के लिए प्राण-प्रण से जुटे हुए हैं।''

हालांकि नारायण गणेश चन्दावरकर छुआछूत और जाति व्यवस्था के पक्ष में नहीं थे, किन्तु उनकी ब्राह्मणों की तरफदारी किसी को पंसद नहीं आई कि भारतीय राष्ट्रीय कांग्रेस का एक शीर्ष नेता ऐसी बात कहता है। अब अछूतों के उत्थान की बात केवल ब्राह्मण वर्ग तक ही सीमित नहीं थी, वरन् इस मानवीय सामाजिक कार्य में अन्य वर्गों के लोग भी आगे आकर कार्यरत थे। दूसरी ओर पुरोहित वर्ग तथा ऊंची जातियों के लोगों पर नेताओं और समाज सुधारकों का कोई विशेष असर नहीं हो रहा था। सदियों पुरानी ऊंच-नीच की भावना और जातीय श्रेष्ठता की मान्यताएं इतनी जल्दी खत्म होने वाली नहीं थीं। देश में व्यापक संवैधानिक, सुधार, राजनीतिक उथल-पुथल और सामाजिक सुधारों की शृंखला जारी थी। मुस्लिम वर्ग गोलबंद था। धर्म परिवर्तन की घटनाएं बेधड़क होती रहती थीं। जनसंख्या के आंकड़े इसके गवाह थे। दुर्भाग्य से उपनिवेशवादी ताकतें यथास्थिति बनाने में अपनी भलाई समझती थीं। हिंदू-मुसलमान दोनों की पीठ थपथपाना उन्हें आता था। तब तक मुसलमान, सिख और जाटों ने सेना-पुलिस में मजबूत जगह बना ली थी और महार आदि अछूतों का निष्कासन जारी था। यह स्थिति अभी तक बरकरार है।

भारतीय दलित वर्ग मिशन सोसाइटी

18 अक्टूबर, सन् 1906 को दलित वर्ग सोसायटी की स्थापना सर नारायण चन्दावरकर की अध्यक्षता में की गयी। अछूतों की दशा में सुधार और व्यापक शिक्षा

का प्रचार करना इस मिशन का मुख्य उद्देश्य था। दलितों पर होने वाले अत्याचारों की रोकथाम, विधर्मियों की धर्म-परिवर्तन की चालों को नाकामयाब करना और उनमें जागृति लाना मिशन के कार्यों में शामिल थे। चन्दावरकर की अध्यक्षता में 11 नवंबर, 1917 को दलित जातियों का एक विशाल अधिवेशन संपन्न हुआ। जिसमें अछूतों की कई मांगें रखी गईं। 1917 में ही जब कांग्रेस का कलकत्ता अधिवेशन संपन्न हुआ तो उसमें भी दलित सम्मेलन की मांगों को दुहराया गया। इस प्रकार सन् 1917 का कांग्रेस प्रस्ताव अछूतों के प्रश्न को राष्ट्रीय समस्या का रूप देने में समर्थ हुआ आगे चलकर दुर्भाग्य से विदग्ध हृदय डॉ. अम्बेडकर ने चन्दावरकर समेत उच्च जातियों द्वारा संचालित उन संगठनों की आलोचना की जो दलितोत्थान के कार्य को कार्यान्वित कर रहे थे, परन्तु फिर भी लोगों ने अपना कार्य व सहयोग देना बन्द नहीं किया।

यहां उल्लेखनीय है कि गांधी जी से पूर्व सरोजनी नायडू, रवीन्द्रनाथ टैगोर प्रभृति महापुरुषों ने जाति प्रथा और अस्पृश्यता पर सन् 1915 में प्रहार किया। कांग्रेस के मद्रास अधिवेशन में कांग्रेस अध्यक्ष डॉ. अंसारी ने सन् 1925 में अपने पूरे भाषण में दलित वर्गों के उत्थान के विषय में चर्चा की।

अन्य सुधार आन्दोलन

इसके अतिरिक्त श्री शिव दयाल ने 1861 ई. में आगरा में राधा स्वामी सत्संग की नींव रखी। छठे गुरू के समय दयालबाग आगरा की नींव रखी गई, जिसमें सभी धर्मों को माना जाता है।

पण्डित शिवनारायण अग्निहोत्री ने देव समाज आन्दोलन की स्थापना की, जिसका परमात्मा के स्थान पर प्रकृति में विश्वास था। फीरोजपुर में देव समाज गर्ल्स कॉलेज ने स्त्री शिक्षा की दिशा में महत्त्वपूर्ण कार्य था। महादेव गोविन्द रानाडे ने शिक्षा के विकास हेतु दक्षिण शिक्षा समाज की संस्था की स्थापना की।

मुस्लिम सुधार आन्दोलन

मुस्लिम धर्म में अनेक आडम्बर तथा रूढ़ियाँ प्रवेश कर चुकी थीं। अतः सर्वप्रथम इस दिशा में आन्दोलन सैयद अहमद बरेवली ने किया। यह आन्दोलन वहाबी आन्दोलन कहलाया। उन्होंने एक अल्लाह की पूजा पर बल देते हुए मुसलमानों की उन्नति का प्रयास किया, किन्तु ब्रिटिश सरकार ने इस आन्दोलन को कुचल दिया।

दूसरा आन्दोलन सर सैयद अहमद खाँ (1817-1888 ई.) ने चलाया, जो अलीगढ़ आन्दोलन कहलाया। वे पाश्चात्य शिक्षा द्वारा मुसलमानों का सर्वांगीण विकास करना चाहते थे। इसी उद्देश्य से उन्होंने अलीगढ़ में ऐंग्लो मोहम्मडन कॉलेज की स्थापना की, जो आगे चलकर अलीगढ़ विश्वविद्यालय के नाम से विख्यात हुआ। उन्होंने मुस्लिम समाज में पर्दा तथा अन्य बुराइयों को दूर करने का प्रयत्न किया। उन्होंने मुसलमान जाति को राजभक्त बना दिया तथा उसे राष्ट्रीय आन्दोलन से पृथक् करने का प्रयत्न किया। इस प्रकार यह आन्दोलन राष्ट्रीयता के मार्ग में बाधक था।

सुधारवादी आन्दोलनों का राष्ट्रीय आन्दोलनों पर प्रभाव

इन सुधारवादी आन्दोलनों ने भारतीय समाज के पतन को रोक कर उसकी मानसिक तथा आध्यात्मिक दुर्बलता को दूर कर दिया एवं भारतीयों में एक नई चेतना का संचार किया। इन्होंने भारतीयों को किसी भी बात को तर्क की कसौटी पर कसना सिखाया एवं समाज में व्याप्त अन्धविश्वासों को दूर किया। इन्होंने भारतीयों के सम्मुख उनकी प्राचीन गौरवपूर्ण संस्कृति का चित्र प्रस्तुत किया, जिससे उनमें आत्म-सम्मान की नई भावना जागृत हुई। इन आन्दोलनों ने एक ऐसी पृष्ठभूमि तैयार कर दी, जिस पर चलकर भारत में राष्ट्रीयता की भावना का विकास हुआ एवं देश स्वतन्त्रता प्राप्त कर सका। इन आन्दोलनों ने धर्म तथा समाज में एकता उत्पन्न की।

राजा राममोहन राय, स्वामी दयानन्द सरस्वती तथा स्वामी विवेकानन्द आदि सुधारक राष्ट्रीयता की भावना से ओत-प्रोत थे तथा उनका मानना था कि स्वतन्त्रता से श्रेष्ठ कुछ नहीं होता। श्री ए.आर. देसाई ने लिखा है, सामाजिक क्षेत्र में जाति प्रथा के सुधार और उसके उन्मूलन, स्त्रियों के लिए समान अधिकार, बाल विवाह के विरुद्ध आन्दोलन, सामाजिक और वैधानिक असमानताओं के विरूद्ध जेहाद किया गया। धार्मिक क्षेत्र में धार्मिक अन्धविश्वासों, मूर्तिपूजा तथा पाखण्डों का खण्डन किया गया। ये आन्दोलन कम व अधिक मात्रा में व्यक्तिगत स्वतन्त्रता और सामाजिक समानता के लिए संघर्ष थे तथा इनका चरम लक्ष्य राष्ट्रवाद था। इन्होंने भारतीयों को देशभक्ति का पाठ पढ़ाया। डॉ. जकारिया ने लिखा है, भारत की पुनर्जागृति मुख्यतः आध्यात्मिक थी तथा एक राष्ट्रीय आन्दोलन का रूप धारण करने के पूर्व अनेक धार्मिक तथा सामाजिक आन्दोलनों का सूत्रपात किया।

धर्मसुधार

धर्म सुधार आन्दोलन ने सभी धर्मों की जड़ता समाप्त कर दी। हिन्दू, इस्लाम, पारसी, ईसाई आदि धर्मों में जागरण की भावना विकसित हुई। नवजागरण ने राष्ट्रीय

जीवन को एक नयी दिशा दी। ब्रह्मसमाज, आर्यसमाज, प्रार्थना समाज, थियोसोफिकल सोसाइटी, रामकृष्ण मिशन ने हिन्दू धर्म की श्रेष्ठता को प्रमाणित किया और सभी धर्मों के बीच समातना का भाव प्रदर्शित किया। संसार के सभी धर्म समान हैं—ऐसा बोध उत्पन्न हो जाने पर धर्म परिवर्तन की प्रक्रिया स्वभावतः रुक गयी। जहाँ स्वामी दयानन्द सरस्वती हिन्दू धर्म की श्रेष्ठता पर बल देते थे, वहीं दूसरी ओर स्वामी विवेकानन्द अध्यात्मवादी भावना पर बल देते थे। सुधारकों के प्रयास से पश्चिम के विद्वान हिन्दू धर्मग्रन्थों की तरफ आकृष्ट हुए। मैक्समूलर सर विलियम जोन्स, चार्ल्स विलकिन्स आदि ने हिन्दू धर्मग्रन्थों का अनुवाद अंग्रेजी भाषा में कर पश्चिमी संसार को भारत की सांसस्कृतिक महत्ता से परिचित करवाया। पाश्चात्य विद्वानों की अभिरुचि और आकर्षण ने भारतीयों को अपने धर्मग्रन्थ पढ़ने और समझने के लिए प्रेरित किया।

हिन्दू धर्म में व्याप्त दोषों को दूर करने तथा शाश्वत सत्य के निरूपण में धर्म सुधारकों का योगदान महत्वपूर्ण था। वेद, उपनिषद् आदि ग्रन्थों में सत्य के सिद्धान्त खोजकर धर्म प्रचारकों ने उन्हें न केवल भारत में बल्कि पश्चिमी संसार तथा अमेरिका में भी प्रचारित किया। हिन्दू धर्म के प्रति आत्मविश्वास की भावना भारतीयों में जगी और इनमें साहस का ऐसा संचार हुआ जिसके बल पर वे अन्य धर्मों का प्रहार सहने में समर्थ हुए। मध्यकाल में यदि भक्ति आन्दोलन ने इस्लाम के प्रहारों से देश की रक्षा की तो आधुनिक युग में ईसाईयों के प्रहार से देश के धर्म एवं संस्कृति की रक्षा धर्म सुधारकों ने की। स्वामी विवेकानन्द को विश्व में अध्यात्मवाद को प्रतिष्ठित करने का श्रेय प्राप्त है। हिन्दुओं की तरह मुसलामानों, पारसियों एवं ईसाईयों ने भी अपनी रूढ़ धार्मिक व्यवस्था में परिवर्तन लाने की चेष्टा की और अनेक सुधारकों ने युग की मांग के विभिन्न धर्मों को दोबारा संगठित करके नया आयाम प्रदान किया।

समाज सुधार

भारत में धर्म सुधार के साथ-साथ समाज सुधार का भी कार्य प्रारम्भ हो गया था। सामाजिक कुरीतियों को धार्मिक मान्यता देकर जन-जीवन में हताश की भावना पैदा कर दी गयी थी। साधारण व्यक्ति उन कुरीतियों के विरोध का साहस नहीं कर सकते थे। फलतः समाज का स्वरूप विकृत हो चुका था। धर्म सुधारकों ने जनसाधारण में सामाजिक कुरीति नष्ट करने के साहस का संचार किया। सामाजिक कुरीति नष्ट करना धर्मविरोध नहीं है—ऐसा भाव उत्पन्न करने में सुधारकों को सफलता मिली। ब्रह्म समाज, आर्य समाज, प्रार्थना समाज, रामकृष्ण मिशन आदि के द्वारा जाति प्रथा, छुआछूत, बाल-विवाह, पर्दा प्रथा आदि का विरोध और स्त्री शिक्षा, स्त्रियों के समान अधिकार, अन्तर्जातीय विवाह, विधवा विवाह का समर्थन और खान-पान पर प्रतिबन्ध दूर करने में महत्वपूर्ण भूमिका का निर्वाह किया गया।

बुद्धिवादी विचारधारा—भारत में सदियों से अनेकों कर्मकाण्ड और अंधविश्वास से परिपूर्ण विचारधारायें व्याप्त थीं। यहाँ के लोग भाग्यवादी होने के कारण अकर्मण्य थे। वे किसी भी वस्तु को आंख मूंद कर स्वीकार लेते थे। सुधारकों ने तर्क एवं बुद्धि के सहारे प्रत्येक वस्तु की विवेचना करने का तरीका प्रारम्भ किया। पश्चिमी ज्ञान-विज्ञान के प्रयास से भारतीय जड़ता समाप्त हो गयी और भारत के लोग तर्क के आधार पर अच्छाई और बुराई की जांच करने लगे। आस्था के बदले

बुद्धिवादी विचारधारा का प्रचार-प्रसार भारतीयों की सार्वजनिक प्रगति में सहायक सिद्ध हुआ।

इतिहास की खोज—समाज सुधारकों ने अतीत के इतिहास को खोजकर प्राचीन संस्कृति की गौरवशाली परम्परा को पुनर्जीवित करने का कार्य किया। इस दिशा में सुधारकों को पश्चिमी विद्वानों का भी सहयोग प्राप्त हुआ। एशियाटिक सोसाइटी द्वारा प्राचीन भारत के ऐतिहासिक स्थलों की खोज प्रारम्भ की गयी। जेन्स फर्गूसन, डॉ. क्लार्ट, हैवेल पर्सी ब्राउन, डॉ. फूर और सर जॉन मार्शन के द्वारा प्राचीन भारत की गौरवपूर्ण सभ्यता को प्रकाश में लाने की चेष्टा की गयी। सिन्धु घाटी की सभ्यता, मौर्यकालीन अवशेष, अशोक के शिलालेख, गुप्तकालीन संस्कृति, अजन्ता की चित्रकला आदि को खोजकर भारतीय अतीत को उजागर किया गया। भारतवासियों में अतीत के प्रति अन्वेषण की भावना जागृत हुई और डॉ. आनन्द कुम, भण्डारकर, राणाडे, सरदेसाई आदि विद्वानों ने इतिहास की विस्तृत घटनाओं का एक क्रमबद्ध सिलसिला तैयार कर लिया। भारतीय इतिहास को श्रृंखलाबद्ध करने में मेकडोनल, स्मिथ, कर्नल टॉड, एलिफिन्स्टन, रेपसन आदि पश्चिम के विद्वानों का बहुत बड़ा योगदान था। भण्डारकर ओरिएण्टन इन्स्टीट्यूट और इतिहास मण्डल जैसी संस्था की स्थापना कर भारतीय इतिहास का नवनिर्माण किया गया।

प्राचीन साहित्य की प्रगति—समाज सुधारकों ने प्राचीन साहित्य की प्रगति के लिए उल्लेखनीय कार्य किया। भारत का प्राचीन साहित्य संस्कृत एवं पालि में लिखा गया था। धीरे-धीरे प्राचीन भाषा के अध्ययन-अध्यापन का क्रम टूट चुका था। भारतवासी अपने प्राचीन साहित्य से स्वयं अनभिज्ञ थे। कुछ यूरोपीय विद्वानों के द्वारा प्राचीन भारतीय साहित्य की खोज प्रारम्भ की गयी। विलकिन्स ने गीता का अनुवाद किया। जोन्स ने मनुस्मृति, शकुन्तला और संस्कृत भाषा के अनेक नाटकों का संकलन किया। कोलब्रूक ने पाणिनी के व्याकरण ए. एफ. माइकेलक्सी ने अपना सम्पूर्ण जीवन संस्कृत भाषा और प्राचीन साहित्य के अध्ययन में अर्पित कर दिया। पश्चिमी विद्वानों से प्रेरणा पाकर भारतीयों में भी अन्वेषण के भाव जागृत हुए और धर्म, दर्शन एवं ज्ञान के क्षेत्र में महत्वपूर्ण शोध कार्य सम्पन्न हुए। प्राचीन भारतीय साहित्य की खोज से पश्चिमी संसार में भारत का गौरव बढ़ा।

प्रादेशिक भाषाओं की प्रगति—भारत में अनेकों भाषा एवं बोलियाँ बोलने वाले लोग रहे हैं। भारत में हिन्दी, उर्दू के अतिरिक्त बंगाल, उड़िया, तमिल, तेलगु, कन्नड़, मलयालक, गुजराती आदि भाषाएं क्षेत्रीय स्तर पर बोली और लिखी जाती हैं। क्षेत्रीय भाषाओं पर धर्म का गहरा प्रभाव है। इनमें गद्य साहित्य का विकास नहीं के

बराबर हो पाया था, परन्तु मुद्रण की सुविधा और समाचार पत्रों के प्रकाशन के फलस्वरूप प्रादेशिक भाषा में गद्य साहित्य की रचना की जाने लगी। पश्चिमी साहित्य के महत्वपूर्ण ग्रन्थों के अनुवाद प्रादेशिक भाषाओं में किये गये। समाज सुधार आन्दोलन का सबसे बड़ा असर यह पड़ा कि साहित्य के विभिन्न क्षेत्रों में नवीन रचना और अनुवाद के कार्य को प्रोत्साहन मिला।

वैज्ञानिक खोज–अंग्रेजों द्वारा अनुसन्धानशाला और विज्ञान के विषयों की पढ़ाई की व्यवस्था के फलस्वरूप भारत में विज्ञान सम्बन्धी खोज की प्रवृत्ति जागृत हुई। गणित में रामानुजम् और भौतिकी एवं वनस्पति विज्ञान में जगदीशचन्द्र वसु के द्वारा जो अनुसन्धान किये गये, उनसे पश्चिम के वैज्ञानिकों की श्रेणी में इनकी गणना की जाने लगी। सी. वी. रमन, मेघनाद साहा, एम. चन्द्रशेखर ने अनुसंधान और अन्वेषण के क्षेत्र में नये कीर्तिमान की स्थापना की। इन वैज्ञानिक खोजों ने सिद्ध कर दिया कि उपयुक्त अवसर और साधन मिलने पर भारतीय वैज्ञानिक संसार को नयी चीज दे सकते हैं।

कला का विकास–नवजागरण आन्दोलन ने भारतीय कला के स्वरूप एवं विकास में सराहनीय भूमिका का निर्वहन किया। संगीत, नृत्य, चित्र, वास्तुकला आदि के क्षेत्र में हैवेल और सिस्टर निवेदिता के प्रयास से भारतीय चित्रकला को नवजीवन मिला। अनेक कलाकेन्द्रों की स्थापना की गयी। बीसवीं सदी में नवनीन्द्र, सुरेन्द्र गांगुली, नन्दलाल बोस, असित कुमार हलदर जैसे व्यक्तियों ने चित्रकला का विकास किया। कला के प्रति नया दृष्टिकोण अपनाकर भारतीय कला को धर्म के प्रभाव से मुक्त किया गया।

औद्योगिक विकास–भारत में प्राचीन काल से कृषि अर्थव्यस्था की प्रमुख अंग रही है। कृषि पर ही निर्भर रहने के कारण भारत में दरिद्रता बढ़ती जा रही थी। अंग्रेजों द्वारा भारतीय उद्योग धन्धे भी कुचल डाले गये थे। परन्तु पश्चिमी राष्ट्रों का अनुकरण कर भारत में उद्योग धन्धों की स्थापना की जाने लगी। औद्योगीकरण ने आर्थिक विकास की सम्भावनाएं सरल कर दीं।

मध्यम वर्ग का उदय–सामाजिक सुधार, धार्मिक आन्दोलन और शिक्षा प्रचार के फलस्वरूप भारतवर्ष में मध्यम वर्ग की महत्ता बढ़ी। राजनीति, शिक्षा, साहित्य और शासन के क्षेत्र में मध्यम वर्ग ने अनेक विभूतियों को जन्म दिया जिन्होंने अपनी योग्यता और बुद्धि से सारे देश के जन-जीवन को प्रभावित किया। लाला लाजपत राय, गोपाल कृष्ण गोखले, बाल गंगाधर तिलक, सुरेन्द्र नाथ बनर्जी आदि नेता मध्यम वर्ग से ही आये थे। इन्होंने राष्ट्रीय आन्दोलन में उल्लेखनीय योगदान दिया था।

राष्ट्रीयता का निर्माण—नवजागरण आन्दोलन ने राष्ट्रीयता के निर्माण में महती भूमिका का निर्वहन किया है। राष्ट्रप्रेम की भावना ने राजनीतिक आन्दोलन के लिए आधारशिला का काम किया। भारतवासी दासता के बन्धन से मुक्त होने के लिए सचेष्ट हो गए। उनमें आत्मसम्मान, साहस और दृढ़ता के भाव उत्पन्न हुए।

उपरोक्त विवेचन से स्पष्ट होता है कि उन्नीसवीं सदी में चले सुधार आन्दोलन ने भारतीय जीवन पद्धति पर व्यापक रूप से प्रभाव डाला। इन आन्दोलनों ने भारत की तात्कालिक जड़ता को समाप्त किया और जन-जीवन को झकझोर दिया। इसने जहां एक ओर धार्मिक और सामाजिक सुधारों का आह्वान किया, वहीं दूसरी ओर इसने भारत के अतीत को उजागर कर भारतवासियों के मन में आत्मसम्मान और आत्मगौरव की भावना जगाने की कोशिश की। धार्मिक उपदेशों के साथ-साथ सुधार आन्दोलन के नेताओं ने स्वतंत्रता और समानता का भी उपदेश दिया। लोगों में सामाजिक जागरूकता के साथ-साथ राजनीतिक जागरूकता भी आयी। नवजागरण की पृष्ठभूमि पर ही राष्ट्रीय आन्दोलन का सूत्रपात हुआ और राष्ट्रीय आन्दोलन के माध्यम से ही देश को स्वतंत्रता मिली।

3

फुले और सत्यशोधक समाज

दलितों में समाज सुधार के कार्यक्रम को आगे बढ़ाने के उद्देश्य से ही फुले ने **सत्यशोधक समाज** की स्थापना की थी। उनके पहले बंगाल के अभिजात्य वर्ग के लोग समाज सुधार और धार्मिक मान्यताओं को मानवतावादी बनाने, रूढ़ियों को मिटाने के लिए कृत संकल्प थे। वह महाराष्ट्र में अकेले ही पतनशील ब्राह्मणी संस्कृति और पुरोहितों की क्षुद्र मनोवृत्ति और संकीर्ण विचारधारा के विरुद्ध चार दशक तक संघर्ष करते रहे। वे सुख-सुविधाओं, उच्च्च नौकरी की लालसा तथा धर्म परिवर्तन आदि के लिए मिशनरियों के बहकावे में नहीं आए, जबकि उनके समकालीन बहुत से ख्यातनामा समाज सुधारक इस लहर में बह गए थे।

शुरू में भारत में पुनर्जागरण का सबसे अधिक जोर बंगाल में रहा। वहां राजा राममोहन राय ने 1828 में **ब्रह्म समाज** की स्थापना की। राजा राममोहन राय के समय से सामाजिक सुधारों की बाढ़-सी आ गई। सती-प्रथा, बाल-विवाह, बहुविवाह जैसी अनेक सामाजिक बुराईयों का विरोध किया जाने लगा। बुद्धि, तर्क, सत्य और स्वतंत्रता जैसे सिद्धांत पाश्चात्य दर्शन से अपनाए गए। पाश्चात्य शिक्षा-पद्धति से प्रभावित होकर प्रचलित शिक्षा-पद्धति और जीवन शैली में परिवर्तन किए जाने लगे। स्त्री-शिक्षा पर जोर दिया जाने लगा। राममोहन राय के इन कार्यों को महर्षि द्वारकानाथ टैगोर, केशवचंद्र सेन, देवेंद्रनाथ ठाकुर, ईश्वर चंद्र विद्यासागर जैसी महान हस्तियों ने आगे बढ़ाया।

ब्राह्म समाज, परमहंस समाज, आस्तिक समाज, प्रार्थना समाज, आर्य समाज इतने प्रभावी नहीं हुए जितना **सत्यशोधक समाज** प्रभावी था। सभी संगठन

अभिजात्य वर्ग द्वारा संस्थापित किए गए थे। उन सबके प्रभाव सीमित थे। केवल **सत्यशोधक समाज** ही ऐसा सामाजिक संगठन था जिसके मुख्य संस्थापक निम्न और अछूत जाति के थे। इसकी स्थापना आश्विन माह की द्वितीय नवरात्र, तदनुसार 23 सितंबर, 1873 को पुणे में हुई। पूरे महाराष्ट्र से लगभग साठ प्रतिष्ठित और परखे हुए समाजसेवी एकत्रित हुए, जिन्होंने सर्वसम्मति से ज्योतिबा को संस्थापक अध्यक्ष और नारायणराव गोविंदराव कडलक को मंत्री निर्वाचित किया। सत्यशोधक समाज के प्रमुख उद्देश्य थे–

1. ईश्वर एक है। वह सर्वव्यापी, निर्गुण, निर्विकार और सरल स्वरूप है। वह प्राणिमात्र में व्यापक है।
2. प्रत्येक मनुष्य को ईश्वर भक्ति का अधिकार है। सर्वसाक्षी परमेश्वर की प्रार्थना और चिंतन के लिए किसी मध्यस्थ की, किसी दलाल की आवश्यकता नहीं है।
3. मनुष्य जाति के गुण उसकी श्रेष्ठता प्रमाणित करते हैं।
4. कोई भी ग्रंथ न तो ईश्वर प्रणीत है, न वह पूर्णरूपेण प्रमाण के रूप में उपलब्ध है।
5. परमेश्वर शारीरिक रंग-रूप में अवतार धारण नहीं करता।
6. पुनर्जन्म, कर्मकांड, जप-तप या धर्म गोष्ठियां, अज्ञान मूलक हैं। सत्यशोधक समाज के सीधे-सादे उद्देश्यों से महाराष्ट्र के पिछड़े वर्गों-अछूत जातियों में व्यापक असर हुआ।

जो भी समाज का सदस्य बनना चाहता था, उसे प्रभु खांडेराव की शपथ लेनी पड़ती थी। सभी जाति और धर्म के अनुयायी समाज के सदस्य बन सकते थे। समाज के संस्थापकों में कई सदस्य मुस्लिम, ईसाई, पारसी, यहूदी, ब्राह्मण, मराठा, कोली, महार, मांग, चमार, कुनबी और माली आदि जातियों से संबंध रखते थे। पुणे की भूमि पर संस्थापित यह संगठन धीरे-धीरे पूरे महाराष्ट्र में फैलता गया।

इस प्रकार ज्योतिबा द्वारा संस्थापित **सत्यशोधक समाज** पुरोहित वर्चस्व और उच्च जातियों द्वारा समाज की निम्न जातियों के बौद्धिक-आर्थिक शोषण तथा सामाजिक-सांस्कृतिक उत्पीड़न और अन्याय के विरुद्ध प्रतीकात्मक रूप में एक जन-आंदोलन बनकर सामने आया। इसे हम एक नई सामाजिक-सांस्कृतिक क्रांति की संज्ञा दे सकते हैं। इसके उद्देश्य बहुत सरल और स्पष्ट भाषा में मर्म को छूने वाले थे। यह अपने ढंग का मौलिक सामाजिक संगठन था और इसकी कार्य-शैली ब्रह्म समाज, प्रार्थना समाज आदि से सर्वथा भिन्न थी।

समाज की साप्ताहिक बैठकें बहुधा इतवार को हुआ करती थीं, ताकि काम काजी लोग सरलता से इसकी बैठकों में भाग ले सकें। समाज की बैठकों में नारी शिक्षा, दलित महिला शिक्षा, स्वदेशी के प्रचार तथा पुरोहितों द्वारा समाज को गुमराह किए जाने पर चर्चा होती थी। समाज ने स्पष्ट घोषणा कर रखी थी कि वह जाति-पांति, अस्पृश्यता, धर्म की संकीर्णता और मनुष्य द्वारा मनुष्य के हर प्रकार के शोषण के विरुद्ध है।

समाज की प्रवृत्तियों में ज्योतिबा का व्यक्तित्व दीपशिखा का काम करता था। समाज विवाहों में अपव्यय, जाति-पांति, ऊंच-नीच, मूर्ति और देवी-देवताओं की पूजा-अर्चना का घोर विरोधी था। पुणे की अछूत मलिन बस्तियों, कामगारों और गरीब लोगों के मुहल्लों, गांवों में **सत्यशोधक समाज** की बहुत-सी शाखाएं स्थापित हुईं। 'सर्व धर्म समभाव' के पोषक और मानवता के पक्षधर सत्यशोधक समाज से कुछ कट्टरपंथी हिंदू घृणा करते थे। पंडित-पुरोहितों की इससे रोजी-रोटी छिन गई थी। ज्योतिषियों और वेदपाठियों के काम धंधे में मंदी आ गई। शूद्र और निम्न जातियों ने उनसे अपने मंगल उत्सवों, मुहूर्त और विवाह की तिथियां निकलवाना बंद कर दिया था। महाराष्ट्र में इससे पहले इतने क्रांतिकारी और प्रगतिशील समाज सुधारों का कार्य कोई व्यक्ति या संस्था नहीं कर पाई थी। पुणे में दलित शिक्षा के प्रसार से अछूतों में **सत्यशोधक समाज** के प्रति विशेष उत्साह था। यह संपूर्ण सामाजि-धार्मिक-सांस्कृतिक क्रांति का आह्वान था।

दूसरी ओर कट्टरपंथी पुरोहित वर्ग से अब नहीं रहा गया। उन्होंने नए-नए षड्यंत्र रचे। अनपढ़-अशिक्षित शूद्रों को भड़काना शुरू कर दिया। उनके पास बैठकर मेलजोल बढ़ाना शुरू कर दिया। धीरे-धीरे उनसे कहना शुरू कर दिया कि यह माली और उसका सत्यशोधक समाज सबको या तो ईसाई बनवा देगा या उनका धर्म भ्रष्ट करेगा। ब्राह्मणों ने एक कुतर्क यह भी प्रस्तुत किया कि मराठी भाषा की प्रार्थना ईश्वर के पास पहुंच ही नहीं सकती और ज्योतिबा और सत्य शोधक समाज उन्हें मूर्ख बना रहा है। यह तर्क सुनकर कुछ भोले-भाले लोग बहक गए। ज्योतिबा से कहने लगे कि सत्यशोधक समाज के मराठी भजन और प्रार्थनाएं ईश्वर के पास नहीं पहुचेंगी क्योंकि अब तक तो वेदपाठी विद्वान और पुरोहित देवताओं की भाषा संस्कृति में श्लोक और मंत्रपाठ करते थे, इसलिए प्रार्थनाएं ईश्वर के पास सीधे पहुंच जाती थीं। ईश्वर ने वेद-शास्त्र भी इसी भाषा में रचे हैं।

ज्योतिबा को ऐसी अनर्गल बातों और कुतर्कों से बड़ा आघात पहुंचा। ऐसे बहके हुए लोगों को फटकारते हुए उन्होंने बताया कि उन्हें भ्रमित करने के लिए

ऐसे तर्क दिए जा रहे हैं। उनकी एकता तोड़ने की यह कोशिश है। सभी धर्म समान हैं। सबका ईश्वर एक है। वह जाति-पांति नहीं मानता है। ईश्वर सब भाषाओं में प्रार्थना सुन सकता है। मनुष्यता सबसे श्रेष्ठ है। जाति-पांत, वर्णभेद और ऊंच-नीच की दीवारें सब ब्राह्मणों की देन हैं जो उन्होंने अपने लोभ के लिए खड़ी की हैं। ईश्वर गरीब से गरीब की हर भाषा और बोली समझ लेता है। उन्होंने बताया कि पारिवारिक उत्सव, व्रत, जन्म, मुंडन, विवाह जैसे सभी समारोहों से पुरोहितों और ब्राह्मणों का जब तक पूर्ण बहिष्कार नहीं किया जाता, वे शूद्र ही समझे जाएंगे। उनकी आने वाली संतानें भी जाति-पांति, छुआछूत और सदियों की दासता से छुटकारा नहीं पा सकेंगी।

सत्यशोधक समाज अब दुगुनी मेहनत और जोश से काम करने लगा। शूद्र और दलितों को सावधान किया गया कि वे भूलकर भी पुरोहित-ब्राह्मणों के बहकावे में न आएं। सत्य शोधक समाज ने कुछ विधि-विधान और नियम निर्धारित कर दिए। अब तक निम्न जातियों के लोग ब्राह्मणों को देवताओं की तरह पूजते थे, अपना संरक्षक और धर्मगुरु मानते थे। उनका आशीर्वाद वेदवाक्य और ईश्वर वचन समझा जाता था। किंतु ज्योतिबा ने पाखंडी पुरोहित और अनपढ़ ब्राह्मणों के पूर्ण बहिष्कार के लिए सत्यशोधक समाज के माध्यम से नई जागृति फैला दी। इस नई व्यवस्था से ब्राह्मण और भी दुःखी हुए।

ज्योतिबा के विचारों से प्रभावित बालाजी केशाजी पाटिल ने अपने पुत्र के विवाह में ब्राह्मण पुरोहित का बहिष्कार कर दिया तो ओतुर गांव के पुरोहित वामन जगन्नाथ और शंकर बापूजी ने पाटिल के विरुद्ध मानहानि का दावा कर दिया। पाटिल धर्मसंकट में पड़ गए। वह ज्योतिबा के पास पहुंचे। उन्हें वकील तक मिलने में कठिनाई हुई। निचली अदालत ने इस मामले में पुरोहित के पक्ष में आदेश पारित कर दिया। इसी प्रकार के एक अन्य मामले में महादेव गोविंद रानाडे जैसे समाज सुधारक भी अपना एक निर्णय पुरोहितों के पक्ष में सुना चुके थे। यही नहीं रानाडे के निर्णय की डिग्री में जिला जज, पुणे ने यह और जोड़ दिया कि पुरोहित अपना पौरोहित्य शुल्क पाने के अधिकारी हैं, भले ही उन्हें किसी मांगलिक उत्सव में बुलाया गया हो या नहीं अथवा उसके बदले में किसी दूसरे पुरोहित की सेवाएं ले ली गई हों। यह निर्णय एक प्रकार से पुरोहितवाद को दृढ़ आर्थिक आधार और सामाजिक मान्यता प्रदान करने जैसा ही था। एक बात स्पष्ट हो गई कि अब तक निचली अदालतें सामाजिक हैसियत और जातीय आधार पर फैसले सुनाती थीं।

यही नहीं हिंदू कट्टरता और ब्राह्मणों के वर्चस्व तथा प्रतिक्रियावादी तत्वों से प्रभावित बंबई उच्च न्यायालय के मुख्य न्यायाधीश सर एम.आर. वेस्टरौप ने भी थोड़े

बहुत शाब्दिक हेरफेर के साथ इस निर्णय को बहाल रखा। अब ज्योतिबा जैसे दलित क्रांति के पुरोधाओं और समाज सुधारकों के लिए यह चुनौती थी। ज्योतिबा के आशीर्वाद और प्रेरणा से पाटिल पुरोहितों के इस प्रकार के पुश्तैनी अधिकार को मानने के लिए राजी नहीं थे। उन्होंने दावा किया कि अपनी जाति के व्यक्ति द्वारा रीतियों के अनुसार विवाह की रस्में संपन्न कराई गई हैं और ऐसा ही उनके पूर्वज किया करते थे। सौभाग्य से पुणे के प्रथम श्रेणी के सब-जज ने निचली अदालत की डिग्री खारिज कर दी। यह नवंबर, 1887 की बात है। इस निर्णय का सत्यशोधक समाज ने स्वागत किया। समाज सुधारकों ने इसे कट्टरता पर बुद्धिमत्ता की विजय और ज्योतिबा के महान उद्देश्यों की सफलता बताया। इस निर्णय से पुरोहित और ब्राह्मण वर्ग में उदासीनता छा गई, पर वे हार मानने वाले नहीं थे। उन्होंने निश्चय किया कि वे शूद्रों के खिलाफ उच्च न्यायालय के द्वार खटखटाएंगे। जुन्नार और पुणे में सभा की गई। पुरोहितों ने चंदा जमा किया। वकीलों की सहायता ली गई तथा बंबई हाईकोर्ट में द्वितीय अपील करने की ठानी गई।

इस बीच पूरे महाराष्ट्र में गैर-ब्राह्मणों में नई पद्धति से विवाहों की परंपरा चल पड़ी। **सत्यशोधक समाज** के कार्यकर्ता सरल विधि से विवाह और अन्य मांगलिक उत्सव बिना किसी व्यय के संपन्न कराने लगे। इससे ब्राह्मणों का बहिष्कार ही नहीं हुआ, न्यायिक हस्तक्षेप की बात भी टल गई। यह व्यक्ति की अपनी इच्छा थी कि पुरोहित को बुलाए या नहीं बुलाए। पर यह सब आसानी से नहीं हुआ। उदाहरण स्वरूप ज्योतिबा के एक अन्य अनुयाई गुनाजी बापूजी पाटिल शिंदे से बालाजी केशाजी पाटिल के पुत्र की तरह स्वयं अपने विवाह में ब्राह्मणों का बहिष्कार किया। पुलिस की सहायता ली गई। पुरोहितों ने बाधाएं उपस्थित कीं। रिश्तेदारों को बहकाया और भी विघ्न डाले। लेकिन सत्यशोधक समाज के कार्यकर्ताओं ने डटकर साथ दिया और विवाह की रीतियां संपन्न कराईं। इस प्रकार के पुरोहित रहित, दहेज रहित, सीधे-सादे विवाह से लोगों में एक नई चेतना का उदय हुआ। ज्योतिबा ने स्पष्ट कर दिया कि पुरोहित वर्ग का पूरा बहिष्कार करो, क्योंकि वे विवाह और अन्य मांगलिक अनुष्ठानों में न तो उनके हाथ का पानी पीते हैं, न स्पर्श किया खाना खाते हैं, मात्र रुपये-पैसे, कपड़े- गहने, बर्तन लेकर और उन्हें बहकाकर भाग जाते हैं। यह विधिवत् अनुष्ठान नहीं एक पुश्तैनी धार्मिक लूट है। लोगों को यह सीधी बात समझ में आ गई।

सत्यशोधक समाज की स्थापना के ठीक एक महीने बाद 25 दिसंबर 1873 को ही ज्योतिबा ने अपने एक संबंधी की, जिनकी पत्नी का देहावसान हो गया था,

शादी संपन्न कराई। इस विवाह में कोई व्यय नहीं किया गया। इसी प्रकार बिना पुरोहित के ग्यानबा ससाने की शादी की गई।

ब्राह्मणों ने गुंडों के जरिए ससाने की शादी में विघ्न उपस्थित करने की योजना बनाई थी लेकिन ज्योतिबा ने अपने वकील मित्रों व पुलिस के सहयोग से अपने निवास पर 7 मई, 1874 को विवाह संपन्न कराया। ज्योतिबा के सैकड़ों समर्थक वहां इकट्ठे हुए और किसी की हिम्मत नहीं हुई कि कोई गड़बड़ी करे। इससे सामाजिक क्षेत्र में ज्योतिबा के एक नए व्यक्तित्व का उदय हुआ। भद्र समाज के ब्रह्म समाज और प्रार्थना समाज शाब्दिक सहानुभूति रखते थे, घोषणाओं और बड़े-बड़े उद्देश्यों का प्रचार करते थे। ज्योतिबा का सत्यशोधक समाज व्यावहारिक धरातल पर कार्य करता था। गरीबों और पददलितों से सहानुभूति ही नहीं, सच्चा प्रेम करता था।

अपनी अलग पहचान के लिए सत्यशोधक समाज के प्रचारक और उपदेशक सिर पर साफा बांधते थे तथा कंधे पर कंबल रखते थे। हाथ में ढोल रहता था। गरीब और शूद्र जाति की बस्तियों में ढोल बजाकर लोगों को इकट्ठा किया जाता था। उन्हें सीधे-सादे ढंग से शिक्षा और सामाजिक अधिकारों को पाने के लिए सजग किया जाता था, जिससे वे अपनी मानसिक दासता को त्यागकर स्वतंत्र व्यक्तित्व का विकास करें।

इससे पहले दलित-शूद्रों के शोषण और अत्याचारों के विरुद्ध इतना संगठित प्रचार भारत के किसी अन्य नगर में शायद ही किसी संगठन या व्यक्ति ने किया होगा। **सत्यशोधक समाज** एक क्रांतिकारी जन आंदोलन, दलित जनों की आकांक्षाओं का प्रतीक और जागृति का संदेशवाहक बन चुका था। ज्योतिबा और समाज के अन्य प्रभावशाली कार्यकर्ता लोगों को यह बात बराबर समझाते रहते थे कि ब्राह्म समाज और प्रार्थना समाज कुलीन लोगों के दिमाग की उपज हैं। वे आदर्शवादी संगठन हो सकते हैं, उनके कार्यक्रम वैचारिक और सैद्धांतिक दृष्टि से उच्चकोटि के लग सकते हैं, लेकिन सदियों से दबी-पिसी और शोषित मानवता के कल्याण के लिए उनके पास कोई भी ठोस और व्यावहारिक योजना नहीं है। उन्होंने कहा कि पेशवाओं के जमाने में निर्णय तलवार के बल पर होते थे। अब बुद्धि और तर्क के बल पर आगे बढ़ना होगा और इस सबके लिए पुरुष और स्त्रियों को शिक्षित करना और संगठित रहना परमावश्यक है।

इन्हीं दिनों ब्राह्मण अधिकारियों ने **सत्यशोधक समाज** के कर्मचारियों को जो उनके अधीन काम करते थे, नौकरियों में तंग करना शुरू कर दिया। बहुत से कर्मचारियों को स्थानांतरित किया गया। जो अस्थाई कर्मचारी थे उन्हें या तो

हटा दिया गया या उनकी सेवा में व्यवधान डाला गया। ज्योतिबा ने इस उत्पीड़न के खिलाफ जोरदार आवाज उठाई। यह सब उच्च जातियों की ओछी मानसिकता थी।

प्रारंभ से ही ज्योतिबा और **सत्यशोधक समाज** ने जातीय एकता पर बल दिया था। वह दलित शूद्र और पिछड़ी जातियों में समन्वय स्थापित करने के पक्ष में थे। उन दिनों पुणे में लगभग चार हजार माली जाति के लोग भी रहते थे। इनकी जातीय पंचायत भी थी। इसके कार्यकर्ताओं ने मई, 1888 में ज्योतिबा को पंचायत चुनावों के अवसर पर आमंत्रित किया। इस आशा से कि उनकी बिरादरी का इतना लोकप्रिय शिक्षा प्रेमी, समाज सुधारक और दूरदर्शी चिंतक उनके बीच आकर उत्सव की शोभा बढ़ाएगा। ज्योतिबा उनकी विचारधारा और उद्देश्यों से भली-भांति परिचित थे। वह एक जाति के विशेष संगठन को महत्व नहीं देना चाहते थे। वह सभी शूद्र और दलितों का एक मंच चाहते थे। इसलिए वह उस पंचायत में नहीं गए। इससे अन्य जातियों में उनकी प्रतिष्ठा और बढ़ गई। पुणे में ब्राह्मण और नाई-धोबी समाज को हेय दृष्टि से देखते थे, जबकि दोनों की ही बड़ी सामाजिक उपयोगिता रही है। प्रत्येक अनुष्ठान के समय दोनों को बुलाया जाता था। लेकिन पुरोहित उन्हें कभी भी आदर की दृष्टि से नहीं देखते थे। फुले ने उन्हें समाज का उत्कृष्ट सेवाभावी स्वीकार किया और संगठित रहने पर जोर दिया।

सन् 1857 में पुणे के नाइयों ने ज्योतिबा के आशीर्वाद से हड़ताल कर दी कि वे ब्राह्मणों की हजामत नहीं बनाएंगे। अंत में ब्राह्मणों को झुकना पड़ा। बढ़ी दरों पर हजामत करना तय हुआ। ज्योतिबा इस समाज को बड़ा मान देते थे। ज्योतिबा 1887 में पुणे जिले में धमतेरे गांव में एक नाई परिवार के विवाहोत्सव में सम्मिलित होने के लिए भी पहुंचे थे।

इस प्रकार ज्योतिबा का सत्यशोधक समाज सुधारवादी कार्यक्रमों के कारण पूरे महाराष्ट्र में बहुत लोकप्रिय हो गया था। यह शूद्र, अतिशूद्र, निम्न वर्ग, किसान कामगार और दस्तकारों में जागृति की लहर फैलाने वाला, क्रांतिकारी परिवर्तन लाने वाला जन आंदोलन बन गया था। सनातनी कट्टरपंथी अब भी उनसे बैरभाव रखते थे।

इस प्रकार नवजागरण काल में फुले ने बड़ी सक्रियता, व्यावहारिकता एवं दूरदृष्टि का परिचय देते हुए शूद्र-दलित वर्गों में समग्र सामाजिक-सांस्कृतिक चेतना और वैचारिक क्रांति का बीजारोपण किया। सामाजिक न्याय और सामाजिक परिवर्तन के प्रयास किए। जिसे 20वीं शताब्दी में डॉ. अम्बेडकर और जगजीवनराम

सरीखे लोकनायकों ने आगे बढ़ाया। दोनों शीर्ष नेताओं के बाद इस आंदोलन को नए उभरे दलित नेतृत्व और बुद्धिजीवियों ने गरिमा प्रदान की।

यूरोप की जन-क्रांतियों, शिक्षा के व्यापक प्रचार-प्रसार, औद्योगिक प्रगति, धार्मिक सुधार आंदोलन और वैज्ञानिक खोजों ने व्यक्तिगत स्वतंत्रता, सामाजिक समानता और मातृत्व की भावना को सुदृढ़ किया था। उसका गहरा प्रभाव भारत पर भी पड़ा। यूरोप के नवजागरण ने भारतीय युवकों में पाश्चात्य शिक्षा, ज्ञान-विज्ञान, सभ्यता और संस्कृति के प्रति अनुराग पैदा किया। उनके प्रकाश में नवयुवकों को सामाजिक बुराइयों और धर्म की रूढ़ियों के अनेकानेक दुर्गुण स्पष्ट दिखाई देने लगे थे।

अधिकांश अंग्रेजी पढ़े-लिखे युवा पीढ़ी के सदस्य विचारों से उदार थे, लेकिन बुराइयों से लड़ने में झिझकते थे। वे यह सब जानते हुए कि पुरातनवादियों के कारण हिंदुत्व बुराइयों का घर बन गया है और उसमें अस्पृश्यता, झूठा जात्याभिमान, असमानता सामाजिक रूढ़ियां हावी हो गई हैं, जिसके कारण उसकी गतिशीलता कुंठित हो गई है, फिर भी वे गंभीरता से सामाजिक क्रांति की आवाज बुलंद नहीं कर पाए। समाज सुधार दुस्साहस माना जाता था। जाति-बहिष्कृत करने की भी प्रथा थी।

सामाजिक परिवर्तन का यह काम ज्योतिबा ने किया। अब तक किसी भी समाज सुधारक ने शूद्रों, दलितों और अस्पृश्यों की गुलामी से भी बदतर हालत के बारे में सोचा भी नहीं था, यह ज्योतिबा थे जिन्होंने वैचारिक क्रांति की पताका फहराई। समाज के ठेकेदारों, सरकार और बड़े से बड़े व्यक्ति को यह अहसास करा दिया कि शाब्दिक सहानुभूति, किताबी एकता, कोरे मेल-मिलाप की जगह सामाजिक और जातीय बराबरी की आवश्यकता है, सामाजिक न्याय की जरूरत है। इस तरह सामाजिक, आर्थिक, शैक्षिक अधिकारों की प्रतिस्थापना वक्त की आवाज है। दलित स्त्री-पुरुषों की शिक्षा को जरूरी समझा। यह था ज्योतिबा का नवजागरण संदेश। इसलिए ज्योतिबा के जन-जागरण के कार्यकलापों और सतत धार्मिक और सामाजिक रूढ़ियों से संघर्षरत रहने के कारण 19वीं शताब्दी का उत्तरार्द्ध दलितों और शोषितों की मुक्ति के प्रयास का युग कहा गया। कर्मयोगी ज्योतिबा अपने विचारों और रचनात्मक कार्यक्रमों की वजह से पुणे ही क्या पूरे महाराष्ट्र के समाज सेवकों में अग्रणी सुधारक और क्रांतिद्रष्टा विचारक के रूप में प्रतिष्ठित हुए। निःसंदेह आधुनिक भारत के दलित इतिहास का पहला स्वर्णिम पृष्ठ फुले ने ही लिखा।

शिक्षाविद् के साथ-साथ उन्हें शूद्रों और अस्पृश्यों के मुक्तिदाता के रूप में मान्यता मिली। आगे चलकर भारत के सामाजिक इतिहास में सर्वहारा शोषित एवं पीड़ित वर्ग की सदियों पुरानी दासता से मुक्ति के लिए उनके प्रयत्न स्वर्णाक्षरों में लिखे गए।

दूसरी ओर पुनर्जागरण के इस काल में तरह-तरह के सामाजिक सुधारों के लिए भारत के हर कोने में कोशिशें जारी थीं। लेकिन दलितों की मुक्ति का संग्राम और उनकी सर्वांगीण प्रगति का पथ ज्योतिबा ने ही प्रशस्त किया और इस बारे में किसी की भी दो राय नहीं हो सकतीं। ये वे दिन थे जब पश्चिम में मार्क्स और ऐंगिल्स सामाजिक वर्ग-संघर्ष और क्रांतिकारी इतिहास में शोषित-दलित मजदूर और किसान वर्ग की भूमिका के सिद्धांतों का निरूपण और दार्शनिक व्याख्या कर रहे थे।

ज्योतिबा जानते थे कि मार्क्स के विचारों से भारत में क्रांति नहीं आ सकती थी। पहले शोषित जनता राजाओं, जमींदारों और पुरोहितों के तिहरे शोषण का शिकार थी। बाद में अंग्रजों ने पूरे भारत पर अपनी सत्ता स्थापित की। अंग्रजों ने धीरे-धीरे अपने साम्राज्य विस्तार को स्थायित्व प्रदान करने के लिए यहां की सामाजिक व्यवस्था, वर्णव्यवस्था और रूढ़िवादिता को बिल्कुल अनदेखा कर दिया। समाज सुधारकों की विचारधारा और प्रयासों ने ही बाद में उन्हें विवश किया कि वे लोकहित के लिए सार्वजनिक कानून बनाएं, जनकल्याण की भावनाओं से प्रेरित काम करें और देश की सामाजिक-आर्थिक प्रगति के द्वार खोलें। शिक्षा का प्रचार-प्रसार करें। इस काम को मैकाले, आकलैंड आदि ने अंजाम दिया।

दलितों, अस्पृश्यों और निम्न जातियों की मुक्ति के लिए ज्योतिबा पहले स्वयं पहल करते थे, शासन बाद में जागता था। इंग्लैंड और अन्य यूरोपीय देशों के भारत स्थित अधिकारियों, सैनिक कर्मचारियों और व्यापारियों को यहां की जटिल समाज व्यवस्था की पूरी जानकारी थी। ईसाई धर्म प्रचारक यहां की धार्मिक कमजोरियों, पाखंड, अंधविश्वास और रूढ़िवादिता से परिचित थे और इसी कारण वे पूरे भारत में निम्न जातियों और शूद्र-अस्पृश्यों में धर्म प्रचार, धार्मिक शिक्षा के प्रसार, धर्मांतरण जैसी प्रवृत्तियों में संलग्न थे। अंग्रेजी हुकूमत द्वारा पाश्चात्य शिक्षा, न्याय प्रणाली और स्वास्थ्य सेवाओं का प्रसार तो काफी समय बाद किया गया। फुले की रचनाओं में उनका विस्तार से जिक्र है।

ज्योतिबा अपने ढंग से उपेक्षितों, अधिकार वंचित दलितों और गरीबों को जगाना चाहते थे। वह सामाजिक व्यवस्था में आमूल परिवर्तन के इच्छुक थे। इसके

लिए वह अनथक आजन्म जूझते रहे, संघर्ष करते रहे। उनके इस कार्य में उनकी पत्नी सावित्रीबाई का भी भरपूर योगदान था।

देखा जाय तो उन दिनों पूरे महाराष्ट्र और पुणे में परमहंस सभा और प्रार्थना समाज जैसे ईश्वरवादी और आध्यात्मवादी नौकरीपेशा लोगों की संख्या से बोझिल संगठन थे जो समाज सुधार की बात तो करते थे, कुछ आश्रम-अनाथालय, स्कूल भी खोल देते थे, लेकिन उपेक्षितों, अधिकार वंचितों, अस्पृश्यों में घुल-मिलकर उनके मध्य रहकर काम करने से कतराते थे। ज्योतिबा, पत्नी सावित्री बाई उन्हीं के मध्य पैदा हुए, उन्हीं के मध्य अपना कार्य क्षेत्र बढ़ाया। महाराष्ट्र में पेशवाओं के अंत के बाद ही दलित जातियों में चेतना आ गई थी। उसका समस्त श्रेय ज्योतिबा और उनके सहयोगियों को जाता है। वैसे 1852 में सामंत-जमींदारों और युवा देशभक्तों ने दक्कन एसोसिएशन की स्थापना की। लेकिन यह संगठन सामाजिक न होकर राजनैतिक अधिक था। वह जनता की भलाई कम, अपने खोए वैभव और हैसियत पाने को अधिक महत्व देता था। इसलिए यह संगठन चल नहीं पाया। इसी प्रकार 1867 में पूना एसोसिएशन और तीन वर्ष बाद 1870 में पूना सार्वजनिक सभा बनी। दक्कन एसोसिएशन के सदस्यों ने ही पूना सार्वजनिक सभा का निर्माण किया था। बाद में ये सब आदर्शवादी संगठन ही बने रहे। इन पर उच्च जातियों का वर्चस्व रहा। भोर के तारे की तरह वे मिट गए।

ज्योतिबा ही ऐसे युगपुरुष थे जिन्होंने अपने शैक्षिक क्रिया-कलापों और सत्यशोधक समाज के माध्यम से दलित-पिछड़े समाज की मुक्ति के लिए संघर्ष किया और अगुआई की। उन दिनों वह ऊंचे-से-ऊंचे पद को प्राप्त कर सकते थे, आराम से रह सकते थे। अपने लिए सुख-सुविधाएं जुटा सकते थे। लेकिन नहीं, उन्होंने अंधविश्वासों, धार्मिक रूढ़िवादिता, पुरोहितवाद, संकीर्ण विचारों, अस्पृश्यता आदि सभी सामाजिक बुराइयों का विरोध किया। कट्टर तत्वों से लोहा लिया। पुरातनपंथियों का दृढ़ता से मुकाबला किया। इसके साथ ही समाज के उपेक्षितों-दलितों और निम्न जातियों में शिक्षा और सामाजिक जागृति की लहर फैलाई। उनके चिंतन और कर्म में कोई अंतर नहीं था। दीन-दलितों की सेवा को उन्होंने परम कर्तव्य और धर्म की संज्ञा दी।

महात्मा गौतम बुद्ध और कबीर के पश्चात ज्योतिबा ने सामाजिक चेतना और सत्यमार्ग उन लोगों को दिखाया, जिनकी प्रगति के मार्ग अवरुद्ध कर दिए गए थे और जिनकी आत्म-ज्योति बुझा दी गई थी। निःसंदेह उन्होंने मानसिक रूप से मंद और आर्थिक रूप से पंगु बनाए गए समाज में क्रांति का बीज बोया।

उन्होंने अपने चिंतन और कर्म द्वारा ब्राह्मण धर्म को परिष्कृत-परिमार्जित करने की कोशिश की। उसमें छाई जड़ता को दूर करने का प्रयास किया। समयानुकूल नए विचारों को अपनाने हेतु उद्भावों के प्रवेश के लिए पुरोहितों को बार-बार झकझोरा और यह बताने की कोशिश की कि विश्व एक मानव परिवार है। धर्म-संस्कृतियां भिन्न हो सकती हैं, समाज व्यवस्था अलग-अलग हो सकती है लेकिन उसके मूल चिंतन में सब मनुष्य एक हैं। सत्यशोधक समाज का यही व्यापक रूप उन्होंने समाज के समक्ष प्रस्तुत किया। उदार यूरोपीय चिंतन भी इसी बात पर बल देता था। इसी प्रकार उनके सत्यशोधक समाज में कर्म प्रधान लोग अधिक थे। ज्योतिबा सदैव व्यावहारिकता के धरातल पर चिंतन करते थे। वह एक तपस्वी और कर्मवीर थे। वह त्याग, सेवा, सदाशयता से परिपूर्ण एक महान कर्मयोगी थे। इसलिए ऊंचे-से-ऊंचे तथाकथित महापुरुषों की खुले आम कमियों और उनके दुहरे व्यक्तित्व के बारे में निर्भीकतापूर्वक बता दिया करते थे। संत कबीर की तरह वह भी पाखंड-ढोंग और बनावटी सिद्धांतों का आजन्म विरोध करते रहे। उन्होंने बार-बार स्पष्ट कहा कि धर्म और जाति भेद, ऊंच-नीच का भ्रमजाल फैलाकर अन्याय और शोषण की प्रक्रिया चालू रखने के लिए बनाए गए हैं, जिसे हमें ध्वस्त करना है।

कट्टर ब्राह्मणों ने उनके विरुद्ध षड्यंत्र भी रचा। गरीबों के हिमायती ईसा को अपना सलीब ढोना पड़ा, लेकिन ज्योतिबा उस धातु के बने थे जिसने कट्टरता के आगे समर्पण नहीं किया। एक बार शहर के दो नामी व्यक्ति जो मारकाट एवं असामाजिक कार्यों को लिए प्रसिद्ध थे, रात्रिकाल में ज्योतिबा को मारने के लिए नंगी तलवार लेकर आए। इनमें से एक रोडे नामक रामोशी था और दूसरा व्यक्ति ढोंडीराम नामदेव कुम्हार था। उनके पैरों की आहट सुनकर ज्योतिबा की आंखें खुल गईं। पत्नी सावित्री भी जग गईं। मृत्यु को सामने देखकर वह तनिक भी विचलित नहीं हुए। उन्होंने दोनों से पूछा कि उन्होंने क्या पाप किया है और किसका बुरा चाहा है? जबकि उन्होंने अपना सारा जीवन, अमूल्य समय और समस्त साधन पददलितों के उत्थान और गरीबों की सेवा में लगाए हैं। उन्हें अंधेरी गलियों से निकालने के लिए समस्त कुलीन और ऊंची जातियों के कट्टर पुरातनपंथियों से कठोर संघर्ष किया है। यह जीवन उनका कहां है, यह तो शोषितों ओर दलितों की सेवा के लिए समर्पित हो चुका है।

दोनों अपराधियों की समझ में तुरंत यह बात आ गई कि ज्योतिबा तो उनके भले के लिए ही लड़ रहे हैं। वे दोनों निम्न-दलित जाति के ही थे, जिन्हें ईर्ष्यालु पुरोहितों ने धन का लालच देकर ज्योतिबा की हत्या के लिए भेजा था। अब उनका

हृदय परिवर्तन हो चुका था। वे ज्योतिबा के चरणों पर गिर पड़े। उनका पाप धुल गया और सारा भेद उन्होंने बता दिया। बुद्ध की तरह करुणामूर्ति ज्योतिबा ने अभय देते हुए उनसे कहा कि वे कल से उनकी पाठशाला में पढ़ने आ जाएं, तभी उनके ज्ञान चक्षु खुलेंगे। जिन्होंने मारने के लिए भेजा है, वे किसी धर्म या जाति के सगे नहीं हैं। वे पागल हैं, वे मानवता के शत्रु हैं। उन हत्यारों में से एक मांग जाति का था जिसे ज्योतिबा ने अपना अंगरक्षक बना लिया। दूसरा कुम्हार था जो सत्यशोधक समाज का प्रभावशाली कार्यकर्ता बना।

पुणे में फिर किसी की हिम्मत नहीं हुई जो इस तेजस्वी दिव्यपुरुष की ओर आंख उठाकर देखता। सैकड़ों लोग उनके इशारे पर जान हथेली पर रखकर खड़े हो जाते थे। इस जनशक्ति-लोक समर्थन का प्रयोग उन्होंने समाज सुधारों के लिए ही किया।

यद्यपि प्रारंभ में उनका कार्य क्षेत्र कट्टरता और रूढ़ियों से ग्रसित पुणे शहर और आस पास का देहात ही था, लेकिन शीघ्र ही उसका प्रभाव महाराष्ट्र के सभी गांव और नगरों में पड़ा। वह निर्भीक देशभक्त, समाज सुधारक और शिक्षाविद् थे लेकिन ब्राह्मण जाति के विरोधी नहीं थे, वे अज्ञानी पुरोहित वर्ग द्वारा पोषित उन कुरीतियों, अंधविश्वासों, अस्पृश्यता और ऊंच-नीच के विरुद्ध थे, जिन्हें धार्मिक मान्यता प्रदान कर दी गई थी। वे तो महामानव, मसीहा थे। किसी का व्यक्तिगत नुकसान स्वप्न में भी नहीं सोचते थे।

वह अपने युग से बहुत आगे की बात सोचते थे। वह मंत्रदृष्टा ऋषि थे। पूरे महाराष्ट्र में तो क्या पूरे भारत में उस समय ऐसा निष्कलंक और खरे व्यक्तित्व वाला महापुरुष शायद ही कोई और होगा, जिसकी तुलना उनसे की जा सके। उन्होंने अपनी स्पष्ट विचारधारा से समाज में फैली बहुत-सी भ्रांतियों को दूर किया। उन्होंने बताया कि आदिकाल में एक ही मानवजाति थी। अंतर इतना ही था कि कोई शारीरिक रूप से कमजोर था, तो कोई शक्तिशाली। जलवायु के कारण किसी जाति का रंग सांवला तो किसी का गौर वर्ण था। भारत भूमि पर सामाजिक जीवन एवं संस्कृति के विकास के साथ-साथ आरंभ में कर्म के आधार पर जातियों और कबीलों में विभाजन हुआ। इस जाति विभाजन से सामाजिक जीवन जटिल और कठोर बनता गया।

आर्य जाति ने विजित दासों, शूद्र-सेवकों, अछूतों और निम्न जातियों के लिए अलग से कठोर जीवन नियम बनाए। उन्हें त्रिवर्णिक समाज से बहिष्कृत किया। अस्पृश्यता, जातीय ऊंच-नीच, उत्पीड़न और अन्याय आदि का यहीं से जन्म हुआ। कालांतर में आर्य विजेता जातियों ने शूद्रों को दास बना लिया।

इतिहास साक्षी है कि समाज में हजारों साल तक अशांति व्याप्त रही। संघर्ष होते रहे। शारीरिक बल के आधार पर जातियां बनती रहीं, बिगड़ती रहीं। अधिपति वर्ग के बुद्धिजीवी, ब्राह्मण और पुरोहित जातीय सोपान में सर्वश्रेष्ठ थे। धार्मिक सत्ता, कर्मकांड और धार्मिक अनुष्ठानों की जटिलता के कारण अन्य वर्ग उनसे डरते थे। उन्होंने संहिताओं की रचना की, जिसमें जातीय व्यवस्था को दृढ़ता प्रदान की तथा शूद्र और अस्पृश्यों को जिन्हें आर्य जाति ने युद्ध में जीतकर दास बनाया था, उन्हें सदैव के लिए विधिवत वर्णभेद के सामाजिक बंधनों में बांध दिया था। उन्हें मनुस्मृति के अन्याय पूर्ण कठोर नियमों को मानने के लिए बाध्य किया गया। उनका पालन न करने की स्थिति में कठोर दंडों और शारीरिक यातनाओं का विधान किया गया।

ज्योतिबा ने बताया कि वैदिक चिंतन और मनु की व्यवस्थाओं तक का समूचा ब्राह्मण-क्षत्रिय सामाजिक-जातीय संघर्ष पुराणों में वर्णित कल्पित देवासुर संग्राम ही है। देवों की जो छवि और जीत दिखाई जाती है, वह ब्राह्मण वर्चस्व की क्षत्रिय तथा शूद्र जातियों पर विजय का ही कपोल-कल्पित पौराणिक-मिथकीय इतिहास है। बल और बुद्धि से विभूषित क्षत्रिय भी ब्राह्मण बन जाता था। क्षत्रिय वर्ग भी पुरोहितवाद का समर्थक बन गया था।

ज्योतिबा के विचार में तथाकथित आर्यों का बलिष्ठ सेनापति, जिसे बाद में वैदिक ऋषियों ने कल्पित इंद्र की संज्ञा दी है, भारत के श्यामवर्ण मूल निवासियों की समृद्ध बस्तियों पर संगठित आक्रमण करता था। यहां के क्षत्रिय-खत्तिय-खेतिहर लोग थे जो नदियों के तटों, पर्वत की घाटियों या जंगलों के आसपास समूह में बस्ती बनाकर रहते थे। उन्हीं में से कुछ लोग विभिन्न शिल्पों और दस्तकारियों में लगे रहे थे। ये वन संपदा और प्राकृतिक साधनों का उपयोग करना जानते थे।

आर्यों के नेता इंद्र ने स्थानीय खेतिहर जातियों, प्रकृति-वन प्रेमियों और शिल्प विशेषज्ञों को छल-बल से पराजित किया तथा आर्यों ने इस उपलक्ष्य में इंद्र को पुरंदर की उपाधि से विभूषित किया। बाद में इंद्र एक व्यक्ति न रहकर पद बन गया, जो आर्य-समुदाय में लड़ाकू, अत्यन्त बलशाली, सुन्दर और मेधावी हुआ करता था। भृगु और परशुराम आदि पौराणिक विभूतियां यहां के मूल निवासी थे।

ज्योतिबा ने अपने कर्म और चिंतन से जाति विभाजन रेखा को स्पष्ट रूप में देखा। उन्होंने जातीय कट्टरता और तद्जन्य सामाजिक विषमताओं और अन्याय का गहराई से अध्ययन किया और अपने क्रांतिकारी विचार समाज को बताए। उन्होंने अपने अनुयायियों को भी साफ-साफ बता दिया कि सदियों के अन्याय और

उत्पीड़न के कारण उनमें निराशा की भावना घर कर गई है तथा उन्होंने भाग्य और पुनर्जन्म को अपने कर्मों का फल-कुफल का आधार अस्वीकार कर लिया है। जातीय विषमताओं के फलस्वरूप ही उनकी आत्माओं में अज्ञानरूपी अंधेरे का विष उतर आया है और विद्रोह की भावना बर्फ-सी जम गई है।

ज्योतिबा ने अपने लेखों, रचनाओं और ओजस्वी भाषणों में बताया कि वह धर्मग्रंथों की सत्ता और अस्तित्व को नहीं मानें, जिन्होंने सामाजिक भेदभाव और जातीय विषमता का विष-वमन कर रखा है। उन्होंने कहा कि धर्म-ग्रंथों में स्वप्निल भावनात्मक-कल्पना हो सकती है, बढ़िया छंदमयी शैली हो सकती है, लेकिन अधिकांशतः उनमें वर्णित विचार मानवता के लिए घातक हैं।

उन्होंने बार-बार कहा कि धर्मशास्त्र, मनुस्मृति और पुराण आदि सब कपोल-कल्पित हैं। उन सबमें पुरोहितों का मायावी और भ्रामक शब्दजाल बुना गया है, ताकि लोगों को निरक्षर रखा जा सके। अछूतों-दलितों को दास बनाकर कमजोर और शक्तिहीन बना दिया गया है, ताकि उनके विरुद्ध वे कभी भी विद्रोह न कर सकें।

उन्होंने अपनी पुस्तकों में यह प्रमाणित किया कि प्रारंभ से ही ब्राह्मण क्षत्रियों से विद्वेष की भावना रखते थे। किसान और शिल्पियों से बुरा व्यवहार करते थे। पंडे-पुजारियों के अभिमान और घृणा ने क्षत्रियों की शक्ति को कमजोर तो किया ही, शूद्रों, दासों, अस्पृश्यों को टुकड़ो-टुकड़ों में विभाजित कर दिया, ताकि क्षत्रिय, वैश्य किसान-शिल्पी और अछूत-शूद्र कभी भी एक न हो सकें।

उन्होंने कहा कि शूद्र और अतिशूद्र एक ही वंश, एक ही मूल के निवासी हैं। क्योंकि वे प्रारंभ से ही ब्राह्मण आधिपत्य के विरुद्ध थे। इसलिए उन्हें दस्यु, असुर और राक्षस और महार की संज्ञा दी गई। उन्होंने कहा चतुर और बलशाली ब्राह्मणों ने स्वयं को देवता की संज्ञा दी। शूद्र और अतिशूद्रों को स्पर्श करने पर पाबंदी लगाई तथा उनमें बड़ी चतुराई से विभाजन रेखा खींच दी। उन पर सदियों से होने वाले शोषण का जिक्र करते हुए उन्होंने कहा कि शूद्र-दलित की आजीविका के या तो साधन स्रोत सीमित या फिर छीन लिए गए थे। उन्हें मृत पशुओं का मांस भक्षण करने के लिए विवश होना पड़ा। बस्तियों से दूर रहने के लिए बाध्य होना पड़ा। यही नहीं भोजन और पीने के पानी तक के लिए ऊंची जातियों से भीख मांगनी पड़ती थी।

निःसंदेह, फुले एक ऐसे गैर-ब्राह्मण दलित-आंदोलन, दलित-क्रांति के सूत्रधार थे जिसकी वजह से शूद्र दलितों में शिक्षा और जीवन मूल्यों के प्रति अनुराग जागृत

हुआ। उनमें जातीय एकता और स्वाभिमान के भाव प्रस्फुटित हुए। सामाजिक-सांस्कृतिक चेतना जागी। हिंदुओं के धर्मग्रंथों और पंडितों द्वारा फैलाए गए अंधविश्वासों के विरुद्ध संघर्ष करने का संकल्प पैदा हुआ। सदियों से जारी आर्थिक शोषण और सामाजिक बहिष्कार से लड़ने के लिए उनमें हिम्मत आई। इसीलिए फुले आंदोलन अपने आप में एक बहुत बड़ी सामाजिक क्रांति थी। इस प्रकार उन्नीसवीं सदी के उत्तरार्द्ध में उन्होंने दलित मुक्ति का मार्ग प्रशस्त किया। साथ ही वे बीसवीं सदी के दलित आंदोलन को नई दिशा प्रदान कर गए जिसका डॉ. अम्बेडकर, बाबू जगजीवनराम आदि ने अनुशरण किया।

4

रचनात्मक कार्य

एक बार जोतिबा स्कूल के अपने एक ब्राह्मण मित्र की शादी में गये थे, वहाँ उन्हें अपमानित होना पड़ा था। बड़े होने पर उन्होंने इन रूढ़ियों के प्रतिकार का विचार पक्का किया। 1848 में उन्होंने अछूतों के लिए पहला स्कूल पुणे में खोला। यह भारत के तीन हजार साल के इतिहास में ऐसा पहला स्कूल था जो दलितों के लिए था। 1948 में यह स्कूल खोल कर महात्मा फुले ने उस वक्त के समाज के ठकेदारों को नाराज कर दिया था। जोतिबा के पिता गोविन्द राव जी भी उस वक्त के सामंती समाज के बहुत ही महत्वपूर्ण व्यक्ति थे। इस कारण उनके पिता पर काफी दबाव पड़ा तो उनके पिता ने उनसे आकर कहा कि या तो स्कूल बंद करो या घर छोड़ दो, तब ज्योतिबा फुले एवं उनकी पत्नी ने सन् 1949 में घर छोड़ दिया। उस स्कूल में एक ब्राह्मण शिक्षक पढ़ाते थे। उनको भी दबाव में अपना घर छोड़ना पड़ा। सामाजिक बहिष्कार का जवाब महात्मा फुले ने 1851 में दो और स्कूल खोलकर दिया। सन् 1855 में उन्होंने पुणे में भारत की प्रथम रात्रि प्रौढ़शाला और 1852 में मराठी पुस्तकों के प्रथम पुस्तकालय की स्थापना की। ज्योतिबा ने लड़कियों की शिक्षा के लिए भारत का पहला स्कूल खोला जिसमें पढ़ाने के लिए कोई भी तैयार नहीं हुआ तो उनकी पत्नी सावित्री ने ही स्वयं यह जिम्मेदारी उठाकर उस लड़कियों के स्कूल में पढ़ाना आरंभ किया। इस तरह सावीत्री घर से बाहर आ पढ़ाने का काम करने वाली पहली शिक्षिका थीं। उन्हें तंग करने के लिए शुरू में उन पर गोबर और पत्थर फेंके जाते थे। पर वे पीछे नहीं हटीं। जब 1868 में उनके पिताजी का देहान्त हुआ तो जोतिबा ने अपने परिवार के पीने के पानी वाले तालाब को अछूतों के लिए

खोल दिया। मुम्बई सरकार के अभिलेखों में जोतिबा फुले द्वारा पुणे एवं उसके आस-पास के क्षेत्रों में शूद्र बालक-बालिकाओं के लिए कुल 18 स्कूल खोले जाने का उल्लेख मिलता है। अपने समाज सुधारों के लिए पुणे महाविद्यालय के प्राचार्य ने अंग्रेज सरकार के निर्देश पर उन्हें पुरस्कृत किया और वे चर्चा में आए। इससे चिढ़कर कुछ अछूतों को ही पैसा देकर उनकी हत्या कराने की कोशिश की गई पर वे उनके शिष्य बन गए। सितम्बर 1873 में इन्होंने महाराष्ट्र में सत्य शोधक समाज नामक संस्था का गठन किया और इसी वर्ष उनकी पुस्तक गुलाम गिरी का प्रकाशन हुआ।

महात्मा फुले एक समता मूलक और न्याय पर आधारित समाज की बात कर रहे थे इसलिए उन्होंने अपनी रचनाओं में किसानों और खेतिहर मजदूरों के लिए विस्तृत योजना का उल्लेख किया है। पशुपालन, खेती, सिंचाई व्यवस्था सबके बारे में उन्होंने विस्तार से लिखा है। गरीबों के बच्चों की शिक्षा पर उन्होंने बहुत जोर दिया। उन्होंने आज के 150 साल पहले कृषि शिक्षा के लिए विद्यालयों की स्थापना की बात की। जानकार बताते हैं कि 1875 में पुणे और अहमद नगर जिलों का जो किसानों का आंदोलन था, वह महात्मा फुले की प्रेरणा से ही हुआ था। इस दौर के समाज सुधारकों में किसानों के बारे में विस्तार से सोच-विचार करने का रिवाज नहीं था लेकिन महात्मा फुले ने इन सबको अपने आंदोलन का हिस्सा बनाया। स्त्रियों के बारे में महात्मा फुले के विचार क्रांतिकारी थे। मनु की व्यवस्था में सभी वर्णों की औरतें शूद्र वाली श्रेणी में गिनी गयी थीं। लेकिन फुले ने स्त्री पुरुष को बराबर समझा। उन्होंने औरतों की आर्यभट्ट यानी ब्राह्मणवादी व्याख्या को गलत बताया। फुले ने विवाह प्रथा में बड़े सुधार की बात की। प्रचलित विवाह प्रथा के कर्मकांड में स्त्री को पुरुष के अधीन माना जाता था लेकिन महात्मा फुले का दर्शन हर स्तर पर गैरबराबरी का विरोध करता था।

आगे स्वामी दयानंद ने जब मुम्बई में आर्य समाज की स्थापना की तो सनातनियों के विरोध को देखते हुए उन्हें जोतिबा की मदद लेनी पड़ी। जोतिबा ने शराब बंदी के लिए भी काम किया था। एक गर्भवती ब्राह्मण विधवा को आत्म हत्या करने से रोक उन्होंने उसके बच्चे को गोद ले लिया जिसका नाम यशवंत रखा गया। अपनी वसीयत जोतिबा ने यशवंत के नाम ही की। सन् 1890 में जोतिबा के दांए अंगों को लकवा मार गया। तब वे बाएं हाथ से ही सार्वजानिक सत्य धर्म नामक किताब लिखने में लग गये। 28 नवम्बर, 1980 में उन्होंने संसार से विदाई ली। इसी साल उनकी मृत्यु के बाद यह किताब छपी। महात्मा जोतिबा फुले जी महान

विचारक, समाज सेवी तथा क्रान्तिकारी कार्यकर्ता थे। महिलाओं, दलितों एवं शूद्रो के उत्थान के लिय इन्होंने अनेक कार्य किए। ये समाज के सभी वर्गो को शिक्षा प्रदान करने के प्रबल समथर्क थे।

डॉ. अम्बेडकर तो महात्मा फुले के व्यक्तित्व-कृतित्व से अत्यधिक प्रभावित थे। वे महात्मा फुले को अपने सामाजिक आंदोलन की प्रेरणा का स्रोत मनाते थे। 28 अक्टूबर, 1954 को पुरूदर स्टेडियम, मुम्बई में भाषण देते हुए उन्होंने महात्मा बुद्ध तथा कबीर के बाद महात्मा फुले को अपना तीसरा गुरू माना है। डॉ. अम्बेडकर ने अपने भाषण में कहा "मेरे तृतीय गुरू ज्योतिबा फुले हैं। केवल उन्होंने ही मानवता का पाठ पढाया। प्रारम्भिक राजनीतिक आन्दोलन में हमने ज्योतिबा के पथ का अनुसरण किया, मेरा जीवन उनसे प्रभावित हुआ है।"

डॉ. अम्बेडकर ने अपनी पुस्तक 'शूद्र कौन थे?' को 10 अक्टूबर, 1946 को महात्मा फुले को समर्पित करते हुए लिखा- जिन्होंने हिन्दू समाज की छोटी जातियों को, उच्च वर्णों के प्रति उनकी गुलामी की भावना के सम्बंध में जागृत किया और जिन्होंने विदेशी शासन से मुक्ति पाने से भी सामाजिक लोकतंत्र की स्थापना अधिक महत्वपूर्ण है, इस सिद्धान्त का प्रतिपादन किया, उस आधुनिक भारत के महान शूद्र महात्मा फुले की स्मृति में सादर समर्पित।

दलित एवं बालिका शिक्षा का प्रसार

1847-48 तक लोक-जीवन में परिव्याप्त गलित रूढ़ियों के कई कटु अनुभव उन्हें प्राप्त हो चुके थे। समस्त दूषणों के मूल में ज्ञान और शिक्षा का अभाव था जोतिबा ने ऐसा ही निष्कर्ष निकाला था। उन्होंने अपने जीवन का पहला सार्वजनिक अभियान शिक्षा-प्रचार से प्रारम्भ किया। अछूतों और औरतों को धर्मतः शिक्षा के अवसर अनुपलब्ध थे। अतः अछूतों के बच्चों के लिए 1948 में जोतिबा ने पूना के बुधवारपेठ में एक स्कूल खोला। यह स्कूल महाराष्ट्र में ही नहीं, पूरे देश में अपने ढंग का अनूठा ज्ञान-केन्द्र था। जोतिबा की यह निश्चित धारणा थी कि समाज से अन्धविश्वास को भगाने के लिए विद्याज्योति का प्रज्वलन परमावश्यक है। ज्योतिबा को स्कूल खोलने की प्रेरणा मिशनरी स्कूलों से मिली और उनके मित्र सखाराम यशवंत परांजपे और सदाशिव राव घावंडे ने उनका नैतिक मनोबल बढ़ाया। जोतिबा का कहना था, "मेरे देशबन्धुओं में से महार, मांग, चमार, दुःख और अज्ञान में आकण्ठ डूबे हुए हैं। दया-धन परमात्मा ने उनकी स्थिति में सुधार लाने के लिए दिया। स्त्रियों के स्कूलों ने सबसे पहले उनका ध्यान आकर्षित किया। पूर्ण

विचारोपरान्त उनका यह निश्चित मत हुआ कि लड़कों के स्कूल के बजाय लड़कियों का स्कूल होना अपेक्षाकृत अधिक अनिवार्य है। महिलाएँ प्रथम दो-तीन साल की आयु में जो संस्कार अपने बच्चों में डालती हैं, वही उन बच्चों के भविष्य की आधार-पीठिका होती है। अहमदनगर की मिशनरी में मिस फैरार एक स्कूल संचालित कर रही थीं, जिसे अपने मित्रों के साथ जाकर जोतिबा ने देखा। जिस रीति से वहाँ लड़कियों को शिक्षा दी जाती थी, वह पद्धति उन्हें सातिशय प्रीतिकर प्रतीत हुई।''

ईसाई मिशनरियाँ महाराष्ट्र के कुछ शहरों में लड़कियों के स्कूल चला रही थीं। जोतिबा की इच्छा थी कि स्कूल चलाने के तौर-तरीकों को इन मिशनरियों के स्कूलों को देखकर निर्धारित किया जा सकता है। संयोग से उनके मित्र सदाशिव राव गोवंडे का स्थानान्तरण पूना से अहमदनगर हो गया। वह पुणे के सरकारी कार्यालय में कार्यरत थे। जोतिबा गोवंडे के साथ अहमदनगर गये। वहाँ पर मि. फैरार से मिले। स्कूल के सार्थक एवं सफल संचालन की कुंजी वहीं से प्राप्त की। मि. फैरार अहमदनगर में एक मिशनरी स्कूल का सम्यक् संचालन कर रही थी। मि. फैरार ने भारत में स्त्रियों के साथ दासियों जैसे दुर्व्यवहार पर गहरी चिन्ता व्यक्त की। उन्होंने ज्योतिबा और गोवंडे के विचारों को सराहते हुए कहा, ''जब तक स्त्रियों को शिक्षित नहीं किया जायेगा, तब तक भारत जैसा विशाल देश तो क्या एक घर भी नहीं सुधरेगा।''

ज्योतिबा का मनोबल आसमान छूने लगा। उन्होंने संकल्प किया कि वे अपनी पत्नी को पढ़ायेंगे और लोकजीवन के समक्ष एक उदाहरण उपस्थापित करेंगे, जिससे लड़कियों को पढ़ाने की प्रेरणा प्रोद्भूत हो सकेगी। उनकी पत्नी अनपढ़ थी। उन्होंने घर में ही अपनी पत्नी सावित्रीबाई को पढ़ाना शुरू कर दिया। गोवंडे ने भी ज्योतिबा को विदा करते समय आश्वासन दिया कि वे पूना जाकर लड़कियों के लिए स्कूली शिक्षा का आरम्भ करेंगे, वे उन्हें स्कूल के संचालनार्थ आर्थिक सहायता करेंगे।

ज्योतिबा ने पूना आकर अपने मित्र सखाराम यशवंत परांजपे, सदाशिव गोविन्द हाटे से इस योजना पर गहन विमर्श किया। उन्होंने जोतिबा को उत्साहित करते हुए कहा कि वे उनको यथाशक्ति सहयोग करेंगे। श्री भिड़े ने स्कूल चलाने के लिए मकान देने की पहल की। अगस्त 1848 में ज्योतिबा ने बुधवारपेठ में श्री भिड़े के मकान में 'कन्या पाठशाला' का शुभारम्भ किया। तत्कालीन समाज में यह एक साहसिक अभियान अथवा अनुष्ठान था। समाचार-पत्रों ने प्रमुखता से इसकी चर्चा की। स्कूल के आरम्भिक दिन जोतिबा ने यह घोषणा की, ''कन्या पाठशाला

का शुभारम्भ करते हुए मैं आप सबका आभारी हूँ, विशेषकर बुधवारपेठ के निवासियों का, जिन्होंने हमें हरसम्भव सहयोग करने का आश्वासन दिया है। मैं उन अभिभावकों के प्रति अपनी अशेष आत्मिक श्रद्धा अर्पित करता हूँ जिन्होंने अपनी लड़कियों का दाखिला, आज स्कूल के प्रथम दिन ही कराकर मेरे उत्साह को उन्नीत किया है। आप सभी से मेरी अपील है कि इस कन्या पाठशाला को उन्नत-प्रगत करने में मेरी मदद करें।''

पाठशाला अपने लक्ष्य पथ पर गतिगर्वित हो उठी। ज्योतिबा एकमात्र शिक्षक थे। बुधवारपेठ के तथाकथित ऊँची जाति के लोगों को लड़कियों को पढ़ाने की यह बात सह्य नहीं हुई। इस बात पर पूना नगर के प्रायः सभी कट्टरपंथियों ने एक मंच बनाकर स्कूल का विरोध करना शुरू कर दिया। विद्या पढ़ना और पढ़ाना ब्राह्मणों का आधिकारिक दायित्व है। ज्योतिबा जैसे ब्राह्मणेतर शूद्र द्वारा विद्या दान देना ब्राह्मणों का अपमान है। लड़कियों को शिक्षा देना जघन्य कुकृत्य है। उन्होंने ज्योतिबा और अपनी बेटियों को स्कूल भेजने वाले परिवारों को धमकी दी कि वे इस पाप का भागी न बनें, अन्यथा भगवान उन्हें दण्डित करेंगे। महिलाओं को शिक्षा देना अधार्मिक कृत्य है। परन्तु इसका किंचित् भी प्रभाव परिलक्षित नहीं हुआ। ज्योतिबा तन, मन, धन से स्कूल चलाने में लग गये।

कट्टरपंथी ब्राह्मणों ने सोचा कि अंग्रेजी राज लगता है, उनके धर्म को नष्ट कर के ही दम लेगा। पेशवा का राज होता तो आज ज्योतिबा को मृत्युदण्ड दे दिया जाता। परन्तु धर्म की रक्षा करना ब्राह्मण समाज का दायित्व है। उन्होंने बुधवारपेठ में एक सामाजिक पंचायत की बैठक बुलाई और कहा, ''भाइयों आप सब जानते हैं कि माली जाति के गोविन्द राव के बेटे ज्योतिबा ने इसी मुहल्ले में एक कन्या पाठशाला शुरू कर दिया है। कुछ ब्राह्मण, शेणवी और प्रभू जाति के दिग्भ्रमित लोगों ने अपनी लड़कियों को पाठशाला भेजना भी आरम्भ कर दिया है। आप सब जानते हैं कि हमारे धर्म ने महिलाओं को शिक्षित होने का अधिकार नहीं दिया है। हमारे धर्मगुरुओं ने बहुत सोच-समझ कर ऐसा प्रावधान किया है, क्योंकि विद्याध्ययन के पश्चात् स्त्रियाँ दुष्ट, निमर्याद और विवेकहीन हो जाती हैं। वे परिवार के पारम्परिक नियमों का अनुपालन नहीं करतीं। इसे आप लोग अपनी आँखों से देख सकते हैं। अंग्रेज महिलाएँ कैसे बाल खोलकर, शरीर पर नाममात्र वस्त्र डालकर पर-पुरुषों के साथ बाजारों में, क्लबों में, सड़कों पर उन्मुक्त विचरण करती हैं। क्या आप चाहते हैं कि हमारे घर की बहू-बेटियाँ भी ऐसी ही बनें।'' सब ने एक स्वर से पाठशाला खोलने के इस विकट विरोध का समर्थन किया। वक्ता ने आगे कहा, 'आप सब जानते हैं

कि हमारे धर्म में शूद्र की परछाईं पड़ना भी वर्जित है। यहाँ तो पुरुष पढ़ाने का काम करता है, इससे हमारी मर्यादा और धर्म दोनों की चिता धधक उठेगी।''

नारी शिक्षा को लेकर पुणे ही नहीं पूरे महाराष्ट्र में भीषण बहस छिड़ गयी। प्रगतिशील विचारवान् लोग नारी शिक्षा के पक्ष में वकालत करते। कट्टरपन्थी ब्राह्मण धर्म की दुहाई देकर इसका विरोध करते। अंग्रेज मिशनरियाँ भी पीछे न रहीं। उन्होंने लड़कियों को शिक्षित करने पर बल दिया।

ज्योतिबा को जब विदित हुआ कि पुरुष द्वारा लड़कियों के अध्यापन कार्य को बहाना बनाकर ब्राह्मणों में रोष है, तब उन्होंने इस विरोध पर विराम लगाने के लिए अपनी पत्नी सावित्री को शिक्षिका बनने के लिए राजी किया। दोनों ने मिलकर स्कूल चलाने की ठान ली। कट्टरपंथी ब्राह्मणों को जब इसकी जानकारी मिली, तब उनकी क्रोधाग्नि और भी भड़क उठी। एक शूद्र की यह हिम्मत। उन्होंने इस सबके लिए उन ब्राह्मणों और उच्चवर्गीय लोगों को भी कोसा जो अपनी लड़कियों को पढ़ने के लिए भेजते थे। जोतिबा के ब्राह्मण मित्रों को भी भला-बुरा कहने लगे, जिन्होंने स्कूल चलाने के लिए आर्थिक सहायता देने का आश्वासन दिया था। यह सब होने पर भी कट्टरपंथी लोग हार मानने वाले नहीं थे। उन्होंने एक धर्म गुरु से मदद की गुहार की। धर्मगुरु ने बुधवारपेठ में प्रवचन दिया, ''श्रद्धालु भक्तो! आज समाज के अस्तित्व पर हर ओर से खतरे मँडरा रहे हैं। ऐसी विकट घड़ी में सभी हिन्दुओं को चाहिए कि वे एक सूत्र में आबद्ध होकर धर्मग्रन्थों द्वारा प्रवर्तित पथों पर चलें। समाज परिवार से बनता है और परिवार को बनाती हैं हमारी स्त्रियाँ। इसीलिए कहा गया है कि 'यत्र नार्यस्तु पूज्यन्ते रमन्ते तत्र देवता।' हमारे धर्मग्रन्थों में यह भी कहा गया है कि स्त्री बाल्यकाल में पिता के, यौवनावस्था में पति के और पति के परलोकवासी होने पर पुत्र के अधीन होकर रहे। स्त्री कभी स्वतन्त्र होकर न रहे। 'न भवेत्स्त्रीस्वतन्त्रताम्।' सदा प्रसन्न रहकर उसे घर के कार्यों को सँभालना चाहिए। 'सदा प्रहृष्ट्या भाव्यं गृहकार्येषु दक्षया।' स्त्रियों के लिए अलग से न कोई यज्ञानुष्ठान है, न व्रत है और न उपवास। अर्थात् उसके लिए कोई पृथक् अनुष्ठान आप्तानुमोदित नहीं है। पति की सेवा से ही वह स्वर्गलोक में पूजित होती है। इन सकल स्त्रियोचित धर्मों के सम्पादन के लिए विद्यार्जन या शिक्षा की आवश्यकता नहीं है। मैंने सुना है कि कुछ धर्मच्युत लोग लड़कियों को पढ़ाने के लिए स्कूल चला रहे हैं। अब आप सबका कर्तव्य है कि ऐसे अधर्म को रोकें।''

धर्मगुरु के इस प्रखर प्रवचन का लोकमानस पर गहरा प्रभाव पड़ा। ब्राह्मणों के एक दल ने गोविन्द राव को आदेश दिया कि वह अपने बेटे ज्योतिबा को रोके

और स्कूल बन्द करवाये, अन्यथा समाज उसे बहिष्कृत करने पर विवश हो जायेगा। धमकी की गोली निशाने पर लगी। परन्तु दृढ़चित्त ज्योतिबा ने अपने संकल्प पर अडिग रहते हुए कहा कि मैंने स्कूल में शिक्षा पायी है और ग्रन्थों को पढ़ा है कि वह बुद्धि को बढ़ाने वाले, धन और आरोग्य की शिक्षा देने वाले शास्त्रों का नित्य अध्ययन करे। 'बुद्धि वृद्धि कारण्यासु धन्यानि च हितानि च।' जब विद्याध्ययन नहीं करेंगे तब ऐसे शास्त्र कैसे पढ़ सकेंगें। इसलिए इन सर्वसंघातक शिकंजों से बाहर निकलने के लिए आप सब अपनी लड़कियों को पढ़ाएँ। कन्या पाठशाला में विविध विघ्नों के होते हुए भी लड़कियों की संख्या में आशातीत अभिवृद्धि उत्तरोत्तर होती गयी। ज्योतिबा अकेले अध्यापन-कार्य के निष्पादन में घोर असुविधा का अनुभव करने लगे। उन्हें कोई अच्छा अध्यापक नहीं मिल सका। अन्ततः उन्होंने यह भार अपनी सहधर्मिणी सावित्रीबाई पर डाल दिया। उन्होंने यह जिम्मेदारी बखूबी सँभाल ली।

कर्मचारी मण्डल का गठन

ज्योतिबा को पाठशालाओं की बढ़ती संख्या, स्कूलों के सुचारू रूप से संचालन के लिए एक संगठन की आवश्यकता अनुभूत होने लगी। अकेले इतने बड़े कार्य का निष्पादन उनके लिए सम्भव नहीं था। इसलिए उन्होंने 'कार्यकारी मण्डल' का गठन किया, जिसके संस्थापक सचिव श्री जगन्नाथ सदाशिव बने। सदाशिव अभियांत्रिकी विभाग में लिपिक का काम करते थे। कार्यकारी मण्डल के अन्य सम्मान्य सदस्य थे—श्री केशव शिवराम मालाकार और श्री अण्णा सहस्रबुद्धे—ये दोनों मिशन स्कूल के अध्यापक थे। आयुक्त कार्यालय के लिपिक श्री बापूराव मांडे, पुणे कालेज के सहायक अध्यापक, श्री विष्णु मोटेश्वर भिड़े, मराठी साहित्य के सहायक प्रधानाध्यापक, श्री कृष्ण शास्त्री चिपलूणकर और एक छात्र सदस्य श्री विष्णुकान्त पण्डित। सर्वश्री केशव शिवराम जोशी, सदाशिव गोवंडे, मोरोपंत वालवेकर, सखाराम यशवंत, बाबा मनाजी डेंगले ने सदस्य के रूप में स्कूल के संचालन और प्रबन्धन में मदद करने का आश्वासन दिया था। ज्योतिबा के लगन, संकल्प और सत्यनिष्ठा को देखकर सर आर्स्किन पेरी, लूम्सडेन, कैडी और सरकारी अंग्रेज अधिकारियों ने भी मदद में हाथ बढ़ाए। ईसाई पादरियों ने भी जोतिबा को अमेय सहानुभूति और यथावश्यक सहायता की।

स्वाधीनता-प्राप्ति के पश्चात् भारत में कई बार, सरकार ने प्रौढ़ पाठशालाओं और रात्रि पाठशालाओं के माध्यम से लोगों को शिक्षित करने का प्रयास किया, परन्तु

अभी तक वांछित सफलता आकाशकुसुमवत् ही है। आज से डेढ़ सौ साल पहले जोतिबा ने पूना में रात्रि-पाठशाला खोली थी, जिसमें किसान, मजदूर और खेतों में खटने वाली औरतों ने दाखिला लिया था। साक्षरता आन्दोलन में जोतिबा का योगदान भविष्य को अक्षय उत्प्रेरण और उत्तेजन प्रदान करता रहेगा।

जोतिबा ने शिक्षा-प्रसार के क्षेत्र में एक क्रान्तिकारी पहल की थी। उनके प्रयास और सफलता की प्रशंसा प्रगतिशील ब्राह्मणों ने भी की और कइयों ने तो तन-मन-धन से मदद भी की। ज्योतिबा के चट्टानी संकल्प के सुफल को देखकर तत्कालीन राजनीतिज्ञ मामा परमानन्द ने लिखा, "एक मराठा व्यक्ति ने अपनी पत्नी को पढ़ा-लिखा कर उससे ब्राह्मणों की लड़कियों को पढ़ाने-लिखाने का प्रयास उनके गढ़ में जाकर किया। उन दिनों, यह एक अभूतपूर्व साहसिक अभियान था। लेकिन उनके गढ़ में रहकर अछूतों के लिए पाठशालाएँ खोलना और उन्हें समाज का संघटक बनाना, शेर की माँद में घुसकर उसकी खाल उखाड़ने जैसा कार्य है।"

ज्योतिबा द्वारा संचालित पाठशालाएँ, पहले लड़कियों के लिए और बाद में अछूतों के लिए, कट्टरपंथी ब्राह्मणों के विरोध के बावजूद अपनी लक्ष्य दिशा में द्रुत वेग से बढ़ने लगी। यह सफलता यथार्थतः साहस और लगन की संपोषिका थी। इस सफलता का एक विशिष्ट सन्दर्भ में एक और महत्त्व था कि ज्योतिबा के पूर्व कुछ मिशनरियों ने, कुछ अंग्रेज पादरियों ने भी स्कूल चलाये थे। परन्तु वे सफल नहीं हो सके थे, यद्यपि उनमें कम्पनी सरकार की सम्पूर्ण शक्ति सन्निहित थी। 1830 में लड़कियों के लिए मिसेज किलसन ने एक पाठशाला पुणे के शनिवारवाड़े में खोली थी, परन्तु दो साल के भीतर ही निष्प्राण हो गयी। मोड़क नाम के एक व्यक्ति ने महारों की बस्ती में एक स्कूल खोला था, परन्तु उसे शूद्रातिशूद्रों ने ही बन्द करा दिया था। 1844 में चर्च ऑफ स्काटलैण्ड मिशन ने पुणे नगर के मंगलवारपेठ में एक कन्या पाठशाला खोली थी। सुयोग्य अंग्रेज अध्यापिकाएँ रखी गयीं। शिक्षण की सभी सामग्री उपलब्ध कराई गयी, फिर भी वह स्कूल तीन साल चलकर दम तोड़ बैठा। ऐसे प्रतिकूल परिवेश में पाठशाला चलाना हथेली पर दूब जमाने जैसा असम्भव कार्य था। वह भी ज्योतिबा जैसे व्यक्ति के द्वारा, जिसके पास न रहने को घर था, न जीवनयापन के लिए कोई सशक्त स्रोत और न स्कूल चलाने के लिए कोई साधन। यह शायद इसलिए सम्भव हो सका था क्योंकि ज्योतिबा को विद्या का मूल्य-महत्त्व विदित था और उन्हें यह स्पष्ट बोध हो गया था कि लड़कियों और अछूतों की शिक्षा से ही समाज का स्वरूप-परिवर्तित किया जा सकता है।

स्वतंत्रता समर में योगदान

28 वर्ष की वय-सीमा पार करते-करते जोतिबा ने समाज को सातिशय सामीप्य से देख लिया था। जिन सामाजिक, शैक्षिक और धार्मिक समस्याओं को जोतिबा ने झेला था और सफलतापूर्वक उनका सामना किया था; उनसे उनका मनोबल, आत्मबल और संघर्षरत होने की क्षमता में आशातीत अभिवृद्धि हुई थी। ऐसे ही समय में अंग्रेजों के शासन के विरुद्ध उत्तर और मध्य भारत से विद्रोह की वाणी उठने लगी थी। 1856-57 में बिहार के संताल परगना में सिद्धू-कानू के नेतृत्व में संताल विद्रोह हुआ। मध्य भारत में कोली विद्रोह की चिनगारी चमकी। परन्तु कम्पनी सरकार ने इन्हें दृढ़ता से दबा दिया।

जोतिबा ने पेशवा के अनाचार, पुरोहितों के शोषण और स्थानीय राजाओं-जमींदारों के दुर्व्यवहार को समीप से सुना और देखा था। उन्होंने स्वयं उनका अनुभव भी किया था। उनकी दृष्टि में ये पेशवा और ब्राह्मणवादी पुरोहित अंग्रेजों से कहीं बहुत अधिक खतरनाक तथा लोकद्रोही थे।

ईसाई धर्म-प्रचार, विदेशी सभ्यता के पसरते पाँव, सती-प्रथा और बालवध विरोधी कानून, विधवा विवाह को कानूनी मान्यता देना आदि अंग्रेजी शासन के ऐसे कदम थे जिसके कारण सनातनी हिन्दुओं में अंग्रेजी शासन के विरुद्ध आक्रोश का उभरना सहज स्वाभाविक था। बहाई धर्म के कार्यकलापों पर अंकुश से मुस्लिम भी अंग्रेजों से प्रसन्न नहीं थे। परन्तु अंग्रेजी शासन की इन कार्रवाइयों का प्रत्यक्ष लाभ गरीबों, अन्त्यजों और शूद्रों को मिलता नजर आ रहा था। पेशवाओं के राज में जहाँ एक ही अपराध के लिए अमीर-गरीब, ब्राह्मण-शूद्र के लिए अलग-अलग दण्ड-विधान थे, वहीं अंग्रेजी हुकूमत में कानून सबके लिए समान था। अंग्रेजी शासन के इन कदमों से जोतिबा प्रसन्न थे। वे कहते थे और उनका विश्वास था कि अंग्रेज ही सदियों की हिन्दू रूढ़िवादिता को समाप्त कर सकते हैं, इसलिए वे एक तरह से अंग्रेजों के प्रशंसक हो गये थे। ब्राह्मणों ने जहाँ यह नियम बना रखा था कि शूद्र और स्त्रियों को पढ़ने का अधिकार नहीं है, शूद्रायमतिं दद्यान्न। वे आर्यों के धर्मग्रन्थों का स्पर्श तक नहीं कर सकते थे, वहीं अंग्रेज शासन में शिक्षा के द्वार सभी के लिए उन्मुक्त थे। शिक्षा ही अज्ञान को दूर कर, ज्ञान का कपाट खोलती है, ऐसी मान्यता थी जोतिबा की।

'भूखे भजन न होहिं गोपाला' की कहावत सर्वत्र सर्वमान्य है। 'बुभुक्षितः किं न करोति पापम्' अर्थात् भूखा व्यक्ति क्षुधा तृप्ति के लिए कोई भी कुकृत्य कर सकता है। भारतीय दार्शनिकों का कहना है कि भूख मिटाने के लिए 'ऋणं कृत्वा

घृतं पिवेत।' जोतिबा भूखे थे ज्ञान के, मान के, सम्मान के, सामाजिक प्रतिष्ठा के और इनकी अभिलब्धि की किरणें दीख रही थीं अंग्रेजी शासन में, न कि पेशवाओं, ब्राह्मणों और पुरोहितों की राज-व्यवस्था में। इसलिए अंग्रेजों की खिलाफत करने की बजाय, वे अपनी ऊर्जा दलितों, शूद्रों और अतिशूद्रों के समुत्थान में लगाना उचित समझते थे।

सन् 1857 का विद्रोह उत्तर भारत से लेकर मध्य भारत तक फैल गया था। उत्तर में सिपाही बगावत हुई, झांसी की रानी लक्ष्मीबाई, झलकारीबाई, नाना फड़नवीस, तात्याटोपे आदि ने अंग्रेजों के विरुद्ध बगावत का बिगुल फूँका। महाराष्ट्र के भाष्कर पाण्डुरंग तर्खड़कर ने 1847 के पूर्व ही अंग्रेजों के विरोध में बगावत का बीज वमन कर दिया था। बंगाल में कई संस्थाओं की स्थापना की गयी। ब्रिटिश इण्डिया सोसायटी, ब्रिटिश इण्डियन एसोसिएसन, इण्डियन लीग आदि सक्रिय हो गयी। 1852 में बाम्बे एसोसिएसन, डेकन एसोसिएसन और सार्वजनिक सभा जैसी संस्थाओं का उद्भव हुआ और बाम्बे एसोसिएसन ने ब्रिटिश पार्लियामेण्ट में प्रस्ताव भेजा कि "अब वह समय आ पहुँचा है कि हिन्दुस्तान के लोगों को देश के प्रशासन में जितनी सहभागिता दी जाती है, उससे अधिक का हक दिया जाय।" 1857 की गदर दो वर्षों तक चली, परन्तु आपसी ऐक्य के अभाव में, संचार माध्यमों की कमी और अंग्रेजों की बेहतर रणनीति के सामने गदर की आग पर पानी पड़ गया। आग क्षार तो बन गयी, परन्तु राख के ढेर के नीचे राष्ट्रीयता की चिनगारी सुलगती रही।

जोतिबा के सामने यह यक्ष प्रश्न प्रायः आता रहा कि आज की आवश्यकता सामाजिक-धार्मिक गुलामी से मुक्ति आवश्यक है या राजनीतिक स्वाधीनता। दोनों में कौन अधिक आवश्यक है। सामाजिक समानता और धार्मिक स्वतन्त्रता के बाद ही आदमी का ज्ञान-दीप ज्योतित होता है। तर्क-सोच का निखार होता है। इसके अभाव में राजनीतिक स्वतन्त्रता पुनः ऐसे लोगों के हाथों में चली जाएगी, जो अंग्रेजी शासन के पूर्व तक शूद्रों, अतिशूद्रों और अछूतों का रक्त पीते रहे हैं। अतः ऐसी स्वाधीनता किस काम की।

सन् 1857 का गदर थम गया था। करीब बीस साल बाद महाराष्ट्र के वासुदेव बलवंत फड़के ने 1877 में एक 'जाहिरनामा' निकाला परन्तु उसका प्रभाव कोई रंग दिखाये, उसके पूर्व ही मेजर डेनियल ने फड़के को गिरफ्तार करके एडन कारागार में डाल दिया। कालान्तर में वहीं उनकी मृत्यु हो गयी।

जोतिबा का मानना था कि भारत को गुलामी की बेड़ियाँ पहनाने का काम भारतीय परम्परावाद, सांस्कृतिक और धार्मिक मान्यताओं ने किया है। हिन्दुस्तान के

शासकों, पुरोहितों ने कभी भारत को राजनीतिक एकता के सूत्र में आबद्ध करने का प्रयास तक नहीं किया। इसलिए छोटे-छोटे राज्य परस्पर लड़ते रहे, ऐय्याशी के नशे में मस्त रहे और जो भी बाहर से आया, बिना किसी विशेष प्रयास के उन पर अपना आधिपत्य स्थापित करता गया। ऐसे लोगों के हाथों में राजसत्ता सौंपने से अच्छा है कि कुछ दिन और अंग्रेज ही इस देश का शासन संचालित करते रहें और शूद्रों तथा गरीबों को बराबरी का हक दिलायें।

जोतिबा की दृष्टि में राजनीतिक स्वतन्त्रता आवश्यक है, परन्तु सही समय आने पर। वह ऐसा समय था जब राजनीतिक सत्ता मिलने से शूद्रों और अतिशूद्रों को कुछ भी उपलब्ध होने वाला नहीं था। 'पुनर्मूषको भव' की स्थिति से अच्छा है, सही समय की प्रतीक्षा की जाये। परन्तु स्वाधीनता आन्दोलन की प्रचण्ड धारा को जोतिबा रोक नहीं सकते थे। जस्टिस रानडे, चिपलूणकर, आगरकर, लोकमान्य तिलक और गोखले जैसे राष्ट्रवादी नेता अपने ढंग से स्वाधीनता आन्दोलन का काम कर रहे थे। उनके लिए राष्ट्र केन्द्र बिन्दु था। डॉ. शाहा के अनुसार "जोतिबा की बात थोड़ी अलग थी। वे पहले गैर ब्राह्मण नेता थे। राजनीति में उनके लिए और उनके समाज के लिए स्थान बनने का समय अभी नहीं आया था। लेकिन वे जोतिबा ही थे जिन्होंने गैर ब्राह्मण समाज के न्याय और हक की लड़ाई को एक राजनीतिक आन्दोलन में परिवर्तित कर दिया। जोतिबा का मानना था कि "जिस हिसाब से सरकार किसानों से कर वसूल करती है, उसी हिसाब से उसे किसानों और दलितों की भलाई के लिए कार्य करना चाहिए।"

जोतिबा के विचार डॉ. पी. वरदराज लू नायडू के विचारों के अनुरूप थे। उनके अनुसार, अंग्रेजों ने देश को क्षतिग्रस्त तो अवश्य किया, परन्तु वह नुकसान पुरोहितों, ब्राह्मणों के द्वारा किये गये समाज के नुकसान के मुकाबले पासंग में भी नहीं है। डॉ. नायडू ने कहा, "ब्रिटिश साम्राज्यवाद ने हमें शारीरिक रूप से गुलाम बनाया लेकिन पुरोहित शाही ने तो हमारी आत्मा को ही गुलाम बना दिया। ब्रिटिश साम्राज्य ने हिन्दुस्तान की धन-दौलत को लूटा, लेकिन पुरोहित वर्ग का अभी भी सामाजिक और धार्मिक क्षेत्र में वर्चस्व है। उसने गैर ब्राह्मणों के मन में होने वाले आत्म-सम्मान की और स्वतन्त्रता की प्रेरणा ही मार डाली है।"

इन्हीं बातों से प्रभावित होकर जोतिबा ने न तो अंग्रेजी राज का विरोध किया और न ही स्वाधीनता आन्दोलन के सेनानियों का साथ दिया। वे दोनों से अलग रहे। उनकी मान्यता थी कि अंग्रेजों के राज में हम अपने विचारों को उनके सामने रख सकते हैं। परन्तु पुरोहित राज में यह कदापि सम्भव नहीं था। इसलिए अंग्रेजी राज

के रहते शूद्रों और अतिशूद्रों को इतना योग्य बन जाना है कि वे राष्ट्रनिर्माण में अपनी सहभागिता कर सकें, अपने अधिकार के लिए संघर्ष कर सकें। जोतिबा की यह बात अभी भी अधूरी ही है। संवैधानिक अधिकार मिलने के बाद भी शूद्र, अतिशूद्र आज भी आरक्षण की वैशाखी के सहारे चल रहे हैं। उनके अपने पैरों की नशों में अभी तक स्वस्थ और ऊष्ण रक्त का संचार होना शेष है। जोतिबा ने 'राष्ट्रीय सभा' में सभी जाति-धर्म के लोगों की भागीदारी की वकालत की थी। उनकी मान्यता थी कि जब तक उच्च वर्ग के लोगों के मानस में निम्नवर्गीय लोगों के सुख-दुःख के प्रति संवेदना नहीं समुत्पन्न होती है, तब तक 'राष्ट्रीय सभा' सही माने में 'राष्ट्रीय सभा' नहीं हो सकती है। उच्च वर्ग के लोग राष्ट्रीय प्रतिनिधि नहीं हो सकते हैं, क्योंकि वे नब्बे प्रतिशत जनसमुदाय का आर्थिक शोषण करते हैं। मानव अधिकारों से वंचित रखते हैं और अतिशूद्रों को अछूत मानकर समाज से बाहर कर देते हैं। इसी उद्देश्य से जोतिबा ने 'सत्यशोधक समाज' की स्थापना की थी जिसके माध्यम से उन्होंने प्रश्न किया कि, "किसान, मजदूर, कारीगर जैसे अज्ञानी वर्गों के लिए इस राष्ट्रीय सभा ने सरकार से क्या कहा? इसका उत्तर इसके नेता लोग दें। जब तेईस करोड़ जनता अज्ञान के अन्धकार में पड़ी सड़ती हो, जब उसे कोई ज्ञान न मिलता हो, उसकी हालत पशुओं से भी बदतर हो, तब केवल दो करोड़ की प्रजा के हितों के लिए उठापटक करनेवाली यह सभा क्या 'राष्ट्रीय' सभा कहला सकेगी।"

राष्ट्रीय सभा के सदस्य जिस प्रकार राजनिष्ठ थे, उसी प्रकार जोतिबा के 'सत्यशोधक समाज' के सदस्य भी राजनिष्ठ थे। उन्हें राजनिष्ठा की शपथ लेनी पड़ती थी। जोतिबा का कहना था कि उदार मतवादी तो यह मानते थे कि इंग्लैण्ड से हमें प्रेरणा और पथ-प्रदर्शन की आशा है। इंग्लैण्ड से वह आदेश आयेगा, जिससे हमारी जनता को मताधिकार मिलेगा।

जोतिबा राजनिष्ठ थे, परन्तु राजतन्त्र के समर्थक नहीं थे। उन्होंने सदैव जनतन्त्र की प्रशंसा एवं अनुशंसा की। वह रोमनो और ब्रूट्स के प्रशंसक थे क्योंकि, "रोमन लोगों ने प्रजासत्ता की स्थापना की, इसलिए वे सारे यूरोप, एशिया, और अफ्रीका खण्ड में श्रेष्ठ सिद्ध हुए। जूलियस सीजर ने जब प्रजासत्ता को राजसत्ता में बदलना चाहा, तब उसी के मित्र ब्रूट्स ने उसकी हत्या कर दी।" जोतिबा निश्चय ही वास्तविक रूप में देशभक्त, राजनिष्ठ और सामाजिक विकास के सम्पोषक थे।

जोतिबा का पैतृक ग्राम कटगुण है जो सतारा जिला में पड़ता है। 1849 में सतारा का राज अंग्रेजों ने बिना किसी कारण के स्वाधिकार में ले लिया था। श्री

दारोगा पाण्डुरंग ने अंग्रेजों की कतिपय ज्यादतियों को लोकमानस के समक्ष प्रभावी ढंग से उजागर किया था। 1857 में बम्बई विद्यापीठ की स्थापना और स्वाधीनता आन्दोलन, दोनों का महाराष्ट्र से और विशेषकर पुणे से गहरा लगाव था। जोतिबा की मान्यता थी और वह सही भी है कि 1857 के विद्रोह की असफलता का मुख्य कारण था उसमें आम अवाम की सहभागिता का अभाव।

जोतिबा ने ब्राह्मणवादी व्यवस्था पर तीव्रतर प्रहार करते हुए कहा था कि अधिकांश भारतवासियों को पुरोहितों ने विद्या, ज्ञान, शूरता और कर्मठता से पृथक् रखा। 'शूद्राय मतिं न दद्यान्न।' धर्म और राजशासन में वे मनमानी करते रहे। अपना हित साधते रहे। इसलिए अंग्रेजों ने 'फूट डालो राज करो' की नीति अंगीकृत कर भारत को गुलाम बना लिया था। उन्होंने ब्राह्मण समाज का उपयोग किया और कुछ ब्राह्मण लोगों ने अल्प लालच में राष्ट्र को गिरवी रख दिया।

जोतिबा की दृष्टि में सच्चा देशभक्त वह है जो समस्त देशवासियों के साथ समान स्नेह रखता है, समानता और भ्रातृत्व-भाव रखता है। देश की सेवा का तात्पर्य है देश की जनता की सेवा।

इन्हीं विचारों के प्रणेता थे जोतिबा और इसी कारण वे 1857 के राजनीतिक आन्दोलन से प्रत्यक्ष रूप से नहीं जुड़ सके। उनका स्पष्ट मन्तव्य था कि यदि राजद्रोह गरीबों, शूद्रों, अतिशूद्रों के लिए हानिकारक है तो उन्हें उस रास्ते पर नहीं ले जाने में ही समाज का हित है। जोतिबा स्पष्टवादी थे। जो सोचते थे वही करते थे। उनके कथन और कृत्य में आदर्श साम्य था, सोचते वही थे जो गरीब, शूद्र, अतिशूद्र और अछूतों के व्यापक हित में हो। काश! आज के राजनेता उनसे कुछ सीख लेते।

सन् 1857 की गदर या सिपाही विद्रोह के दौरान और उसके पश्चात् भी ब्राह्मणों ने जोतिबा को बदनाम करके देशाभिमुखी घोषित करने का असफल प्रयास किया। जोतिबा ने किसी स्पष्टीकरण की आवश्यकता अनुभूत नहीं की। उनका मन और स्वच्छ था। वे बहुसंख्य भारतीयों की स्वाधीनता के साथ देश की स्वाधीनता के पक्षधर थे। 1857 के गदर को 'कार्तूसी विद्रोह' 'चपाती विद्रोह' आदि की संज्ञा देकर उन्होंने यह स्पष्ट कर दिया था कि यह गदर कुछ स्वार्थी लोगों द्वारा चलाया गया विद्रोह है। यह ऐतिहासिक मान्यता है कि बैरकपुर छावनी में मंगल पाण्डेय ने सिपाही विद्रोह का सूत्रपात किया था। परन्तु इसके पीछे एक धार्मिक मनोभाव था। एक दिन मंगल पाण्डेय स्नान करके बैरक में आये और अपना पानी पीने का लोटा जमीन पर रख दिये। सफाईकर्मी सिपाही बैरक की सफाई करते हुए मंगल पाण्डेय की चौकी के पास आया। लोटा का पानी धूल से गंदा न हो, यह सोचकर उसने लोटा

उठा कर अलग रख दिया। यह देखते ही सिपाही मंगल पाण्डेय का ब्राह्मणत्व फूत्कार उठा। उसने सफाईकर्मी सिपाही को गालियाँ देते हुए कहा, "तूने मेरा लोटा छू लिया। मेरा धर्म भ्रष्ट कर दिया, अभागा चमार कहीं का।"

सफाईकर्मी सिपाही को भी मान-सम्मान और स्वदेशाभिमान का प्रशिक्षण दिया गया था। उसने पलट कर कहा, "मंगल तू बड़ा पण्डित बनता है जब मुँह से सुअर और गाय की चर्बी भरा कारतूस काटकर बन्दूक में भरता है, तब कहाँ जाता है तुम्हारा धर्म और ब्राह्मणत्व। मैं तो तुम्हारी ही तरह फौज का सिपाही हूँ और तू छुआछूत की बातें करता है।"

यह सुनते ही मंगल पाण्डेय के पैर के नीचे की जमीन खिसक-सी गयी, परन्तु पलटवार करते हुए उसने उत्तेजित स्वर में चीखते हुए कहा "यह बे-सिर-पैर की बात तू क्यों और कैसे कर रहा है।" सफाईकर्मी सिपाही ने बताया कि "कारतूस फैक्टरी में मेरा भतीजा काम करता है। उसी ने बताया कि सुअर और गाय की चर्बी कारतूसों में भरी जाती है जिसे दाँत से काटकर बन्दूक में भरा जाता है। विश्वास नहीं होता तो जाकर स्वयं पता कर लो।" मंगल पाण्डेय ने अपने धर्म, हिन्दू धर्म की रक्षा के लिए सिपाहियों के मन-प्राणों में बगावत की ज्वाला धधका दी। इसी 'कारतूस विद्रोह' को ब्राह्मणों ने स्वाधीनता आन्दोलन के आद्योत्थान की संज्ञा देकर जन समर्थन प्राप्त करने की चेष्टा की।

खाना खाते समय चपाती देने के साथ चिट लिखकर यह बात सभी सिपाहियों तक पहुँचाई गयी। हिन्दू सिपाहियों के लिए गाय माँ के समान पवित्र होती है और मुसलमानों के लिए सुअर का मांस धर्मतः वर्जित है। इस भावना का लाभ उठाकर सिपाही विद्रोह या चपाती विद्रोह चलाया गया।

जोतिबा को यह भी विदित था कि राजों-महाराजों का सरकार से खिलाफत करने का उद्देश्य देश की स्वाधीनता नहीं अपितु लॉर्ड डलहौजी द्वारा दत्तक पुत्र लेने के अधिकार से उन्हें वंचित करना ही था।

इन सब बातों के बावजूद जोतिबा को विश्वास था कि अंग्रेजों को एक न एक दिन भारत से जाना ही है, परन्तु स्वाधीनता आन्दोलन के साथ-साथ रूढ़िवादी क्रूर-कुत्सित हिन्दू व्यवस्था से भी विमुक्ति पाने का प्रखर प्रयास करना चाहिए।

इस बीच पुणे में एक ऐसी घटना घट गयी जिससे अंग्रेज जोतिबा को भी शंकालु दृष्टि से देखने लगे। जोतिबा के मित्र एवं सजातीय श्री गणमाली और मौलवी नूरुल हुदा पकड़े गये। उन्हें सजा दी गयी। जोतिबा को शिक्षा के प्रचार-प्रसार के लिए मिलने वाली सहायता बन्द हो गयी। जोतिबा ने लिखा, "तब से अंग्रेज मुझसे

पहले जैसा खुले मन से बात करने में हिचकिचाने लगे और मुझे देखकर नाराजगी प्रकट करने लगे। मैंने भी उनके घर जाना छोड़ दिया।''

इस घटना के बाद भी जोतिबा ने स्वाधीनता आन्दोलन का कभी सहज और सशक्त समर्थन नहीं किया। उन्होंने अपना मन्तव्य स्पष्ट करते हुए लिखा, ''यदि विद्रोह में अंग्रेजी राज मिट जाता तो इतिहास का पुनरागमन होता।''

''ब्राह्मण पेशवा फिर से अवतरित होते। श्रुति-स्मृति-पुराणों की संस्कृति को बल मिलता और अंग्रेजी राज्य के कारण बहुसंख्यक श्रद्धालु शीघ्र जनता के उद्धार की जो आशा अंकुरित हुई है, वह नष्ट हो जाती। सामाजिक अन्याय हजारों वर्ष का है इसकी जड़ें गहरे जम चुकी हैं। अंग्रेज राज्य आज है, कल नहीं रहेगा मुख्य प्रश्न यही है कि सामाजिक गुलामी कैसे नष्ट होगी।''

सामाजिक रूढ़ियों पर प्रहार

सिपाही विद्रोह या स्वाधीनता आन्दोलन का अंग्रेजों ने दमन कर दिया। ईस्ट इण्डिया कम्पनी सरकार इस अभियान में सफल रही। व्यवसाय के बहाने भारत आये अंग्रेजों ने पूरे भारत को अपने अधिकार में कर लिया। भारत का कच्चा माल इंग्लैण्ड जाने लगा और वहाँ से बरमिंघम तथा मानचेस्टर की मिलों से बना सूती कपड़ा भारत के बाजारों में श्रावणी घटा-सा छा गया। 1858 में ब्रिटिश सरकार ने कम्पनी का शासन समाप्त कर दिया और पूर्णरूपेण भारत के भाग्य विधाता बन गये।

जोतिबा का कार्यक्षेत्र भी विस्तृत होने लगा। शिक्षा के प्रचार-प्रसार से समाज के अन्य दूषण भी अनावृत्त होने लगे। ब्राह्मणों और क्षत्रियों के घरों की विधवा महिलाओं के आँसू से सफेद साड़ी के पल्लू भीगते दिखाई देने लगे। बाल विधवाओं और विधवाओं को सिर मुड़ाकर रहना पड़ता। वे अशुभ की छाया के रूप में देखी जातीं। उन्हें मांगलिक कार्यों से दूर रखा जाता। इसका अनुभव जोतिबा को अपने घर में भी हो रहा था। उनकी मौसेरी बहन क्षीरसागर भी विधवा थीं। वे सफेद धोती पहनतीं और समाज के मांगलिक अनुष्ठानों से वंचित रखी जाती थीं।

क्षत्रिय समाज में युवावस्था में विधवा होने वाली महिलाओं को पति की चिता के साथ 'सती' होना पड़ता था। न चाहते हुए भी उन्हें धधकती चिता के हवाले कर दिया जाता था। राजा राममोहन राय ने अपनी भाभी को चिता पर जलते देखा था। इस अमानवीय दृश्य से उसका दिल दहल गया। उन्होंने सती प्रथा के विरोध में आन्दोलन का ध्वज उठा लिया। इस क्रूर प्रथा को सरकार ने 1829 में ही कानून द्वारा निरस्त कर दिया था। परन्तु दुर्भाग्य है कि सवा सौ साल बाद आज भी सती

प्रथा कहीं-कहीं जीवित है। स्वाधीन भारत में विधवाओं को चिता पर जलाकर महिमामंडित किया जाता है और हम अपने को सभ्य और उन्नत उद्घोषित करते नहीं थकते।

विधवा विवाह की प्रथा वैदिक काल में थी। 'पुनर्भू' शब्द उस विधवा के लिए प्रयुक्त होता था जिसने पुनर्विवाह किया हो। "अग्नि परिगता या च पुनर्भूः प्रशवा च या" का उल्लेख कश्यप की स्मृतिचन्द्रिका, में किया गया है। याज्ञवल्क्य ने पुनर्भूः उसे माना है जो पुनः संस्कृता हो। विधवा विवाह की प्रथा स्मृतिकाल में समाप्त कर दी गयी।

मनु ने विधवा विवाह का विरोध किया और समाज ने उसे स्वीकार लिया। ब्रह्मपुराण ने कलियुग में विधवा विवाह को वर्जित माना है। वैदिक काल की विधवा विवाह प्रथा पुनर्भूः प्रथा को स्मृतियों ने निषिद्ध किया। यही नहीं ऐसा विधान बना दिया कि विधवा को पति की चिता पर बैठकर सती होना है।

जोतिबा ने अनेक ग्रन्थों का गहन अध्ययन किया और सतीप्रथा तथा विधवा-विवाह-निषेध को समाप्त करने का संकल्प किया। नवम्बर, 1852 में एक हृदय विदीर्ण करने वाली मर्मभेदी घटना का समाचार बम्बई के समाचार-पत्र में प्रकाशित हुआ कि भुज में एक महिला को ब्राह्मण लोग उसके पति की चिता पर बलपूर्वक बिठाना चाहते थे, परन्तु वह मरना नहीं चाहती थी। अंग्रेज अधिकारियों ने जब उसे बचाना चाहा, तब चिता को चारों ओर से घेर कर ब्राह्मणों ने उस स्त्री के सिर के टुकड़े-टुकड़े कर दिये।

ऐसी ही एक दारुण घटना पुणे में भी हुई। इन दुर्भाग्यपूर्ण दानवीय घटनाओं ने जोतिबा के मनोबल को दृढ़ चेतना प्रदान की।

जोतिबा के एक मित्र थे श्री सदाशिव राव गोवंडे। उनकी बहन को भी सती होना पड़ा था, जिससे दुखित होकर उन्होंने जोतिबा के इस पुनीत कार्य में हाथ बँटाने का संकल्प लिया था।

कट्टरपंथी पढ़े और अनपढ़ ब्राह्मणों एवं पुरोहितों ने ऐसा भ्रम जाल फैलाया था कि पति के साथ सती होने वाली स्त्री को सद्गति मिलती है। जोतिबा ने इसका खण्डन करते हुए कहा, "सभी धर्मग्रन्थों में स्वर्ग का उल्लेख है, लेकिन क्या इस धरती पर कोई ऐसा मनुष्य है, जो स्वर्ग देखकर आया हो।" स्वर्ग और कहीं नहीं, यहीं इसी धरा पर और इसी जन्म में है। आत्म-सम्मान का जीवन ही स्वर्ग है। विधवा स्त्रियों के प्राकृतिक मानव अधिकारों को हरण करके उन्हें अमानवीय जीवन जीने को विवश करना सबसे बड़ा पाप है।"

जोतिबा को यह जानकर सातिशय संताप हुआ था कि विधवाओं के साथ न केवल उनके जीवन में अनेकरूप से अत्याचार किये जाते थे, बल्कि उनकी मृत्यु होने पर उस विधवा का मुंडन कराया जाता। ऐसा था वह समाज जिसको ब्राह्मणों और ऋषियों-मुनियों ने बनाया था।

जोतिबा ने गहन चिन्तन-मनन के पश्चात् विधवा विवाह कराने, विधवा मुंडन रोकने और विधवाओं के अनाथ बच्चों की सुरक्षा के लिए समाज को जागृत करने का आन्दोलन चलाया और इस दिशा में अन्य अनेक सार्थक कदम उठाये।

विधवाओं के मुंडन कार्य को रोकने के लिए जोतिबा ने बम्बई के नाइयों की एक सभा का आयोजन किया। चार-पाँच सौ की संख्या में नाइयों ने उसमें भाग लिया। ज्योतिबा के सम्बोधन के बाद एक नाई ने कहा, ''ब्राह्मण लोग चार-पाँच आने के लिए हमसे यह कुकृत्य (मुंडन) करवाते हैं और स्वयं आठ-दस रुपये हथियाते हैं।'' जोतिबा के अनुरोध पर नाई सभा ने यह संकल्प पारित किया कि कोई भी नाई अब से किसी विधवा का मुंडन नहीं करेगा। यह समाचार देश के कोने-कोने में पहुँचा। इंग्लैण्ड के समाचार-पत्रों ने भी इसे प्रमुखता से प्रकाशित किया। नाइयों ने बम्बई के नाइयों के इस कदम की प्रशंसा की। देश के अन्य राज्यों के नाइयों ने भी इस संकल्प का समर्थन किया। विधवा-मुंडन का कुकर्म बन्द हो गया। विधवाएँ सकेशा होकर आत्मसम्मान का जीवन जीने लगीं, परन्तु विधवाओं की सामाजिक प्रतिष्ठा उपलब्ध कराने के लिए अभी और भी बहुत कुछ करना शेष था।

जोतिबा ने विधवा विवाह के पक्ष में खुलकर प्रचार करना प्रारम्भ कर दिया। गदराई उम्र में ही उन्होंने श्री विष्णुशास्त्री पण्डित की यशोगाथा सुन रखी थी। महाराष्ट्र में वे प्रथम व्यक्ति थे, जिन्होंने विधवा विवाह की वकालत शुरू की थी। उन दिनों उन्हें जन-समर्थन नहीं मिल पाया। 1842 में बेलगाँव की दो विधवाओं के पुनर्विवाह की खबर सुनाई पड़ी थी। जोतिबा का सोचना था कि 'वृद्धावस्था में विधवा होने पर जीवन काटना बहुत दुष्कर नहीं है, परन्तु जिन महिलाओं के पति की मृत्यु बालपन या युवावस्था में हो जाती है, उन्हें पूरी जिन्दगी वैधव्य-दग्ध जीवनयापन करने की नारकीय यंत्रणा झेलनी पड़ती है। इसमें उनका कोई दोष नहीं है फिर भी यह उनके लिए विकट दुर्भाग्य बन जाता है। युवावस्था की कुछ जैविक (बायोलॉजिकल) आवश्यकताएँ होती हैं। उनकी सन्तुष्टि स्वास्थ्य के लिए अनिवार्य है। तनिक सी चूक से सफेद धोती पर अमिट दाग उभर आता था।

जोतिबा के विधवा विवाह आन्दोलन में उनके समकालीन कुछ सामाजिक कार्यकर्ताओं ने भी अपनी भागीदारी दर्ज कराई थी। इससे उनका मनोबल बढ़ने

लगा। 8 मार्च, 1860 को पुणे में एक विधवा का विवाह उसी जाति के एक विधुर से सम्पन्न हुआ। जोतिबा को विश्वास था कि आवश्यकता की कठिन घड़ी में उन्हें इस पुनीत कार्य में सरकार का संरक्षण प्राप्त होगा। अंग्रेजी शासन ने 1856 में ही विधवा विवाह अधिनियम पारित किया था। इसके अन्तर्गत विधवा को पुनर्विवाह करने का अधिकार मिल गया था। ऐसे विवाह से उत्पन्न सन्तानों को सम्पत्ति पर अधिकार भी प्राप्त था। पुणे के इस एक पुनर्विवाह ने और अन्य लोगों का भी साहस बढ़ाया और प्रगतिशील विचारक इसके पक्षधर हो गये, परन्तु अभी भी समाज के डर से, विशेषकर ब्राह्मण लोग चाहते हुए भी विधवा पुनर्विवाह कराने से कतराते थे।

अविवाहित लड़कियों और विधवाओं के गर्भधारण की घटनाएँ प्रायः ही सुनने में आती रहतीं। कभी-कभी पुरुषों द्वारा छली गयी औरतें, या तो कुएँ में कूद कर आत्महत्या कर लेती थीं या भ्रूणहत्या करके भ्रूण को किसी निर्जन स्थल स्थित घूरे पर फेंक देती थीं। दूसरे दिन मालूम होने पर यह घटना गाँव-देश में चर्चा का विषय बन जाती और समाज की उँगलियाँ किसी न किसी पर उठ ही जाती थीं।

इस जटिल सामाजिक और मानवीय समस्या का निदान निकालने के लिए जोतिबा दम्पत्ति प्रायः चिंतनशील रहते थे। उन्होंने एक योजना बनाई कि यदि ऐसी अभागिन विधवाओं की या अन्य अविवाहित महिलाओं की प्रसूति गोपन रीति से कराई जाय और उनके बच्चे की रक्षा की जाय, तो वे जान जोखिम में डालकर गर्भपात कराने की अपेक्षा सहज और निरापद प्रसूति के लिए बाहर आयेगी। वे अपमान और तिरस्कार से भी बच जायेंगी। यही सोचकर जोतिबा ने 'बाल हत्या प्रतिबंधक गृह' के स्थापन का निर्णय लिया। इसकी सार्वजनिक जानकारी के लिए स्थान-स्थान पर उन्होंने भित्तिपत्र और नोटिसें लगायीं। उनमें लिखा था, "विधवाओं, इस बाल हत्या प्रतिबंधक गृह में आओ और गुप्त तथा सुरक्षित रूप से अपनी प्रसूति कराओ। चाहो तो बच्चे को ले जा सकती हो अथवा हमारे यहाँ रख सकती हो। हमारा अनाथाश्रम तुम्हारे बच्चों का पालन-पोषण करेगा।"

यह सूचना बाढ़ के पानी की भाँति फैल गयी। लोगों को यह समझने में कोई असुविधा नहीं हुई कि यह क्रान्तिकारी कदम जोतिबा के ही करुण हृदय का सुफल है। धर्म के ठेकेदार पुणे के ब्राह्मण, विशेषकर चित्तपावन बौखला उठे, परन्तु बौखलाहट का यह ज्वर देखते-देखते ही भाटा में बदल गया। इसका सर्वोपरि लाभ सवर्ण विधवाओं को मिलने वाला था।

ईसाई धर्म प्रचारक मिशनरियाँ पूर्व से ही त्यक्त और अनाथ बच्चों को अंगीकृत कर लेती थीं, परन्तु उनके यहाँ प्रसूति की व्यवस्था नहीं थी। यह व्यवस्था

ज्योतिबा के बालहत्या प्रतिबंधक गृह में उपलब्ध हो गयी। अतः ज्योतिबा के बालहत्या प्रतिबंधक गृह में समाज की प्रवंचित गर्भवती महिलाएँ नित्यतः आने लगीं।

ज्योतिबा ने इस बालहत्या प्रतिबन्धक गृह की स्थापना 1863 में की थी। ऐसे काम के लिए मकान मिलना एक कठिन काम था। अतः उन्होंने निजी आवास में ही यह पुनीत काम आरम्भ किया। स्थल-लब्धता से अधिक कठिन काम था निरापद रीति से प्रसूति कराना। प्रसूति कराने का गम्भीर दायित्व सावित्रीबाई फुले ने स्वयं सँभाल लिया। इसमें सगुनाबाई क्षीरसागर ने अमित मदद की और सावित्री को प्रशिक्षित भी किया। वे ईसाई मिशनरियों में रहकर जच्चा-बच्चा की देखभाल तथा उनके सम्यक् पालन-पोषण की तकनीक सीख चुकी थीं। उन्होंने ही ज्योतिबा को भी लालित-पालित कर सयाना बनाया था।

ज्योतिबा को इस चुनौतीपूर्ण लोकहितैषी क्रान्तिकारी कार्य में आशातीत सफलता सुलभ होने लगी। उनके कुछ मित्रों ने भी इस अभियान में उनकी मदद की, जिनमें श्री गोपालराव देशमुख (लोकहितवादी), मांडारकर, रावबहादुर मदन श्रीकृष्ण, बाबाजी नवरंगे, परमानन्द, तुकाराम, तात्या आदि प्रमुख थे। इसी से प्रेरित होकर बाद में श्री लालशंकर उमियाशंकर त्रिवेदी ने भी पंढरपुर में 'अनाथ बालकाश्रम' की स्थापना की थी।

ज्योतिबा ने बालहत्या प्रतिबंधक गृह के कार्यों के साथ-साथ एक सामाजिक कार्यकर्ता के रूप में यह स्पष्ट किया कि, "निराश्रितों को आश्रय देना, विकलांगों की सहायता करना, छात्रों को भोजन की व्यवस्था करना, सच्चा मानव धर्म है।

एक दिन की बात है बालहत्या प्रतिबंधक गृह के बरामदे में ज्योतिबा अपनी पत्नी सावित्री के साथ विद्यमान थे। गोधूलि का समय बीत चुका था। किसान, चरवाहे और मजदूर अपने-अपने घरों में शरण ले चुके थे। दूर से एक छाया उनके आवास की ओर आती हुई दृष्टिगोचर हुई। जोतिबा ने सावित्री से कहा, "लगता है तुम्हारा काम शुरू होने वाला है।" सावित्री ने कहा, "आपको तो सोते-जागते बस एक ही चीज सूझती है। इस समय कौन आयेगा।" देख लो। हाथ कंगन को आरसी क्या। ज्योतिबा का वाक्य पूरा होते-होते वह औरत उनके पास आकर खड़ी हो गयी। धीरे से बोली, "बा मैं एक अभागिन औरत हूँ। आपकी शरण में आयी हूँ। मेरी लोकलाज की रक्षा कर लें।"

"अन्दर आ जाओ। तुम अभागिन नहीं। अभागा तो वह होगा जो बच्चे का पिता नहीं बन पायेगा। तुम तो किसी को जीवनदान करने आयी हो।" सावित्री

ने ढ़ाँढस देते हुए उसे हाथ का सहारा देकर अन्दर कमरे में ले गयी और कहा, ''तुम इस खाट पर आराम से लेट जाओ, मैं तुम्हारे खाने-पीने का बन्दोबस्त करती हूँ।''

काशीबाई नाम की उस महिला ने 1874 में एक पुत्र को जन्म दिया। वह ब्राह्मणी थी। सावित्री ने उसके बच्चे की नाल काटी थी और उसका स्नेहसिक पालन-पोषण किया था। इसी बच्चे को ज्योतिबा और सावित्री ने अपने नातेदारों की परवाह किये बिना गोद ले लिया। बच्चे का नाम रखा 'यशवंत'। बाद में वह पढ़-लिखकर डॉक्टर बना था।

बालहत्या प्रतिबंधक गृह के बारे में जोतिबा के सहायक और मित्र परमानन्द ने लिखा था, ''ऊँची जातियों की जो विधवाएँ कुमार्ग पर चली गयीं, जोतिबा ने उनकी मुतदया तथा मातृभाव से रक्षा की। उन्होंने कई विधवाओं को बालहत्या जैसे गम्भीर अपराध से बचाया। इस त्याग का सचमुच कोई जोड़ नहीं।''

समाज सुधार की लहर

19वीं सदी को सामाजिक इतिहास के काले अध्याय के रूप में देखा जाता है, परन्तु इस काले अध्याय ने ही सामाजिक, धार्मिक, सांस्कृतिक और राजनीतिक शोषण के विरुद्ध लड़ने वाले नेताओं को जन्म दिया और अन्याय के प्रतिकार की धवलता दी। ब्रिटेन, पुर्तगाल और फ्रांस के उपनिवेश सारे विश्व में जड़ जमा चुके थे। उनके उपनिवेशों के अन्त के लिए आयोजनाभियान की अन्तर्धारा प्रवाहित होने लगी थी। रूस में जार शासन के विरुद्ध क्रान्ति का बिगुल लेनिन और स्तालिन ने बजाया। उन्होंने जार की जुल्मी सत्ता से किसान, काश्तकारों और मजदूरों को मुक्त कराया। श्रम के महत्त्व का एहसास कराया। अमेरिका के अब्राहम लिंकन ने दुर्बलों पर हो रहे अत्याचार का विरोध किया। नीग्रो की गुलामी को समाप्त किया। इसका प्रभाव भारत में भी पड़ा।

उत्तर भारत में समाज एवं धर्म सुधार के कार्य हो रहे थे। राजा राममोहन राय ने 20 अगस्त, 1828 को ब्रह्म समाज की स्थापना की और इसके माध्यम से स्त्रियों पर हो रहे सामाजिक, और धार्मिक शोषण का विरोध उन्होंने किया। सती प्रथा के विरुद्ध आवाज उठाई। उसके पूर्व अकबर ने हिन्दू स्त्रियों को सती होने से बचाया, और पुनर्विवाह को मान्यता दी। परन्तु अकबर जैसे उदार एवं क्रान्तिकांक्षी सम्राट् को भी मुल्ला-मौलवियों और पण्डितों का विरोध झेलना पड़ा। सन् 1864 में, ब्रह्म समाज के सक्रिय सदस्य केशवचन्द्र सेन बम्बई गये। वहाँ पर ब्रह्म समाज की शाखा

'प्रार्थना समाज' के नाम से स्थापित की गयी। इसके मुख्य उद्देश्य थे—जाति-प्रथा का विरोध, विधवा विवाह का समर्थन, स्त्री शिक्षा का प्रचार और बाल विवाह का अवरोध। इस समाज की बैठकें गुप्त हुआ करती थीं। इसका खुलासा होने पर समाज की गतिविधि को विराम लग गया। ज्योतिबा फुले ने इस समाज के उद्देश्यों से आगे बढ़कर स्त्रियों की स्वतन्त्रता के विरोध का खुलकर विरोध किया और पर्दा-प्रथा को समाप्त करने की पहल की।

आर्य समाज की स्थापना स्वामी दयानन्द सरस्वती ने की थी। वे ज्योतिबा से तीन साल बड़े थे। उन्होंने वेदों का अतलस्पर्शी अध्ययन किया, उसका मर्मार्थ समझा और दूसरों को भी समझाने का काम किया। कर्मकाण्ड की जड़ यजुर्वेद उन्हें अल्पायु में ही कण्ठस्थ हो गया था। उन्होंने वेद को आधार मानकर लोकमानस को इस तथ्य से अवगत कराया कि छुआछूत, जाति-वर्ण-भेद, जन्मतः ऊँच-नीच, पुनर्विवाह विरोध जैसी सामाजिक मान्यताएँ वेद सम्मत नहीं हैं। ये वेदों को मान्य नहीं हैं। पण्डितों द्वारा प्रसारित इस भ्रान्ति का भी उन्होंने खण्डन किया कि स्त्रियों और शूद्रों को वेदाध्ययन का अधिकार नहीं है। उन्होंने आर्य समाज की अनेक शाखाएँ उत्तर भारत में स्थापित कीं। जगह-जगह शास्त्रार्थ किये। इसके लिए उन्होंने ईसाई धर्म और इस्लाम का गहराई से अध्ययन किया। महाराष्ट्र में श्री माधव गोविन्द रानाडे स्वामी दयानन्द के प्रशंसक और अनुयायी थे।

सितम्बर, 1875 में श्री रानाडे ने स्वामी दयानंद सरस्वती को पुणे में आमन्त्रित किया। उनका प्रवचन और शास्त्रार्थ कराया। उनके व्याख्यान को सुनने के लिए लोगों की भीड़ उमड़ने लगी। वे सनातनी ब्राह्मणों की मान्यताओं पर भीषण प्रहार कर रहे थे। उनकी विद्वत्ता एवं भाषणशैली से जहाँ स्थानीय लोगों के हृदय पिघल रहे थे, वहीं पुणे के ब्राह्मणों में खलबली मच गयी थी। पुणे में एक भी ऐसा विद्वान् ब्राह्मण नहीं था जो स्वामीजी के साथ शास्त्रार्थ कर सके। ऐसी स्थिति में पण्डितों ने कूटनीतिक चाल और छल के बल पर स्वामीजी का विरोध करना शुरू किया और आमलोगों से अपील की, कि वे स्वामीजी की सभा को सफल नहीं होने दें। स्थिति विस्फोटक होती जा रही थी। स्वामी दयानन्द की शोभायात्रा की तिथि निर्धारित हो गयी थी। परन्तु, कट्टरपंथियों ने स्वामीजी की शोभायात्रा को तितर-बितर करके सुधारवादियों को नीचा दिखाने का निश्चय कर लिया था। इसकी सूचना मिलने पर श्री रानाडे की चिन्ता में वृद्धि स्वाभाविक थी। उन्होंने स्वामी दयानन्द की शोभायात्रा की निर्विघ्न सफलता के लिए ज्योतिबा गोविन्द राव फुले की सहायता लेना उचित समझा।

श्री रानाडे को यह भलीभाँति ज्ञात था कि ज्योतिबा की विचारधारा स्वामी दयानन्द के विचारों से साम्य नहीं रखती है। पुनरपि उन्होंने सोचा कि दोनों सुधारवादी हैं, इसलिए ज्योतिबा से मदद की अपेक्षा की जा सकती है। उन्होंने अपने आत्मबल को केन्द्रित करके ज्योतिबा के समक्ष अपना निवेदन प्रस्तुत करते हुए कहा, ''स्वामीजी छुआछूत और जातिभेद के वर्चस्व को तोड़ने की कोशिश कर रहे हैं, और आप भी इन्हीं बातों के लिए कटिबद्ध हैं। इस तथ्य को देखते हुए आपको चाहिए कि इस शोभायात्रा की सफलता में सहायता करें।''

ज्योतिबा गोविन्द राव फुले ने रानाडे की बातों को ध्यान से सुना। उन पर विचार किया। उन्हें उनकी अन्तरात्मा से निर्देश मिला–''स्वामीजी भले ही वेदों को मानते हों, लेकिन वे वेदों के आधार पर छुआछूत के विरुद्ध लड़ रहे हैं। सभी के साथ समानता का आचरण करने को कह रहे हैं। ऐसी स्थिति में मनुष्य के साथ मनुष्य जैसा बर्ताव करने की सीख देने वाले स्वामीजी की सहायता करना उचित होगा।'' ज्योतिबा ने रानाडे से कहा कि, ''मैं और मेरे अनुयायी स्वामीजी की शोभायात्रा को सफल बनाने में मदद करेंगे, परन्तु उनके साथी न तो वेदों की जय बोलेंगे और न ही उन ग्रन्थों की पालकी को उठाने में भाग लेंगे।'' रानाडे को ज्योतिबा की शर्त मंजूर थी। उनके समक्ष और कोई विकल्प भी तो नहीं था।

ज्योतिबा फुले ने अपने साथियों एवं अनुयायियों को बुलवाया और उन्हें निर्देश दिया कि स्वामी दयानन्द की शोभायात्रा को सफल बनाने में हर सम्भव सहायता की जाय। कट्टरपंथियों को शोभायात्रा में किसी भी प्रकार की अव्यवस्था उत्पन्न करने का अवसर नहीं दिया जाय। ज्योतिबा ने अपने साथियों का नेतृत्व स्वयं सँभाला।

पुणे में अगस्त-सितम्बर का महीना अत्यन्त सुहाना होता है। वर्षा ऋतु विलोपन की स्थिति में रहती है। पेड़-पौधों की पत्तियाँ हरी और स्वच्छ हो जाती हैं। सड़कों के किनारों के वृक्षों पर सवेरे-सवेरे पक्षियों का मनमोहक कलरव होता है। पुणे की सड़कें वैसे भी साफ-सुथरी होती हैं, जो वर्षा के कारण और भी चमक उठती हैं। शहर की अपेक्षा छावनी का क्षेत्र शान्त होता है। प्राकृतिक वातावरण मनोहारी हुआ करता था कहीं से मोर की कुहू सुनाई देती तो कहीं से कौओं की काँव-काँव। शाम से ही गाँव-देहात से लोग समूहबद्ध होकर स्वामी दयानन्द की शोभायात्रा में भाग लेने के लिए आने लगे थे। उनके रहने और खाने का प्रबन्ध धर्मशालाओं में किया गया था। रात्रि में स्वामीजी का ओजस्वी प्रवचन काफी देर तक गतिगर्वित रहा।

5 सितम्बर, 1875 को स्वामी दयानन्द की शोभायात्रा निकली। हाथियों और बैलगाड़ियों के जुलूस के साथ गाजे-बाजे की व्यवस्था थी। वेदों को एक पालकी पर सजाया गया। आगे-आगे पालकी उसके पीछे हाथी और बाद में बैलगाड़ी और आर्य समाज के अनुयायी। शोभायात्रा की अगल-बगल में और पीछे ज्योतिबा के साथियों का हुजूम चल रहा था। जुलूस के आगे स्वामी दयानन्द के एक ओर ज्योतिबा और दूसरी ओर रानाडे चल रहे थे। वे पैदल थे इसलिए शोभायात्रा की गति भी धीमी थी। सड़क के दोनों ओर हजारों की संख्या में लोग शोभायात्रा का दर्शन करने के लिए पंक्तिबद्ध खड़े थे। कट्टरपंथी पण्डित भी पूरी तैयारी किये हुए थे, शोभायात्रा को बाधित करने की। उन्होंने धर्म का भय दिखाकर लोगों को इकट्ठा किया था। एक गदहे को सजाकर उसके गले में एक पट्टी लटका दी थी जिसमें लिखा था 'गर्धवानन्द'। दोनों जुलूस आमने-सामने आ गये। कट्टरपंथियों के अशोभन एवं अभद्र व्यवहार को देखकर ज्योतिबा को बहुत आक्रोश आ गया। उन्होंने अपने साथियों को सतर्क कर दिया। ज्योतिबा के तेवर को देखते ही कट्टरपंथियों के जुलूस में शामिल आधे से अधिक लोग मैदान छोड़कर भाग गये। कट्टरपंथी ब्राह्मणों में इतना साहस नहीं था कि वे सामना करते। ज्योतिबा की ललकार सुनते ही उनके सहयोगी कट्टरपंथियों के जुलूस पर टूट पड़े जिसको जहाँ शरण मिली, उसने वहीं छिप कर अपने प्राण-रक्षा की। पुलिस ने भी शोभायात्रा को बाधित करने वालों की जमकर पिटाई की।

इस शोभायात्रा की सफलता से पुणे के निवासियों में ज्योतिबा फुले के प्रति श्रद्धा और बढ़ गयी। शूद्रातिशूद्रों में यह विश्वास और भी दृढ़तर हो गया कि ज्योतिबा फुले केवल कहते ही नहीं, बल्कि आवश्यकता पड़ने पर अपने कथनानुरूप आचरण भी करते हैं। उनमें सुरक्षा एवं स्वाभिमान की भावना ने गर्व से सिर उठाया।

शोभायात्रा की समाप्ति के पश्चात् स्वामी दयानन्द ने ज्योतिबा के प्रति सार्वजनिक रूप से अपनी कृतज्ञता ज्ञापन के क्रम में कहा कि आपके सहयोग के बिना शोभायात्रा सफल नहीं हो पाती। ज्योतिबा ने दयानन्द से दो टूक बातें की। उन्होंने कहा कि स्वामीजी मैं आपको अधिक नहीं जानता। यह सुना करता था कि बम्बई में एक साधु-पुरुष प्रवचन और शास्त्रार्थ करते हैं और स्पष्ट रूप से जाति, वर्ण, आडम्बर, पूजा-पाठ आदि की आलोचना करते हैं, जिससे ब्राह्मण-पुरोहित उन्हें पसन्द नहीं करते। मैं भी जाति प्रथा, वर्णव्यवस्था, आडम्बर और धर्म के नाम पर भोले-भाले लोगों के शोषण के विरोध का पक्षधर हूँ, परन्तु मैं वेद को नहीं मानता, क्योंकि वह भेद उत्पन्न करता है। श्री रानाडे ने आपके बारे में और आपके

प्रगतिशील अब्राह्मणवादी विचारों के बारे में बहुत कुछ बताया था, तभी मैंने आपकी शोभायात्रा की सफलता में मदद करना अपना कर्तव्य समझा।

‘‘अच्छाई-बुराई तो हर जगह होती है। सभी धर्मग्रन्थों में अच्छाई भी है बुराई भी है। हमें तो केवल अच्छाई से मतलब है। जो बातें कभी उस समय की परिस्थितियों के कारण उचित रही होंगी, वे समय बदलने पर अव्यावहारिक हो सकती हैं जिन्हें हमें स्वीकार नहीं करनी चाहिए। स्वामी दयानन्द ने प्रवचन के लहजे में अपने मन की बात को उजागर करते हुए बोले, ‘‘कबीर बहुत बड़े समाज सुधारक हुए। उन्होंने कहा कि खराब बातों को सूप की भाँति उड़ा दो और सारतत्त्व को ग्रहण करो। सार-सार को गहि रह्यो थोथा देय उड़ाय। ‘‘इसी सन्दर्भ में उन्होंने चलनी का भी उदाहरण देकर समझाया कि अज्ञानी लोग चलनी की भाँति अच्छे और स्वस्थ अनाज के दानों को गिरा देते हैं और खराब अंश को अपने पास रख लेते हैं। हमें अज्ञानियों को ज्ञान देकर सूप के स्वभाव को अपनाने की सीख देनी है। ज्योतिबा भाई आप मेरी बात से सहमत होंगे।’’

ज्योतिबा का यह सुदुर्लभ वैशिष्ट्य था कि वे किसी बात को पूर्ण परीक्षण के बिना मानते नहीं थे। उन्होंने कहा, ‘‘वेद या हिन्दुओं की धार्मिक पुस्तकें पढ़ने वाले कितने हैं! शूद्रों एवं अतिशूद्रों में शिक्षा नहीं है, वे अज्ञानी हैं इसीलिए पण्डित-पुरोहितों की इन बातों को मान लेते हैं कि वेद और शास्त्र सब ईश्वर ने बनाये हैं। इनमें लिखी बातों को न मानना अधर्म है। समय बदल गया है अतः ऐसे धर्मग्रन्थों को शुद्रातिशूद्रों से दूर रखना ही उत्तम है। जब उनमें ज्ञान की ज्योति प्रज्वलित हो जायेगी, तब उन्हें हमारी और आपकी आवश्यकता नहीं होगी।’’ यह कहते हुए वे अपने निवास स्थान की ओर अपने साथियों के साथ प्रस्थित हो गये।

घर पहुँचने पर उनके एक अनुयायी घोड़ीराव ने प्रश्न किया, ‘‘गुरुजी, आपका और स्वामीजी का शास्त्रार्थ सुनने में बड़ा आनन्द आ रहा था। मेरी समझ में नहीं आता है, कृपया समझाएँ कि जब ईश्वर एक है तो उसने अनेक धर्मों और उनके अनुयायियों के लिए अलग-अलग धार्मिक ग्रन्थ क्यों तैयार किये। दुनिया बहुत बड़ी है। हर देश की संस्कृति और सभ्यता अलग-अलग है।’’

‘‘तुम्हारी शंका निर्मूल नहीं है। अभी विस्तार में जाने का समय नहीं है। कभी फिर विशद चर्चा होगी। अभी तो इतना ही कहना उचित है और इससे तुम्हारी शंका का समाधान भी हो जायेगा।’’ ज्योतिबा ने बड़े ही सहज ढंग से घोड़ीराव को समझाया और कहा, ‘‘मैं ईश्वर के अस्तित्व में विश्वास करता हूँ, परन्तु, जाति, वर्ण, धर्म, धर्मग्रन्थ आदि ईश्वर ने बनाये हैं, ऐसी पण्डितों-पुरोहितों की बातों को असत्य,

आधारहीन और सीधी-सादी जनता को बेवकूफ बनाने वाली मानता हूँ। वह सबका निर्माणकर्ता या निर्मिक है। धार्मिक अनुष्ठान और कर्मकाण्ड आदि ब्राह्मणों ने शूद्रातिशूद्रों का शोषण करने के लिए बनाये हैं। ये सामाजिक फूट डालने के लिए हैं। इन होशियार एवं चतुर पण्डितों ने ब्राह्मण और क्षत्रिय की उपजातियों में कोई भेद नहीं किया। वे सब आपस में खान-पान, शादी-विवाह आदि कर सकते हैं। परन्तु शूद्रों की अनेक जातियों के एक-दूसरे से श्रेष्ठ होने का नियम बनाया, जिससे वे कभी एकता के सूत्र में न बँध सकें। ईश्वर का कोई साकार रूप नहीं है, वह मनुष्य की सोच-शक्ति से परे है इसीलिए बुद्धिमान ब्राह्मण पुजारी ईश्वर के सहस्त्रों रूपों को साकार मूर्ति के रूप में प्रदर्शित करते हैं। 'कर्मण्येवाधिकारस्ते माफलेषुकदाचन' की बात को न मानते हुए, उन्होंने कहा कि हर एक को अपनी अच्छी-बुरी करनी का फल यहीं मिलता है। जिसे हम दैव या भाग्य कहते हैं, वह मनुष्य की करनी और सामाजिक शक्ति की क्रियाओं-प्रतिक्रियाओं का फल होता है। उसका ठीक से आकलन नहीं हो सकने के कारण ही हम उसे दैव या भाग्य कहते हैं।

"स्वर्ग-नरक नाम की कोई चीज नहीं है। अपनी स्वार्थ-सिद्धि के लिए बुद्धिमान ब्राह्मणों ने स्वर्ग, नरक बना दिया। गाय की पूँछ पकड़ कर बैतरणी पार कराने की बात की है। शुभ-अशुभ, पाप-पुण्य जैसी किसी भी चीज का निर्माण ईश्वर ने नहीं किया है। सही बात तो यह है कि निजी सुख या लाभ की प्राप्ति हेतु किसी अन्य को कायिक या मानसिक पीड़ा न पहुँचाना ही पुण्य है। अकर्मण्य लोगों को उनकी जाति के नाम पर दान देना, पुण्य नहीं, बल्कि साधनों का दुरुपयोग है। अपने स्वार्थ की पूर्ति के लिए, धर्म के नाम पर, औरों को धोखा देना पाप है।"

निर्माणकर्ता ईश्वर को ज्योतिबा ने 'निर्मिक' की संज्ञा दी थी। सत्यधर्म ही निर्मिक का धर्म है। सृष्टिकर्ता ईश्वर ने सभी स्त्री-पुरुषों को स्वतन्त्र और कुछ अधिकारों से सम्पन्न करके पैदा किया है। 'न स्त्री स्वातन्त्र्यमर्हति' का कथन असत्य, अधार्मिक और धोखा है।

इन बातों को सुनकर घोड़ीराव ने कहा, "गुरुजी आप ने मेरी शंकाओं का पूर्णतः समाधान कर दिया है। मैं अब आपसे विदा चाहता हूँ।"

सामाजिक जागृति

सामाजिक जागृति लाने में ज्योतिबा ने शूद्रातिशूद्रों के प्रबुद्ध लोगों की मदद ली। सवर्णों के प्रगतिशील विचार वाले लोगों का सहयोग प्राप्त किया। परन्तु इससे वे सन्तुष्ट नहीं थे। वे जानते थे कि शासन की सहायता के साथ-साथ क्षेत्रीय राजाओं

के सहयोग के बिना सामाजिक विकास और शिक्षा विकास का महत्वपूर्ण कार्य संपादित नहीं हो सकेगा। ऐसे लोग ही शिक्षा संस्थान संचालित कर सकते हैं। मेधावी छात्रों को आर्थिक साहाय्य देकर उनके लिए उच्च शिक्षा का प्रबन्ध कर सकते हैं। बिना उच्च शिक्षा के उच्च विचार का उद्रेक असम्भव है और उच्च शिक्षा से सँवलित होकर ही ब्राह्मणों की चतुराई, चालाकी और कुटिलता को समझा जा सकता है। ज्योतिबा ने इसी उद्देश्य से अपने ग्रन्थ 'ब्राह्मणों की चालाकी' और 'गुलामगीरी' की प्रतियाँ जागीरदारों और नरेशों को भेजी थीं। 'सत्यशोधक समाज' के उद्देश्यों और नियमों को लिपिबद्ध करके इन नरेशों को भिजवाया था, जिससे वे सत्यशोधक समाज के उद्देश्यों को सही ढंग में जान सकें।

इसी क्रम में ज्योतिबा फुले कई जागीरदारों और नरेशों से भी सम्पर्क स्थापित किया और उन्हें अपने कार्यों की जानकारी दी। फलटण के राजा पुणे आया करते थे। ज्योतिबा ने समय लेकर उनसे पुणे में ही मुलाकात की और सहयोग की अपेक्षा की।

श्रीमंत सयाजीराव गायकवाड़, बड़ौदा राज्य के नये राजा के रूप में सिंहासनारूढ़ हुए थे। ज्योतिबा ने सर्वप्रथम उनसे 1882 में पुणे में मुलाकात की और उन्हें अपने सामाजिक कार्यों से अवगत कराया। बड़ौदा नरेश प्रगतिशील विचारों वाले उत्साही युवा राजा थे। उन्होंने ज्योतिबा को बड़ी ही तल्लीनता से सुना और उनकी संस्थाओं की आर्थिक मदद करके आगे बढ़ाने के लिए प्रेरित किया। दिसम्बर 1884 में, उन्होंने, ज्योतिबा फुले को बड़ौदा आने का आमन्त्रण दिया। ज्योतिबा ने बड़ौदा-यात्रा का कार्यक्रम भेजा। उनका राज्य-अतिथि के रूप में बड़ौदा में स्वागत किया गया। राजभवन परिसर में ज्योतिबा ने अपने विचारों एवं कार्यों से सम्बद्ध एक विचारोत्तेजक व्याख्यान दिया। बड़ौदा नरेश उनके विचारों से सघनतः प्रभावित हुए तथा नगर के अनेक हिस्सों में ज्योतिबा फुले के भाषण करवाये। इसका व्यापक प्रभाव स्थानीय लोगों के मानस पर पड़ा। बड़ौदा नरेश सयाजीराव गायकवाड़ के इन प्रगतिशील कदमों से पण्डित समाज चौकन्ना हो गया तथा उसने राजा की आलोचना शुरू कर दी। समाचार-पत्रों के माध्यम से जनता में यह दुष्प्रचार करने का प्रयास किया गया कि राजा, जो धर्म का रक्षक होता है, वे ज्योतिबा से मिलकर धर्म की हानि कर रहे हैं। इससे ईश्वर अप्रसन्न हो जायेंगे और लोगों पर प्राकृतिक प्रकोप के पहाड़ टूटेंगे। इस दुष्प्रचार का युवक नरेश गायकवाड़ के मन-मस्तिष्क पर कोई प्रभाव नहीं पड़ा। जनता भी अब तक ब्राह्मणों की अधार्मिकता से अवगत हो चुकी थी। बड़ौदा नरेश सयाजीराव गायकवाड़ ने ज्योतिबा के विचारों और कार्यों से अभिभूत होकर ही उन्हें

'हिन्दुस्तान के बुकर टी वाशिंगटन' की उपाधि से विभूषित करने का सुझाव दिया था। यह उपाधि तो उन्हें नहीं दी गयी, परन्तु उन्हें 'महात्मा' की उपाधि से अलंकृत अवश्य किया गया।

ज्योतिबा फुले ने सत्यशोधक समाज को व्यापकता प्रदान करने के लिए और लोगों की कतिपय शंकाओं के निवारणार्थ 'सार्वजनिक सत्यधर्म' पुस्तक का प्रणयन किया था, जो उनके जीवन काल में प्रकाशित नहीं हो सकी, परन्तु उसके सिद्धान्तों से लोगों के जन-मानस को परिचित करा दिया गया था। इस प्रकार पुस्तक प्रणयन का उद्देश्य बहुत हद तक जनसहयोग से पूरा हो गया। इस ग्रन्थ को 'फुलेस्मृति' के रूप में भी जाना जाता है। इसमें 'मनुस्मृति' के अव्यावहारिक, असामाजिक और शीलनाशक सिद्धान्तों का खण्डन करके अभिनव नियमों का प्रतिपादन किया गया है। इसमें मानवाधिकारों और मानवता के प्रतिष्ठापन का सफल प्रयास भी किया गया है।

'सत्यधर्म' की सार्वजनिकता को स्पष्ट करते हुए ज्योतिबा ने कहा, ''इस विश्व में मनुष्यों ने जो धर्मग्रन्थ लिखे हैं, उनमें से किसी भी ग्रन्थ में आरम्भ से अन्त तक समान 'सार्वजनिक' सत्य नहीं है, क्योंकि हर ग्रन्थ में कुछ व्यक्तियों ने उस समय के अनुसार हेकड़ी की है, जिसके कारण वे धर्म सभी मनुष्य-प्राणियों के लिए समान रूप से हितकारी नहीं हुए हैं, जिसके फलस्वरूप उनमें अनेक गुट बनते गये और वे एक-दूसरे से ईर्ष्या और द्वेष भी करने लगे।'' ज्योतिबा ने 'सार्वजनिक सत्यधर्म पुस्तक' में ऐसे नियमों का समावेश किया है।

'सार्वजनिक सत्यधर्म पुस्तक' के 'सत्य' शीर्षक के अन्तर्गत सर्वजन आचरण के नियमों की जानकारी के लिए गणपतराव दयाजी थोरात ने प्रश्न किया था कि ''हमें किसको सत्य का आचरण करने वाला कहना चाहिए?''

इस प्रश्न के उत्तरस्वरूप ज्योतिबा फुले ने कहा कि ''सत्य आचरण करने वाले के सम्बन्ध में मैं कुछ नियम दे रहा हूँ। इन नियमों को जन-जन तक पहुँचाना है''–

1. हम सभी के निर्माणकर्ता ने सभी जीवप्राणियों को पैदा किया है, लेकिन उनमें नर और नारी दोनों जन्म से ही स्वतन्त्र हैं। ये दोनों सभी अधिकारों का उपयोग करने के योग्य बनाये गये हैं। यह जो लोग स्वीकार करते हैं, उन्हीं को सत्य का आचरण करने वाला कहना चाहिए।
2. नारी हो या पुरुष, वह अपने निर्माणकर्ता के इस विशाल आकाश में स्थित अनंत सूर्यमण्डलों को और उनके ग्रहों-उपग्रहों को या किसी विचित्र तारे को या किसी धातु पत्थर की मूर्ति को, निर्माता के अलावा न पूजता हो तो उसको सत्य का आचरण करने वाला जानना चाहिए।

3. निर्माणकर्ता द्वारा पैदा किये हुए सभी प्राणियों को, सभी चीजों का पूरी तरह से उपयोग करने की अनुमति न देते हुए निर्माता के नाम से बेमतलब अर्पण करके उसका खोखला नाम स्मरण जो लोग नहीं करते, उनको सत्य का आचरण करने वाला जानना चाहिए।
4. जो हम सभी के निर्माणकर्ता द्वारा उत्पन्न किये हुए सभी प्राणियों को सभी चीजों का मनचाहे उपयोग करके उनको निर्माता का आभार मानकर उसका गौरव करने देता है, उसको सत्य का आचरण करने वाला जानना चाहिए।
5. विश्वकर्ता द्वारा निर्मित सभी प्राणियों के लिए जो किसी भी प्रकार की बेमतलब की परेशानी नहीं पैदा करता, उसे सत्य का आचरण करने वाला जानना चाहिए।

गणपतराव के साथ अन्य लोग भी ज्योतिबा फुले को बड़े ध्यान से सुन रहे थे। गणपतराव ने जिज्ञासा व्यक्त की कि ईश्वर ही सत्य है और सत्य ईश्वर है तो उसने नारी-पुरुषों में भेदभाव क्यों किया? नारी को अबला कहकर उसका शोषण क्यों किया जाता है।

ज्योतिबा ने गणपतराव की जिज्ञासा का समाधान करते हुए कहा कि "वास्तव में नारी अबला है, परन्तु 'अबला' का गलत अर्थ लगाया गया है। अबला का अर्थ कमजोर नहीं, बल्कि 'बला रहित' अर्थात् विपत्तिरहित है। जहाँ पर स्त्रियों को सम्मान दिया जाता है वहाँ विपत्ति नहीं रहती। मैं मनुस्मृति में नारियों के सम्मान में कही गयी बातों का आदर करता हूँ। मनुस्मृति में कहा गया है कि जिस कुल में स्त्रियाँ पूजित (सम्मानित) होती हैं, उस कुल में देवता निवास करते हैं। जहाँ स्त्रियों का अपमान होता है, वहाँ यज्ञादि कर्म निष्फल होते हैं"—मैं आगे जिन नियमों का उल्लेख करने जा रहा हूँ, उनसे तुम्हारी जिज्ञासा का समाधान हो जायेगा।

हम सभी के निर्माता ने सभी नारी-पुरुषों को सभी मानवीय अधिकारों का मुख्य हकदार बनाया है। उनमें किसी व्यक्ति या कुछ व्यक्तियों का समूह, किसी व्यक्ति पर जोर-जबरदस्ती नहीं कर सकता और उस तरह जोर-जबरदस्ती न करने वाले व्यक्ति को ही सत्य का आचरण करने वाला जानना चाहिए।

निर्माता ने नारी-पुरुषों को धार्मिक तथा राजनीतिक स्वतन्त्रता दी है, उससे किसी दूसरे व्यक्ति को किसी भी प्रकार की हानि नहीं पहुँचाई जा सकती, यह मानकर जो कोई अपनी तरह दूसरे व्यक्ति के हकों को जानकर दूसरों को सताता नहीं, उसे सत्य-आचरण वाला जानना चाहिए।

निर्माता ने सभी प्राणियों को पैदा किया है। उनमें हर एक नारी मात्र एक पुरुष से ब्याह करके बाकी पुरुषों को भाई माने, ऐसे ही हर एक पुरुष एक नारी को अपनी बीवी बनाकर बाकी नारियों को अपनी बहन मानें। इस प्रकार के आचरण करने वाले को सत्य आचरण वाला जानें।

हम सभी के निर्माता ने सभी नारियों और पुरुषों को सभी मानवीय अधिकारों के बारे में, जो चाहे वे विचार या अपने मनचाहे मतों को अभिव्यक्त करने के लिए स्वतन्त्रता दी है। लेकिन इन विचारों से और इन मतों से किसी भी व्यक्ति को किसी भी प्रकार की हानि नहीं होनी चाहिए, यही सत्य आचरण है।

हम सभी के निर्माता की व्यवस्था से जो सभी नारी-पुरुष दूसरों के धर्म के बारे में मतभिन्नता की वजह से या राजनीतिक कारणों से, उनको किसी भी तरह नीच नहीं मानते और न उनका शोषण करते हैं, उन्हें सत्य आचरण करने वाला जानें।

गणपतराव ने पुनः बीच में टोकते हुए कहा, हमें क्षमा करें, गुरुजी। यदि आप के इन नियमों का पालन किया जाय तो नारी-शोषण, व्यभिचार और व्यक्ति पर समाज द्वारा लगाया गया निषेध स्वतः समाप्त हो जायेगा। रूढ़िवादी समाज ने धर्म के नाम पर सामाजिक पदों पर कब्जा कर लिया है। कुछ लोगों को अछूत कहकर उनके मानवीय अधिकारों को छीन लिया है। इस बारे में आपका नियम क्या कहता है, बताने का कष्ट करें।

ज्योतिबा फुले ने गणपत के साथ अन्य अनुयायियों को समझाते हुए कहा, कि मैंने समाज की व्यवस्था को सुव्यवस्थित करने के लिए जिन नियमों का प्रतिपादन किया है, बताता हूँ।

हम सभी के निर्माता ने सभी नारी-पुरुषों को, धर्म के सम्बन्ध में स्थानिक या क्षेत्रीय अधिकारों के पद उनकी योग्यता के अनुसार और सामर्थ्य के अनुसार मिलना चाहिए। ऐसी बातों पर अमल करने वालों को सत्य का आचरण करने वाला जानें।

निर्माता के नियमों के अनुसार सभी मानव नारी पुरुषों में धर्म, स्थानीय और क्षेत्रीयता, सम्बन्धी हर मनुष्य की स्वतन्त्रता, सम्पत्ति, संरक्षण और उसके जुल्म से बचाव के बारे में जो लोग कठिनाइयाँ नहीं पैदा करते, उन्हें सत्य आचरण वाला जानना चाहिए।

नारी या पुरुष, जो लोग अपने माता-पिता से बुढ़ापे में सलाह-मन्त्रणा करते हैं और अन्य बुजुर्गों को सम्मान देते हैं या जो माता-पिता से सलाह-मन्त्रणा करके अन्य बुजुर्गों को सम्मान देने वालों को आदर देते हैं, उन्हें सत्याचरण करने वाला जानना चाहिए।

नारी या पुरुष, जो हकीम की आज्ञा के बिना अफीम, भाँग, मद्य आदि नशीले पदार्थों का सेवन करके, हर तरह से, अन्याय करने में लगा होता है या नशीले पदार्थों का सेवन करने वालों को आसरा नहीं देता, वह सत्यानुशरणी होता है।

खटमल, जूँ, पिस्सू आदि जन्तु बिच्छू, बाघ, सिंह, साँप, लकड़बग्घे आदि जानवरों और उसी तरह लोभी मानव, दूसरे मानव प्राणी की हत्या करने वाले या आत्महत्या करने वालों को छोड़कर, जो नारी या पुरुष दूसरे मानव प्राणियों की हत्या नहीं करता या हत्या करने में सहायता नहीं करता, वह सत्य का अनुसरण करने वाला होता है।

नारी या पुरुष जो अपने फायदे के लिए या दूसरे का नुकसान करने के लिए झूठ नहीं बोलता या झूठ बोलने वाले को मदद नहीं करता, वह सत्यानुयायी होता है।

नारी या पुरुष, जो व्यभिचार नहीं करता या व्यभिचार करने वालों का सम्मान नहीं करता, उसे सत्य का आचरण करने वाला जानिये।

नारी या पुरुष, जो किसी भी प्रकार की चोरी नहीं करता या चोरों की मदद नहीं करता, उसे सत्याचरणी मानें।

नारी या पुरुष, जो घृणा से दूसरों के मकान को या उनके सामान को जलाता नहीं या आग लगाने वाले से कोई सम्बन्ध नहीं रखता, उसे भी सत्य का आचरण करने वाला मानें।

नारी या पुरुष जो स्वयं के स्वार्थ के लिए न्याय से राज करने वाली रियासतों पर या राज्य पर या सारी प्रजा द्वारा मुखिया बनाये हुए प्रतिनिधि के विरोध में विद्रोह करके लाखों परिवारों को बरबाद नहीं करता या विद्रोह करने वालों को पनाह नहीं देता, उसको सत्य आचरण करने वाला जानना चाहिए।

लेकिन यदि राज या राज का प्रतिनिधि या चुना हुआ प्रतिनिधि ही अन्याय करने लगे तब प्रजा को क्या करना चाहिए। क्या उसे मूकदर्शक बनके बैठ जाना चाहिए। गणपतराव ने यह प्रश्न उठाते हुए शिवाजी के विद्रोह पर मन्तव्य व्यक्त करने के लिए ज्योतिबा फुले से अनुरोध किया।

ज्योतिबा फुले ने बड़े ही सहज भाव से समझाते हुए कहा कि अभी तक बताये गये नियमों में यह बात निहित है कि न्याय नहीं करने वाले राज या गैर जिम्मेदार प्रतिनिधि का विरोध न करना सत्य आचरण नहीं है। आगे मैं धार्मिक बातों पर बनाये गये नियमों का उल्लेख कर देना उचित समझता हूँ।

नारी या पुरुष, जो सारी दुनिया के कल्याण के लिए यह धर्म पुस्तक बनाई गयी है, कहकर बड़ी बकवास करता है, किन्तु वह उस धर्म पुस्तक को अपनी बगल

में दबाकर दूसरे लोगों को दिखाता तक नहीं, ऐसे दुष्ट बड़ाईखोरों से जो दूर रहते हैं और उन पर भरोसा नहीं करते, वे सत्य का आचरण करते हैं।

आर्य ब्राह्मणों ने यह नियम बनाया था कि शूद्रों को धार्मिक पुस्तकें स्पर्श करने का अधिकार धर्म नहीं देता है। पढ़ने और पढ़कर वास्तविकता की खोज करना तो दूर की बात है। ब्राह्मणों ने यहाँ तक कहा था कि राजा को शिक्षा की आवश्यकता नहीं है क्योंकि उनका लिखने-पढ़ने का सारा काम करने के लिए वे तो हैं ही। इसके पीछे एक ही मकसद था कि वे जो भी काला-सफेद करें, उसकी जानकारी किसी को न हो। इसी उद्देश्य से एक ओर जहाँ मनुस्मृति में यह आदेश दिया था कि शूद्रों को ज्ञान मत दो। 'शूद्राय मतिं न दद्यान्न' वहीं यह भी कहा गया कि विद्या अमरत्व या मुक्ति देती है। 'विद्यायाडमृतश्नुते।' ज्योतिबा फुले धर्म ग्रन्थों में कही गयी सभी बातों को तर्क की कसौटी पर कसते थे। खरी उतरी तो ठीक अन्यथा उसका बहिष्कार। मनुस्मृति की इस बात का वे अवश्य पालन करते थे कि तर्क द्वारा अनुसंधान करने वाला ही वेद का जानकार होता है। 'यः तर्केषु अनुसंधत्तें च धर्म वेद नेतरः।' इसी पृष्ठभूमि में ज्योतिबा फुले ने शिक्षा का प्रचार करके ब्राह्मण धर्माचार्यों की चाल को मात दे दी। ज्योतिबा फुले ने आगे अपने नियमों का खुलासा करते हुए कहा–

नारी या पुरुष जो अपने परिवार के साथ, अपने भाई-बहनों को, अपने रिश्तेदारों को और अपने दोस्तों को बड़े घमण्ड से खानदानी श्रेष्ठ मानकर स्वयं को पवित्र नहीं मानता और सभी मानव प्राणियों को खानदानी नफरत के जरिये अपवित्र मानकर उन्हें नीच नहीं मानता, वह सत्य का आचरण करने वाला है।

'सार्वजनिक सत्य धर्म' पुस्तक में और जिन नियमों को मैंने समावेशित किया है, इन्हें ध्यान से सुनो, विचार करो तब मानो।

नारी या पुरुष, जो प्राचीन काल में घृणा से लिखे गये ग्रन्थों की शिक्षा के आधार पर कुछ मानव-समाजों को खानदानी गुलाम नहीं मानता या उनको दास मानने वालों की परवाह नहीं करता, वह सत्य आचरण वाला है।

नारी या पुरुष, जो अपने लोगों की प्रभुता कायम रखने के लिए स्कूल में पढ़ाते समय अन्य लोगों के बच्चों से परायेपन का व्यवहार नहीं करता या स्कूल में पढ़ाते समय परायेपन का व्यवहार करने वालों की परवाह नहीं करता वह, सत्यानुयायी होता है।

गणपतराव जैसे-जैसे ज्योतिबा फुले को सुनता जाता था–वैसे-वैसे उसके मन में तरह-तरह के प्रश्न उठते जा रहे थे। उसको लगा था कि इन प्रश्नों का समाधान

भी साथ-साथ करते जाना चाहिए। उसके मन की बात को ज्योतिबा भाँप गये। उन्होंने सीधे तौर पर कहा "गणपत, यदि तुम्हारे मन में किसी प्रकार का प्रश्न हो, तो तुम बिना हिचक पूछ सकते हो।"

"गुरुजी! मैं यह सोच रहा था कि अभी तो केवल ब्राह्मण लोग ही शिक्षित हैं और सभी पदों पर जैसे–पाठशाला, कार्यालय आदि में वे बैठे हैं। जब और लोग विशेषकर शूद्रादि-अतिशूद्र भी पढ़ लेंगे तो वे भी इन पदों के हकदार बन जायेंगे, इससे क्या समाज में दुर्भाव नहीं जन्म लेगा। अध्यापक को तीव्र बुद्धि वाला विद्यार्थी ही प्रिय होता है। क्या ऐसा व्यवहार शूद्र के बच्चों के साथ भी अध्यापकों का रहेगा?

'अभी तो वह स्थिति उत्पन्न नहीं हुई है। भविष्य की कौन जाने? लेकिन एक बात पर ध्यान रखना होगा कि अध्यापक के पदों पर ऐसे ही लोगों को रखा जाय जो अपना-पराया की मानसिकता से परे हों। इसीलिए इन नियमों को सुनो और विचारो–

1. नारी या पुरुष, जो न्यायमूर्ति के पद पर विराजमान होने के बाद अन्यायी लोगों को, उनके जुर्म के अनुसार सजा देने में कोई कसर बाकी नहीं रखता या अन्याय करने वालों का निषेध करता है, उसको ही सत्यवर्ती माना जाय।
2. नारी या पुरुष, जो खेती का काम करके या अन्य प्रकार की कारीगरी करके पेट पालने वालों को श्रेष्ठ मानता है और किसानों की सहायता करने वालों का आदर-सत्कार करता है, वही सत्य का आचरण करने वाला है।
3. नारी या पुरुष, जो चमार के घर का ही क्यों न हो, बेगारी का काम करके अपना पेट पालने वालों को नीच नहीं मानता, बल्कि उस काम में मदद करने वालों की प्रशंसा करता है, उसे मैं सत्य का आचरण मानने वाला मानता हूँ।
4. नारी या पुरुष, जो स्वयं कोई व्यवसाय किये बगैर ही बेमतलब धार्मिकता का दिखावा करता है और अज्ञानी लोगों को नवग्रहों का डर बताकर उनको लूट करके नहीं खाता या उसके बारे में किताबों की रचना करके अपना पेट नहीं पालता, उसे ही सत्याचरणी मानें।
5. नारी या पुरुष, जो श्रद्धावान मूर्ख को फुसलाकर खाने के लिए महर्षि का स्वांग रचाकर उनको राख-धूप नहीं देता या वैसे काम के लिए किसी भी प्रकार की मदद नहीं करता, उसे ही सत्याचरण वाला मानें।
6. नारी या पुरुष जो काल्पनिक भगवान की शान्ति करने के बहाने आसन लगाकर अज्ञानीजनों को लूटकर खाने के लिए जप-जाप करके अपना पेट नहीं

भरता या उसके लिए किसी भी प्रकार की सहायता नहीं करता, वही सत्यानुयायी है।

7. नारी या पुरुष, जो अपना पेट पालने के लिए अज्ञानी जनों में कलह नहीं पैदा करता या उसके लिए मदद करने वालों की छाया को छूना भी पसन्द नहीं करता, उसे सत्याचरण करने वाला जानना चाहिए।

सत्य का आचरण करने वाला वह है जो हम सभी के निर्माता द्वारा पैदा किये हुए प्राणियों में से मानव नर-नारियों में किसी भी प्रकार की पसन्दगी-नापसन्दगी रखे बगैर उसका खाना-पीना और पहनावा आदि के बारे में किसी भी प्रकार का विधि निषेध किये बगैर ही उसके साथ पवित्र मन से आचरण करता है।

सत्यानुयायी उसे मानें जो सभी मानव नर-नारियों में किसी के प्रति पसन्दगी-नापसन्दगी रखे बगैर उनमें से महारोगी को, अपाहिज को और बेसहारा बच्चों को अपनी क्षमता के अनुसार मदद करती या मदद करने वालों को सम्मान देता है।

गणपतराव और उसके साथियों ने ज्योतिबा की बातों को गम्भीरतापूर्वक सुना। गणपत ने कहा, "गुरुजी आप ने मनुष्यों के द्वारा सत्य का आचरण करने वाले लोगों के आचरण की बृहद व्याख्या की और उन्हें आप ने नियमबद्ध कर दिया। इससे समाज के समरूप विकास में मदद मिलेगी, परन्तु एक महत्त्वपूर्ण प्रश्न यह है कि सदियों से जिन धर्मों और नियमों का आचरण लोग करते आ रहे हैं, क्या वे उन्हें भुला देंगे और आपके द्वारा प्रतिपादित नियमों को अंगीकार करेंगे?"

इस प्रकार यह कहा जा सकता है कि जो लोग सदियों से शोषित रहे हैं, वे अब इन धर्मों से ऊब गये हैं और नये रास्ते की तलाश में हैं। ये रास्ते इन नियमों में मिलेंगे। मुझे तो यह भी विश्वास है कि भविष्य का समाज और सरकारें इन नियमों को मानव जीवन और समाज के विकास के लिए आवश्यक मानकर इसी के अनुरूप नीति-निर्धारण करेंगी।

ज्योतिबा फुले को ज्ञानार्जन की उत्कट पिपासा थी। ज्ञान जहाँ भी मिले, उसे वे निःसंकोच ग्रहण करते, उस पर चिन्तन-मनन करते और यदि वह ज्ञान उनकी कसौटी पर खरा उतरता तो वे न केवल उसे अपने व्यवहार का अंग बनाते, बल्कि समाज के लोगों से उसे अपने आचरण में अनूदित करने की अपील करते थे, इसीलिए उन्होंने वैदिक, पौराणिक और आधुनिक साहित्य का गहन अध्ययन किया।

ज्योतिबा ने 'सार्वजनिक सत्यधर्म पुस्तक' में जननी (माता) के सम्मान की बातें की। वे मातृभूमि की दासता की बेड़ियों से छुटकारा के लिए, शूद्रातिशूद्रों,

गरीबों, असहायों और महिलाओं को सामाजिक प्रतिष्ठा दिलाने के लिए संघर्षरत रहे। शिक्षा के प्रचार-प्रसार के साथ वे समाज के सर्वांगीण विकास की बातें करते थे।

पुणे नगर के विकास के लिए स्वच्छता, शिक्षा और स्वास्थ्य को लेकर ज्योतिबा ने अनेक गोष्ठियों का आयोजन किया। सरकार पर दबाव बनाने के लिए प्रदर्शन किये, पत्र-पत्रिकाओं के माध्यम से उसका ध्यानाकर्षण किया। पुणे की नगरपालिका के गठन में ज्योतिबा फुले के इन कार्यक्रमों का योगदान रहा। पुणे नगरपालिका का गठन 20 मई, 1858 को किया गया। नगरपालिका के सदस्यों का मनोनयन सरकार द्वारा किया जाता था। सरकार वैसे लोगों को नगरपालिका का सदस्य मनोनीत करती थी जो आभिजात्य वर्ग के थे, आर्थिक रूप से सम्पन्न थे तथा सत्ता तक जिनकी पहुँच थी। करीब दो दशक बाद सरकार को यह बोध हुआ कि जब तक सभी वर्गों का प्रतिनिधित्व नगरपालिका में नहीं होगा, तब तक नगर का विकास सम्भव नहीं है। अब तक जो सदस्य बने थे उन्हें यह ज्ञात नहीं था कि गन्दगी क्या है ? गरीबी क्या है ? और स्वस्थ जीवन के लिए क्या-क्या अपेक्षित है। सरकार ने 1876 में ज्योतिबा फुले को पुणे नगरपालिका का सदस्य मनोनीत किया। संयोग से उनके साथ में डॉ. विश्राम रामजी घोले, रामसेठ उखड़े और हरिराव जी चिपलूणकर को भी नगरपालिका का सदस्य मनोनीत किया गया। ये सभी 'सत्यशोधक समाज' के सक्रिय सदस्य थे।

ज्योतिबा फुले को अपने मुहल्ले में जलापूर्ति, सफाई और प्रकाश की प्रायः शिकायतें मिलती रहती थीं। यह मात्र उन्हीं के मुहल्ले की समस्या नहीं थी, बल्कि पुणे नगरपालिका के उन सभी बाड़ों की समस्या थी जहाँ शूद्रातिशूद्रों और गरीब मजदूरों की संख्या अधिक थी। कारण स्पष्ट था कि सम्पन्न सवर्णों को, जो नगरपालिका के सदस्य होते, उन्हें इन वार्डों की चिन्ता ही नहीं रहती थी। जब ज्योतिबा फुले और उनके सहयोगियों को सदस्य मनोनीत किया गया, तब इन मुहल्लों के लोगों को यह आशा बँधी कि अब उनको भी देखने-सुनने वाला कोई है।

नगरपालिका के कार्यकारी सदस्यों का कार्यकाल छह माह का होता था। जब तक सदस्य अपने कर्तव्य और दायित्व को समझें, वे पदच्युत हो जाते थे। इससे जनकल्याण का कार्य सम्पन्न नहीं हो पाता था, अतः श्री हरिराव जी चिपलूणकर ने यह सुझाव दिया, कि "नगरपालिका के कार्यकारी सदस्यों का चुनाव हर वर्ष, कामकाज का वर्ष शुरू होने के पहले किया जाय।" कार्यकारी सदस्यों का कार्यकाल एक वर्ष का किया जाय। ज्योतिबा फुले ने इस प्रस्ताव का समर्थन किया। कार्यावधि

बढ़ने से कामकाज करने के लिए अधिक समय मिलने लगा और इसका सीधा परिणाम दिखने लगा।

नगरपालिका की एक बैठक में यह प्रस्ताव विचारार्थ प्रस्तुत हुआ कि बेतालपेठ में सब्जी मंडी का नया भवन बनाया जाय। इससे दुकानों की संख्या बढ़ेगी और आय का स्रोत भी उन्मुक्त होगा। ज्योतिबा फुले और चिपलूणकर ने इस प्रस्ताव का सशर्त अनुमोदन किया कि सब्जी मंडी केवल छप्पर का बनाया जाय और सब्जी विक्रेता–कुँजड़ों से वार्षिक किराया चार आने से अधिक न लिया जाय। वे सदा से ही गरीबों, मजदूरों, छोटे दुकानदारों के प्रति संवेदनशील थे।

बम्बई के राज्यपाल लॉर्ड लिटन ने पुणे भ्रमण का कार्यक्रम बनाया। महामहिम राज्यपाल के स्वागत की पुरजोर तैयारी शुरू हो गयी। नगरपालिका की ओर से नगर के चौराहों, सड़कों और मुख्य मुहल्लों को सजाने का प्रस्ताव आया। इस पर एक हजार के व्यय की अनुमति के लिए नगरपालिका सदस्यों की सहमति माँगी गयी। लॉर्ड लिटन से लोग अप्रसन्न थे क्योंकि उन्होंने मुद्रण अधिनियम लागू करके समाचार-पत्रों की स्वतन्त्रता पर प्रतिबन्ध लगाया था। प्रस्ताव स्वीकृति के लिए ज्योतिबा फुले के समक्ष लाया गया। अन्य सदस्यों का अनुमोदन मिल गया था। ज्योतिबा फुले ने अपनी असहमति व्यक्त करते हुए कहा, कि "नगरपालिका की आर्थिक स्थिति अच्छी नहीं है और स्वागत पर इतनी बड़ी रकम खर्च करना उचित नहीं होगा।" वे सदैव गरीबों के कल्याण की बात सोचते थे। उनका यह सतत प्रयास रहता कि जहाँ कहीं से बचत हो, उसका उपयोग शिक्षा के प्रचार-प्रसार पर किया जाय।

नगरपालिका के नागरिकों को शुद्ध पेय जल की आपूर्ति एक गम्भीर समस्या थी। ज्योतिबा फुले ने नगरपालिका के सदस्य के रूप में एक योजना तैयार की कि जिस प्रकार राज्यपाल भवन और छावनी क्षेत्र में शुद्ध जल (फिल्टर किया हुआ) की आपूर्ति की जाती है, उसी प्रकार शंकरपेठ मार्ग पर अवस्थित नगरपालिका की सेवक कॉलोनी के निकट बृहत् तालाब में पानी संचित किया जाय और उसे फिल्टर करके शुद्ध जल की नगर में आपूर्ति की जाय। योजना स्वीकृत हो गयी परन्तु तकनीकी त्रुटियों के कारण यह योजना सफल नहीं हो सकी। इससे लोकनिष्ठ ज्योतिबा फुले को गहरा संताप और मानसिक क्लेश हुआ।

पुणे नगरपालिका की आर्थिक स्थिति सबल नहीं थी। ऐसी ही स्थिति प्रायः सभी नगरपालिकाओं की थी। नगरपालिका कार्यालय में सवर्णों का वर्चस्व था, इसलिए आम लोगों के हित की योजनाओं को कार्यालय में उलझा दिया जाता था।

इसका एक ज्वलंत उदाहरण था ज्योतिबा फुले द्वारा तैयार जलापूर्ति-योजना की भ्रूण-हत्या। सवर्ण बस्तियों में स्वच्छ एवं शुद्ध पेय जल का अभाव नहीं था। परन्तु गरीब क्षेत्रों में पीने के पानी के लाले पड़े रहते थे। ज्योतिबा फुले ने नगरपालिका के पदेन अध्यक्ष जिलाधिकारी पुणे को समय-समय पर इस समस्या के निदान हेतु कतिपय सुझाव दिये, परन्तु वे कार्यालय की लालफीताशाही में कहाँ कैद हो गये, कुछ पता ही नहीं।

नगरपालिका ने शराब की दुकानों की संख्या बढाने का एक प्रस्ताव विचारार्थ प्रस्तुत किया। ज्योतिबा फुले ने प्रस्ताव का गहन अध्ययन किया और मदिरालयों की संख्या बढ़ाने के प्रस्ताव के विरोध में 18 जुलाई, 1880 को नगरपालिका के कार्यकारी मण्डल के अध्यक्ष प्लंकेट साहब को एक पत्र लिखा, ''नगरपालिका ने काफी रुपया खर्च करके लोगों के स्वास्थ्य की रक्षा के लिए बहुत बड़ी संख्या में कर्मचारियों की नियुक्तियाँ की हैं। लोगों के स्वास्थ्य की दृष्टि से उस तरह का एक स्वतन्त्र विभाग भी उसके पास है। फिर भी, जिस पूना शहर को शराबखाने मालूम नहीं थे, वहाँ अब बस्तियों में शराबखाने खोले गये हैं और इसके माध्यम से लोगों के नैतिक विनाश के बीज बोये जा रहे हैं। इसलिए 'शहर के स्वास्थ्य की रक्षा करो' जैसे नगरपालिका के उद्देश्य की हत्या हो रही है।

''शराब का शौक नागरिकों के नैतिक आचरण के लिए हानि पहुँचाने वाला है। इतना ही नहीं, उनके स्वास्थ्य के लिए भी बहुत ही खतरनाक है। शराबखाने जब से शहर की बस्तियों में शुरू किये गये, तब से दारूबाजों की संख्या इस हद तक बढ़ गयी है कि उससे कई परिवारों का पूरी तरह से विनाश हुआ है और इस गन्दे आचरण की अब शहर में आदत-सी हो गयी है।

''इस बुरी आदत के फैलाव को कुछ प्रतिशत ही क्यों न हो, रोक लगनी चाहिए, इसलिए मैं नगरपालिका को कुछ सुझाव देना चाहता हूँ, वो ये कि नगरपालिका को इन शराबखानों पर, वे जिस प्रतिशत में लोगों का नुकसान करते हैं, उस प्रतिशत में टैक्स लगाना चाहिए। मेरा यह प्रस्ताव नगरपालिका की आमसभा के सामने रखा गया तो मैं आपका बड़ा आभारी रहूँगा।''

ज्योतिबा का यह प्रस्ताव आमसभा में विचारार्थ नहीं रखा गया, बल्कि कार्यालय ने यह टिप्पणी दी कि सरकारी नियमों के अनुसार नगरपालिका मदिरालयों पर 'कर' नहीं लगा सकती। ज्योतिबा की जैसे इस दलील की पूर्व में ही भनक मिल चुकी थी, इसीलिए उन्होंने अपने पत्र में सुस्पष्ट सुझाव दिया था, कि ''किसी भी नगरपालिका ने ऐसे शराबखानों पर ज्यादा टैक्स नहीं लगाये। लेकिन उन पर

केन्द्रीय सरकार का टैक्स होता है। इस सम्बन्ध में आवश्यकता हो तो नगरपालिका को जानकारी हासिल करनी चाहिए।" नगरपालिका ने शायद यह आवश्यकता कभी अनुभूत नहीं की।

पर संघर्ष-पुरुष ज्योतिबा ने हार नहीं मानी और उनका उत्साह म्लान नहीं हुआ। उन्होंने नगरपालिका अध्यक्ष एवं जिलाधीश से अनुरोध किया कि वे स्वयं इस प्रस्ताव पर विचार करें। नगरपालिका अध्यक्ष श्री रिचे ने प्रस्ताव की जाँच उत्पाद-शुल्क विभाग से कराई। उत्पाद शुल्क विभाग ने जाँच करके टिप्पणी दी कि पहले नगर में चार मदिरालय थे। अब उनकी संख्या दस हो गयी है। परन्तु सर्वेक्षण से ऐसा ज्ञात हुआ है कि नगर के कुछ क्षेत्रों में अवैध शराब की बिक्री होती है, जो स्वास्थ्य के लिए हानिकर है। अतः लोगों को अवैध और जहरीली शराब से बचाने के लिए जिलाधीश ने नये क्षेत्रों में मदिरालय खोलने की अनुमति दी है।

सामाजिक सुधार में मद्यपान विरोध ज्योतिबा फुले का एक मुख्य कार्यक्रम था। उन्होंने इसके लिए आन्दोलन चलाये। गरीब मजदूरों को शिक्षित करने के लिए उनकी बस्तियों में गोष्ठियाँ कीं।

ज्योतिबा के मित्र और नगरपालिका के मनोनीत सदस्य डॉ. विश्राम रामजी घोले एक प्रसिद्ध और प्रतिष्ठित चिकित्सक थे। उनके औषधालय में आने वालों में गरीब-मजदूरों की बहुतायत हुआ करती थी। सफल चिकित्सक के अतिरिक्त वे एक यशस्वी समाजसेवी एवं सुधारक भी थे। उन्होंने अपने अनुभव के आधार पर एक प्रस्ताव दिया, कि "मेरे पास आने वाले रोगियों में बड़ी संख्या उन लोगों की होती है, जिनका स्वास्थ्य मद्यपान के कारण खराब हुआ होता है। पहले तो एकाध-दूसरा ही मदिरालय दिखाई पड़ता था, लेकिन अब बीच बस्तियों में भी मदिरालय खुल रहे हैं। नगरपालिका को इसके बारे में कुछ करना होगा।" ज्योतिबा को यह प्रस्ताव अच्छा लगा और उन्होंने नये मदिरालय खोलने के विरोध में जनमत तैयार करने का अभियान आरम्भ कर दिया। 1880 में नगरपालिका क्षेत्र में मदिरालयों की संख्या बढ़ाने का प्रस्ताव आया।

श्री रिचे ने उत्पाद विभाग की राय मान ली और आदेश पारित किया कि "यह कहना उचित नहीं है कि मदिरालयों की संख्या बढ़ने से मद्यपान की लत पड़ जाती है।"

ज्योतिबा उक्त आदेश से सन्तुष्ट नहीं हुए। उन्हें यह मालूम था कि सरकारी तन्त्र नियमों का अन्धानुपालक होता है। अतः मद्यपान निषेध से सम्बद्ध सरकार को अपनी नीति बदलने अथवा उसमें संशोधन करने पर विचार करना

चाहिए। तब से अब तक कितनी सरकारें आयीं और गयीं। स्वाधीनता आन्दोलन के समय भी मद्यपान-निषेध का प्रश्न उठा था। स्वाधीनता आन्दोलन के अग्रणी नेताओं, समाज सुधारकों ने लोगों से मद्यपान के विरोध में पुरजोर अपीलें कीं। देश के कुछ राज्यों में गाँधी के जन्म दिन पर मद्यपान निषेध लागू भी किया गया। कुछ राज्यों में यह प्रतिबन्ध अब भी लागू है। फिर भी मद्यपान का आकर्षण बढ़ता ही जा रहा है। दुर्भाग्य है कि नयी पीढ़ी इसे शौकिया शुरू करती है और फिर वह उसकी जबरदस्त लत बन जाती है। शराब सरकार के राजस्व का एक मुख्य स्रोत हो गयी है। जिन राज्यों में मद्यपान निषेध लागू किया गया है वहाँ पर शराब की खपत और बढ़ गयी है। लोगों को मद्यपान से दूर रखने के लिए नैतिक शिक्षा की आवश्यकता है। ज्योतिबा की यह सोच ही मद्यपान को न्यून तथा निर्मूल कर सकती है।

पुणे नगरपालिका के सदस्य के रूप में ज्योतिबा फुले का सम्पूर्ण कार्यकाल संघर्षों में ही बीता। उन्होंने शिक्षा के प्रचार-प्रसार, शुद्ध पेयजल की उपलब्धता, स्वास्थ्य सम्बन्धी कार्यों और मद्यपान निषेध जैसे मुद्दों पर निरन्तर संघर्ष किया।

ज्योतिबा फुले के संघर्षस्नात जीवन का उद्देश्य था, ''सभी का कल्याण मूल आशा जिसकी, इच्छा सद्गुणों की, वही ज्ञानी।'' वे किसी जाति या वर्ण के विरोधी नहीं थे, बल्कि उस जाति या वर्ण की लोकद्रोही अमानवीय मान्यताओं के विरोधी थे। वे ब्राह्मणों के नहीं बल्कि आधारहीन, अतार्किक, परम्परावादी और लोकघाती ब्राह्मण व्यवस्था के विरोधी थे। ब्राह्मणों ने उनके और उनकी पत्नी के साथ कितने अभद्र व्यवहार किये परन्तु उन्होंने उन ब्राह्मणों को नहीं, बल्कि उनकी सोच और उनके अन्धविश्वास की खिल्ली उड़ाई और उनके विरुद्ध लोकजागरण का शंखनाद किया। ज्योतिबा फुले और माधव गोविन्द रानाडे दोनों के विचार सुधारवादी थे, परन्तु रानाडे की करनी उनकी कथनी के अनुरूप नहीं थी इसलिए ज्योतिबा फुले रानाडे के आलोचक थे, पुनरपि जब रानाडे ने स्वामी दयानन्द की शोभायात्रा को सफल बनाने के लिए मदद माँगी, तब वे अपने दलबल के साथ आगे आये और सनातनी ब्राह्मणों की शोभायात्रा को बाधित करने के प्रयास को विफल किया।

ब्राह्मण समुदाय में अनेक ऐसे लोग थे जो ज्योतिबा फुले के विचारों से सहमत थे, उन्होंने उनके जनहितकारी कार्यों को सफल बनाने में मदद की, चाहे वे लड़कियों और अछूतों के लिए स्कूल चलाने की बात हो अथवा सामाजिक जागृति के कार्य हों।

उच्च शिक्षा के उन्नयन के प्रयास

'हंटर शिक्षा आयोग' 1882 में भारत आया। उस समय ज्योतिबा फुले पुणे नगर पालिका के म्युनिसिपल कमिश्नर थे। वे पेठजूनागंज का प्रतिनिधित्व करते थे। 19 अक्टूबर, 1882 को ज्योतिबा गोविन्द राव फुले ने हंटर शिक्षा आयोग के समक्ष एक लिखित निवेदन उपस्थापित किया, जिसमें प्राथमिक शिक्षा, शिक्षक, शिक्षा के पाठ्यक्रम, उच्च शिक्षा जैसे महत्त्वपूर्ण विषयों की विवेचना के साथ ही अपने कुछ अमूल्य सुझाव भी दिये। यह निवेदन ज्योतिबा ने अपने अनुभवों के आधार पर तैयार किया था, इसलिए उनके सुझाव व्यावहारिक थे। लॉर्ड एडिनवरो का यह सुझाव कि शिक्षा और संस्कृति उच्च वर्गों से निम्न वर्गों तक रिसती चली जायेगी, ज्योतिबा को मान्य नहीं था। कारण स्पष्ट है कि उच्च वर्ग कभी नहीं चाहेगा कि ज्ञान की गंगा शूद्रों और अतिशूद्रों के मुहल्लों में कलकल-निनाद करे। उनका सुझाव था कि सरकार प्राथमिक शिक्षा की ओर ध्यान दे, इससे उन्हें सच्चरित्र, सुशील और सक्षम लोग अधिक संख्या में कामकाज के लिए सुलभ हो जायेंगे। उच्च वर्ग उच्च शिक्षा की व्यवस्था स्वयं करें। अभी तक सरकार ने उस अनुपात में आम लोगों की शिक्षा को सुविधा नहीं दे रही है, जिस अनुपात में, राजकोष में उनके पसीने की कमाई आती है।

ज्योतिबा फुले ने अपने विचारों को स्पष्ट करते हुए लिखा, कि "मेरा उद्देश्य अपने शूद्र बन्धुओं को मात्र यह बताना नहीं है कि कैसे ब्राह्मणों ने उन्हें धोखा दिया है, बल्कि सरकार की भी आँखें खोलनी है कि कैसे वह मात्र उच्च शिक्षा को बढ़ावा देती आ रही है।" उनका सुझाव था कि शूद्रों की हर बस्ती में सरकार स्कूल चलाए, परन्तु उसके अध्यापक ब्राह्मण नहीं हों। शूद्र ही राष्ट्र की जीवनधारा है और उन्हीं के द्वारा देश की वित्तीय और राजनीतिक कठिनाइयों पर सरकार काबू पा सकेगी।

प्राथमिक शिक्षा पर ज्योतिबा फुले ने हंटर आयोग को लिखा, कि "इसमें कोई शक नहीं कि प्राथमिक शिक्षा को इस प्रेसीडेन्सी में बहुत उपेक्षित किया गया है। यद्यपि स्कूलों की संख्या में वृद्धि हुई है, परन्तु यह वृद्धि समाज की आवश्यकता से बहुत कम है। सरकार विशेष शिक्षा शुल्क वसूल करती है परन्तु इस राशि का सदुपयोग शिक्षा पर नहीं किया जा रहा है।

इस प्रेसीडेन्सी में करीब 10 लाख से अधिक बच्चे हैं, परन्तु उनकी प्राइमरी शिक्षा का पर्याप्त प्रबन्ध नहीं किया गया है। शिक्षा की इस दयनीय स्थिति का कारण बहुत हद तक यहाँ के किसानों की गरीबी, आत्म निर्भरता में कमी और पढ़े-लिखे लोगों पर निर्भर है। शहरों की भी यही स्थिति है। कमजोर वर्ग में नगण्य लोग हैं,

जो प्राइमरी या माध्यमिक स्कूलों की सुविधा का लाभ उठा पाते हैं। जो कुछ विद्यार्थी स्कूल जाते भी हैं वे अपनी गरीबी और कुछ अन्य सामाजिक कारणों से, बीच में ही पढ़ाई छोड़ देते हैं। इसका लाभ ब्राह्मण, प्रभू और व्यापारी वर्ग के लोग उठाते हैं। पढ़ाई चालू रखने के लिए, इस वर्ग के छात्रों को प्रोत्साहित करने की योजना भी नहीं है। गरीब वर्ग के बच्चे पढ़ाई के दौरान गरीबी के कारण जैसे ही कोई काम मिल जाता है, पढ़ाई को तिलांजलि दे देते हैं। ग्रामीण क्षेत्र के बच्चे जानवरों को चराने और खेती में माँ-बाप की मदद करते हैं, पढ़ाई नहीं कर पाते। अतः स्कूलों की संख्या बढ़ाने के साथ-साथ स्कूलों में विशेष आकर्षण का प्रावधान, जैसे छात्रवृत्ति, छमाही और वार्षिक पारितोषिक वितरण आदि करना चाहिए, जिससे गरीब किसान अपने बच्चों को स्कूल भेजे और उनमें शिक्षा के प्रति लगाव हो। मेरे विचार से 12 साल तक के बच्चों के लिए प्राइमरी शिक्षा अनिवार्य और निःशुल्क कर देनी चाहिए।

''मुसलमान बच्चों के लिए ऐसे बहुत कम प्राथमिक विद्यालय हैं जहाँ उनकी भाषा पढ़ाई जाती हो। उन्हें अंग्रेजी और मराठी भाषा सीखने में कोई अभिरुचि नहीं है।''

''जाति-भेद के कारण महार, मांग और अन्य निम्न वर्ग के बच्चे स्कूल से दूर ही रहते हैं क्योंकि उनको उच्च वर्ग के बच्चों के साथ बैठने नहीं दिया जाता है। इसलिए इनके बच्चों के लिए विशेष स्कूलों की व्यवस्था की गयी है, परन्तु वह बड़े शहरों तक ही सीमित है। पूना शहर में इस वर्ग के 5000 बच्चों के लिए मात्र एक विद्यालय है और उसमें भी 30 बच्चों से कम की उपस्थिति पायी जाती है। इसलिए मेरा अनुरोध है कि महारानी विक्टोरिया की घोषणा के अनुरूप शिक्षा दी जाये तथा मांग और अन्य निम्न वर्ग के बच्चों के लिए विशेष पाठशालाएँ शुरू की जायें, क्योंकि जाति-भेद के कारण उनको अन्य स्कूलों में प्रवेश नहीं दिया जाता है।

"सरकार द्वारा संचालित प्राइमरी पाठशालाओं की शिक्षा सन्तोषजनक नहीं है। शिक्षा पद्धति अव्यावहारिक है और भावी जीवन के लिए अनुपयोगी। अतः शिक्षा पद्धति और शिक्षा निर्देश की क्रियाविधि को पूर्णतः रिमोडेल करने की आवश्यकता है।

"आज अध्यापकों में प्रायः सभी ब्राह्मण जाति के हैं। उनमें भी कुछ ही नॉरमल प्रशिक्षित हैं। अधिकांश अप्रशिक्षित हैं। वे शिक्षण के प्रति समर्पित नहीं हैं। अतः विद्या अपने पैत्रिक व्यवसाय और कठिन श्रम से पलायन करने वाले हो जाते हैं। मेरे विचार से प्राथमिक विद्यालय के अध्यापक प्रशिक्षित होने चाहिए और जहाँ तक सम्भव हो, वे खेतिहर वर्ग के होने चाहिए, जिससे वे ब्राह्मण अध्यापकों की अपेक्षा,

विद्यार्थियों के साथ दुराव न रखें और उनकी समस्याओं तथा कमियों को अधिक समझ सकें।

ग्रामीण व्यवस्था से सम्बद्ध कार्य जैसे–ग्राम लेखा का अंकेक्षण, डाँड़ लिखने का काम, ग्राम-पोस्ट-मास्टर, स्टाम्प विक्रेता आदि से इन अध्यापकों को जोड़ने से, समाज में, उनका ओहदा बढ़ जायेगा। इससे गाँव में उनकी बातों का, उनकी सलाह का, वनज होगा।

जिन अध्यापकों के पढ़ाये हुए अधिक बच्चे परीक्षा में उत्तीर्ण हों, उन्हें प्रोत्साहित करने के लिए विशेष भत्ता दिया जाये।

गाँव और शहर के शिक्षा पाठ्यक्रम, वहाँ की आवश्यकताओं के अनुरूप हों। प्राथमिक विद्यालयों के पाठ्यक्रम में पढ़ना, लिखना, बाल बोध, लेखन, लेखा का ज्ञान, गणित का ज्ञान आदि का प्रावधान किया जाये। इतिहास भूगोल और व्याकरण का सामान्य ज्ञान, कृषि का सामान्य ज्ञान दिया जाये, साथ ही नीतियों और आरोग्य सम्बन्धी पाठ भी पढ़ाये जायें। शिक्षा व्यावहारिक होनी चाहिए। कृषि की पढ़ाई के लिए एक आदर्श कृषि फार्म होना चाहिए, जिसमें बच्चों को व्यावहारिक शिक्षा दी जा सके। यह राष्ट्रहित में होगा।

तकनीकी शिक्षा, नैतिकता, स्वच्छता एवं कृषि और कुछ लाभकारी कलाओं को भी कोर्स में सम्मिलित किया जाये।

"प्राइमरी पाठशालाओं में निरीक्षण व्यवस्था त्रुटिपूर्ण और अपर्याप्त है। उपनिरीक्षक वर्ष में एक बार निरीक्षण के लिए आते हैं, जिसका कोई प्रभाव नहीं होता। इन स्कूलों का निरीक्षण कम-से-कम हर तिमाही में होना चाहिए। पूर्व सूचना के बिना निरीक्षण करना अधिक लाभप्रद हो सकता है।

"नगरपालिकाओं के शिक्षा-दायित्वों को बढ़ाया जाये। उनके क्षेत्राधिकारों के सभी प्राइमरी स्कूलों को चलाने की जिम्मेदारी उन्हें दी जाये, परन्तु स्कूलों को पूर्णरूप से उन्हें न देकर शिक्षा विभाग के पर्यवेक्षण में रखा जाये। माध्यमिक और निजी अंग्रेजी विद्यालयों को नगरपालिका द्वारा अनुदान इन एड की राशि स्कूल के परीक्षाफल के अनुसार निर्धारित की जाए। प्राइमरी पाठशाला के फण्ड का नियन्त्रण और संचालन निदेशक शिक्षा के अधीन होना चाहिए। परन्तु जहाँ पर स्थानीय या जिला समितियों में शिक्षित और योग्य लोग हों वहाँ पर फण्ड का नियन्त्रण जिलाधिकारी के पर्यवेक्षण में उन समितियों को दिया जा सकता है। अभी ऐसी स्थिति नहीं है क्योंकि ऐसी समितियों में प्रायः अशिक्षित और अज्ञानी लोग सदस्य होते हैं।"

ज्योतिबा फुले ने हंटर शिक्षा आयोग को समर्पित अपने निवेदन में देशी पाठशालाओं के सम्बन्ध में भी विस्तृत उल्लेख किया। उन्होंने लिखा कि इस प्रेसीडेन्सी के बड़े शहरों, नगरों और गाँवों में करीब 1049 देशी स्कूल हैं। परन्तु ये स्कूल ब्राह्मणबाहुल्य क्षेत्रों में हैं। इन विद्यालयों में करीब 27694 विद्यार्थी हैं। इन विद्यार्थियों को पुराने तरीके से पहाड़ा याद कराया जाता है। लिखना, पढ़ना और गुणा-भाग की शिक्षा के साथ, कुछ धार्मिक शिक्षा भी दी जाती है। यहाँ के अध्यापक प्रशिक्षित नहीं हैं, इसलिए स्कूलों का विकास नहीं हो पा रहा है। अभी तक देशी स्कूलों के अध्यापकों को प्रशिक्षित करने की कोई व्यवस्था नहीं है। इन देशी स्कूलों का स्तर तब तक नहीं उठ सकेगा जब तक इन अध्यापकों के स्थान पर प्रशिक्षित अध्यापकों की नियुक्ति नहीं होती है। सरकार से अनुदान ऐसे पाठशालाओं को ही मिलना चाहिए, जिन स्कूलों में प्रशिक्षित और सुयोग्य अध्यापक हैं और उन स्कूलों का परिणाम उत्तम होता है। ऐसा करने से एक अच्छी और स्वस्थ नयी पीढ़ी का जन्म होगा, जो समाज और राष्ट्र को उन्नति की ओर ले जायेगी।"

ज्योतिबा फुले, शिक्षा के विकास, उसकी गुणवत्ता और उसके स्तर को उन्नीत करने के लिए सतत सजग और सक्रिय रहा करते थे। वे केवल समस्या की पहचान तक ही स्वयं को सीमित नहीं रखते थे, अपितु उसका उपयुक्त निदान भी ढूँढ़ते थे। हंटर शिक्षा आयोग के समक्ष उन्होंने शिक्षा और शिक्षण संस्थाओं की समस्याओं को अत्यन्त प्रभावक ढंग से प्रस्तुत किया था।

ज्योतिबा ने उच्च शिक्षा पर भी चिन्तन-मनन किया और आयोग को लिखा—"गत कुछ सालों से पूरे देश में यह प्रश्न उठाया जा रहा है और वह सही भी है, कि सरकार उच्च शिक्षा पर खुले हाथ से खर्च करती है, परन्तु बहुजन समाज की शिक्षा-व्यवस्था की उपेक्षा की गयी। राष्ट्र का कल्याण चाहने वाला ऐसा कोई भी व्यक्ति नहीं चाहेगा कि उच्च शिक्षा के प्रसार के लिए दिया जा रहा अनुदान बन्द कर दिया जाये, परन्तु यह अवश्य चाहेगा कि अब तक उपेक्षित रहे बहुजन समाज के उत्थान के लिए अच्छी शिक्षा की अपेक्षित व्यवस्था अवश्य की जाये। यदि आवश्यक हो तो उच्च शिक्षा से शनैः-शनैः सरकारी अनुदान की राशि कम की जाये, जिससे मध्य एवं निम्न वर्ग के लोगों, जिनमें अभी तक उच्च शिक्षा का श्रीगणेश भी नहीं हो पाया है, के स्कूलों को यथेष्ट अनुदान दिया जाय। उच्च शिक्षा प्राप्त करने वाले छात्रों के अभिभावकों की आर्थिक स्थिति ऐसी है कि वे अपने साधनों से अच्छी शिक्षा अर्जित कर सकते हैं, परन्तु बहुजन गरीब समाज के पास ऐसे साधन-स्रोत नहीं हैं। मेरा सुझाव है कि किसी भी स्तर की शिक्षा को निजी हाथों में नहीं दिया

जाए, अन्यथा, शिक्षा व्यवस्था कुछ धनी-मानी व्यक्तियों की दासी बनकर रह जाएगी। मेरे विचार से आने वाले एक लम्बे समय तक शिक्षा के प्रचार-प्रसार का कार्य सरकार पूरी तरह से अपने प्रबन्धन और पर्यवेक्षण में रखे।

स्वाधीन भारत में अभी तक इसके विपरीत काम किया गया है। शिक्षा पर निजी क्षेत्र का प्रभाव बढ़ता जा रहा है। शिक्षा आज शिक्षा माफियाओं की क्रीतदासी बन गयी है।

मिशनरी स्कूलों में से कुछ का ही शिक्षास्तर और गुणवत्ता उच्च कोटि का है। सब की नहीं। इन स्कूलों में उपलब्ध सीटों की संख्या आवश्यकता से बहुत कम है। आधे से अधिक विद्यार्थियों को अच्छी शिक्षा नहीं मिल पाती।

सरकार पोषित विद्यालयों के शिक्षकों का वेतनमान निजी स्कूलों के अध्यापकों के वेतनमान से कहीं अच्छा होता है अतः सरकारी स्कूलों में अच्छे अध्यापक मिलते हैं, परन्तु शिक्षा का वातावरण अच्छा नहीं होता ऐसी स्थिति में सरकार को चाहिए कि वह सरकारी स्कूलों में शिक्षा का वातावरण बनाये, अध्यापकों में विद्यार्थियों के प्रति लगाव जगाये और शिक्षा के स्तर को उत्तम बनाये।

सरकार द्वारा संचालित उच्चतर विद्यालयों में दी जा रही शिक्षा आज की आवश्यकता को देखते हुए न तो व्यावहारिक है और न ही सामान्य-जीवन-शैली के अनुरूप है। ऐसी शिक्षा क्लर्क और अध्यापक ही पैदा कर सकती है। वैज्ञानिक, प्रशासक और शिक्षाविद नहीं। शिक्षा सार्वभौम और हर व्यक्ति की पहुँच के अनुरूप होनी चाहिए। हमें आयोग से आशा है कि आयोग ऐसी नीति के अंगीकरण का सुझाव देगा, जिससे शिक्षा व्यावहारिक और सबकी पहुँच के दायरे की होगी।

5

फुले : रचनाएं और विचार

ज्योतिराव गोविंदराव फुले, 19वीं सदी के एक महान भारतीय विचारक, समाज सेवी, लेखक, दार्शनिक तथा क्रान्तिकारी कार्यकर्ता थे। महिलाओं व दलितों के उत्थान के लिए इन्होंने अनेक कार्य किए। समाज के सभी वर्गों को शिक्षा प्रदान करने के ये प्रबल समथर्क थे। किसी भी व्यक्ति या महापुरुष के व्यक्तित्व, प्रतिभा और सोच का पता उसके विचारों से लगता है। ये विचार उसकी सृजनात्मक या रचनात्मक शक्ति और प्रवृत्ति के प्रतिबिंब होते हैं।

समय-समय पर फुले ने अपने विचार अपने लेखों, भाषणों और रचनाओं के माध्यम से प्रकट किए जिनसे पता चलता है कि वह क्रांतिकारी, प्रगतिशील विचारों के महापुरुष थे। उनकी रचनाओं के कई संग्रह आज मराठी, अंग्रेजी, हिंदी आदि भाषाओं में सुलभता से प्राप्त हैं। जिनके कई-कई संस्करण छप चुके हैं। विदेशी-शोधकर्ताओं ने उन पर विस्तृत शोधकार्य किया है।

धनंजय कीर ने सर्वप्रथम उन पर अंग्रेजी में तथा कन्हैयालाल चंचरीक ने हिंदी में जीवनी लिखी।

ज्योतिबा शिक्षा-प्रेमी और समाज सुधारक होने के साथ-साथ मराठी भाषा और साहित्य के उन्नयन और विकास में बड़ी रुचि रखते थे। उन्हें मराठी लेखन और काव्य से गहरा लगाव था। वह संस्कृत को लोकभाषाओं की जननी तथा उसे प्राचीन साहित्यिक एवं सांस्कृतिक धरोहर को समझने-जानने का महत्वपूर्ण माध्यम मानते थे। इसी प्रकार अंग्रेजी को विश्व ज्ञान एवं पाश्चात्य देशों से संपर्क की उन्नत भाषा के रूप में प्रतिष्ठा देते थे, साथ ही लोक-भाषा मराठी को सांस्कृतिक और भावनात्मक

एकता तथा जन-जन के बौद्धिक विकास के लिए आवश्यक समझते थे। वह उच्चकोटि के भाषाविद् एवं लेखक की तरह भाषा और साहित्य को सभ्यता और संस्कृति के विकास का दर्पण मानते थे।

उन्होंने महाराष्ट्र में सर्वप्रथम मराठी भाषा के माध्यम से शिक्षा और ज्ञान की मशाल जलाई और अपने ढंग से मराठी में शिक्षण-पद्धति विकसित की जो अनुकरणीय सिद्ध हुई। जब दक्षिणा-कोष के सदुपयोग हेतु पुणे के बुद्धिजीवियों और शिक्षा प्रेमियों ने सरकार को लिखित प्रार्थना पत्र भेजने की बात चलाई और हस्ताक्षर अभियान छेड़ा तो विरोधी पाखंडियों और कट्टरवादियों का फुले ने ही सामने जाकर सामना किया। उनके ही प्रयत्नों और मध्यस्थता से दक्षिणा कोष का धन मराठी साहित्य के मौलिक सृजन तथा अनुवाद कार्य पर मेहनताने और पारितोषिक के रूप में खर्च किए जाने की सरकार ने स्वीकृति दी।

मराठी में विचारों के प्रचार-प्रसार के लिए फुले को अपने मित्र तुकाराम तात्या से बहुत मदद मिली। युवा तात्या प्रगतिशील और क्रांतिकारी विचारों के लिए प्रसिद्ध थे। वे समाज सुधारों में गहरी दिलचस्पी लेते थे और ज्योतिबा को अपना आदर्श मानते थे। दोनों समवयस्क थे। तात्या ने मराठी में जाति व्यवस्था के विरुद्ध 'जाति भेद विवेक सार' पुस्तक की रचना की जो 1861 में छपी थी। इसमें ज्योतिबा के विचारों की स्पष्ट झलक थी, इसके प्रकाशक वासुदेव बाबाजी नोरंग थे।

इस पुस्तक का द्वितीय संस्करण फुले के सहयोग से 1865 में प्रकाशित हुआ। उसके प्रकाशक में फुले का नाम था। इस क्रांतिकारी पुस्तक में पुरोहितवाद की धज्जियां उड़ाई गई थीं और इस वर्ग द्वारा धार्मिक नीतियों, रीति-रिवाजों, परंपराओं और मान्यताओं के नाम पर अंधविश्वास फैलाने तथा जाति व्यवस्था को धार्मिक रूप देने के विरुद्ध तर्कपूर्ण विचार प्रकट किए गए थे। यह पुस्तक बड़ी लोकप्रिय हुई। दलित आंदोलन को इससे दिशा मिली। फुले ने **'गुलामगिरी'** नामक पुस्तक की रचना भी की थी।

फुले ने मराठी में एक पद्यात्मक पुस्तक **'ब्राह्मणांचे कसब'** की रचना की। इसमें पुरोहितों द्वारा धर्म और देवताओं के नाम पर अपढ़-अशिक्षित जनता को दिग्भ्रमित किए जाने के विषय में सावधान रहने के लिए गेय पद थे। वह भी बहुत प्रसिद्ध हुई।

उनकी एक अन्य कृति वीर रस से ओतप्रोत पुस्तक **'शिवाजी-वा-पोवाड़ा'** 1869 में प्रकाशित हुई। इसमें छत्रपति शिवाजी के वीरतापूर्ण कार्यों का बड़ा ओजस्वी और रोमांचकारी चित्रण किया गया था।

उनकी एक अन्य कृति **'शेतक-यात्रा-आसूड'** 1869 में प्रकाशित हुई, जिसमें उनके प्रगतिशील निबंध थे। **'इशारा'** का प्रकाशन 1885 में हुआ, साथ ही फुले के शिक्षा प्रचार और सामाजिक नव-निर्माण विषयक भाषण और विचार तत्कालीन पत्र-पत्रिकाओं में प्रमुखता के साथ छपते थे।

उन्होंने 1885 में **'सतसार'** नाम की पत्रिका का प्रकाशन प्रारंभ किया। इसमें उनके द्वारा प्रतिपादित सत्य विचारों का तथा दिखाए गए सत्यमार्ग का ब्यौरा था। **'सत्यशोधक समाज'** की बहुत-सी प्रवृत्तियों का इसमें उल्लेख था। **'सतसार'** के माध्यम से उन्होंने सामाजिक समस्याओं पर अपने अमूल्य विचार प्रकट किए।

ज्योतिबा का विचार था कि 'सतसार' नियमित पत्रिका के रूप में प्रकाशित हो, लेकिन इसके लिए लेखक और प्रकाशन के लिए धन की आवश्यकता थी। प्रार्थना समाज की तरह उनके पास न तो अत्यधिक साधन थे, न अच्छे लेखक ही उपलब्ध थे। वह स्वयं सामाजिक कार्यों में व्यस्त रहते थे। उन्हें इतना अवकाश नहीं था कि पत्रिका का नियमित प्रकाशन कर सकें। 'सतसार' के 1885 में केवल दो अंक छपे और इसके बाद प्रकाशन रोकना पड़ा। इसका पहला अंक जून में और दूसरा अंक भारत की स्त्रियों के विषय पर मात्र 22 पृष्ठ का अक्तूबर में निकला था। दलित समाज में यदि सम्पन्न व्यक्ति एवं समर्पित लेखक-कवि और विचारक होते तो पत्रिका बंद नहीं होती।

'सतसार' में उन्होंने 'सत्यधोशक समाज' की विचारधारा पर सविस्तार प्रकाश डाला। उन्होंने ब्रह्म समाज और प्रार्थना समाज के कार्यकलापों का विश्लेषण करते हुए अपने उद्गार प्रकट किए कि जब तक वे समाज की निम्न दलित-जातियों से सामाजिक सामंजस्य स्थापित नहीं कर लेते, तब तक ऐसे सामाजिक संगठनों की उपादेयता पर प्रश्नचिह्न ही लगा रहेगा। उनका स्पष्ट विचार था कि ब्रह्म समाज एवं प्रार्थना समाज निम्नजातियों के कल्याण और उत्थान तथा जातिभेद मिटाने की जो भी लुभावनी बातें करते हैं, वे मात्र शाब्दिक और कागजी हैं। वास्तविकता कुछ और ही है। व्यावहारिक रूप से अभी तक ऊंची जातिवालों के संगठन किसी भी दलित-शोषित को लेशमात्र भी ऊंचा नहीं उठा सके।

उन्होंने बड़े विश्वास के साथ लिखा कि पुरोहित वर्ग ने ईश्वर और मानवता के साथ छल किया है और प्रपंच रचा है। जो भाई गरीब या कमजोर हो गए या सभ्यता की दौड़ में पिछड़ गए या युद्ध में हार गए उन्हें बर्बर संबोधनों से पुकारा गया और पीढ़ी-दर-पीढ़ी गुलामों से भी बदतर माना गया। इस प्रकार **ज्योतिबा** चार

दशक तक सामाजिक जीवन में कट्टरपंथियों का विरोध झेलते रहे लेकिन दलितों में आदर के पात्र बने। यह सदैव अपने विचारों और सिद्धांतों के प्रति निष्ठावान रहे और कभी भी झुके नहीं। उन्होंने कहा था कि हो सकता है दलित जातियां बौद्ध, इस्लाम, ईसाई मत या अन्य किसी धर्म में दीक्षित हो जाएं। हुआ भी ठीक ऐसा ही। आगे चलकर महाराष्ट्र के लाखों दलित बंधु बौद्ध धर्म में दीक्षित हुए। हिंदू धर्म में रहते वे जाति-भेद मिटा नहीं सके। जाति के रहते अस्पृश्यता बरकरार रही और ऊंच-नीच का भेदभाव बना रहा। बौद्ध धर्मांतरण में नई दिशा मिली।

अपने युग में फुले ने स्वयं धर्म-परिवर्तन करने की किसी को सलाह नहीं दी। वह धर्म की शुचिता और सरलता पर जोर देते थे। वह एक ईश्वर की मान्यता, बंधुत्व और समानता जैसी उदारवादी विचारधारा के परिपोषक थे। **सत्यशोधक समाज** की स्थापना भी इन्हीं उद्देश्यों की प्राप्ति के लिए की गई थी। उन्होंने अपने महार चपरासी को धर्म परिवर्तन करने से रोका। दरअसल सत्यशोधक समाज धर्म परिवर्तन में बाधा बन गया था।

'सतसार' में उन्होंने उस युग की परम् विदुषी पंडिता रमाबाई के ईसाई धर्म में दीक्षित होने का उल्लेख किया। केवल ज्योतिबा और राजाराम शास्त्री भागवत ने पंडिता रमाबाई द्वारा धर्म परिवर्तन किए जाने पर भी उनके प्रति श्रद्धा और आदर भाव प्रदर्शित किया था, जबकि कट्टरवादियों ने उन्हें भला-बुरा कहा। रानाडे के प्रार्थना समाज ने भी पंडिता रमाबाई की बुराई की और उनके विरुद्ध पत्रिकाओं में बहुत कुछ छापा।

रमाबाई वेदों के प्रकाड पंडित, संस्कृत और वेदांत के ज्ञाता एक चितपावन ब्राह्मण की पुत्री थीं। उन्होंने संस्कृत साहित्य, वेद, स्मृति और धर्मग्रंथों का विशद अध्ययन किया था। 1871-75 में उनके माता-पिता और एक बहन की मृत्यु हो गई जिससे दुःखी होकर उन्होंने अपने एक भाई के साथ भारत भ्रमण किया। इस यात्रा में उन्होंने बहुत कुछ खोया पाया और उनका मन कटुता और विषाद से भर गया। हिंदू धर्म में व्याप्त कुरीतियों, पुरानी मान्यताओं और अंधविश्वासों, दिखावे और पाखंड के कारण उनका उनमें विश्वास उठ गया। वह सत्य की खोज और मन की शांति के लिए भटकती रहीं। अंत में वह एकेश्वरवादी हो गईं और कलकत्ता में कई जगह प्रवचन दिए। लोगों ने उनके पांडित्य का लोहा माना। बाद में कलकत्ता के ही एक विद्वान शूद्र जाति के वकील और ब्रह्म समाजी बाबू विपिन बिहारी दास से उन्होंने विवाह कर लिया। लेकिन दुर्भाय से 1880 में उनके भाई की मृत्यु हो गई। अभी वह संभल ही पाई थीं कि 1882 में उनके पति स्वर्गवासी हो गए। बाद में वे

लंदन चली गईं और वहां उन्होंने ईसाई धर्म अपना लिया। फुले ने कहा हमने दलितों की हिमायती महान महिला को समाज में आदर नहीं दिया।

'सतसार' के द्वितीय अंक में ज्योतिबा ने स्त्रियों की वास्तविक दशा का चित्रण किया और लिखा कि उनकी हालत शूद्र और दलितों से भी बदतर थी। उन्हें घरों में दासता का जीवन बिताने के लिए मजबूर किया जाता था और अभिभावक और समाज मनचाहे व्यक्ति के साथ उन्हें बांध देता था। उन्होंने लिखा कि सदियों से स्त्रियों को स्वार्थवश मनुष्य ने नीचा दर्जा प्रदान किया है। यह मनुष्य की क्रूरता है कि जन्म देने वाली माता को धर्म की तथाकथित पुस्तकों में हेय दृष्टि से देखा गया है। सम्मान की जगह उसे अत्याचार सहने पर विवश किया जाता रहा है। उन्होंने यह भी कहा कि सदियों की सामंती व्यवस्था अब खत्म हो रही है और ब्रिटिश शासन में प्रथम बार महिलाओं और शूद्रों को विद्याध्ययन का अधिकार मिला है।

'सतसार' के प्रकाशन के लिए काफी रुपए-पैसे की जरूरत थी। उन्होंने इसकी हजारों प्रतियां वितरित कराईं, पर जिस दलित समाज के लिए वह काम कर रहे थे, वह इतना अनपढ़ और गरीब था कि इस पत्रिका के लिए आर्थिक सहयोग जुटाने का प्रयास ही नहीं करता था। इस प्रकार क्रांति की मशाल, एक प्रज्वलित दीपमाला बुझ गई। इसका उन्हें बहुत अफसोस था।

'सार्वजनिक सत्यधर्म पुस्तक' ज्योतिबा गोविन्द राव फुले की समाज को समर्पित सर्वकालिक संहिता है। इसका प्रणयन 1889 तक पूरा हो गया था, परन्तु प्रकाशन फुले के जीवनकाल में नहीं हो सका। फिर भी इस पुस्तक के सिद्धान्त और नियम समाज में लागू हो चुके थे। शूद्रादि-अतिशूद्रों ने इसे स्वीकार कर लिया था। पर ज्योतिबा फुले को चिन्ता थी कि जब तक सार्वजनिक सत्यधर्म पुस्तक लोगों के समक्ष नहीं आ जाती, तब तक उनके उद्देश्यों की पूर्ति नहीं हो सकेगी। अलिखित नियमों में तोड़-फोड़, जोड़-घटाव सम्भव है। पुस्तक का प्रकाशन तो नहीं हो पाया परन्तु ज्योतिबा फुले ने अपने सहयोगियों, अनुयायियों एवं अनुकरणियों की एक विश्वसनीय टीम तैयार कर ली थी जिसने निष्ठा के साथ सार्वजनिक सत्यधर्म के नियमों का पालन करने की ही पहल नहीं की, अपितु इस पुस्तक का प्रकाशन भी 1891 में कराया और जन-जन तक पहुँचाने का कार्य किया। पिछड़े समाज में जागृति पैदा की जिसका प्रभाव आज एक शतक के बाद पूना या महाराष्ट्र में ही नहीं, अपितु पूरे भारतवर्ष में द्रष्टव्य है।

ज्योतिबा गोविन्द राव फुले जब सार्वजनिक सत्य धर्म संहिता की रचना कर रहे थे, तभी उन्हें यह अनुभूति हुई थी कि जो भी जमीन-जायदाद उन्होंने अर्जित की

है, उसका उत्तराधिकारी निश्चित कर देना उचित होगा। उन्होंने समाज में देखा था किस तरह पिता की मृत्यु के बाद जमीन-जायदाद को लेकर भाई-भाई आपस में लड़ते हैं। चाचा-भतीजा मुकदमेबाजी करते हैं। वे नहीं चाहते थे कि उनके बाद उनकी जायदाद को लेकर किसी प्रकार का विवाद उत्पन्न हो, इसलिए उन्होंने 10 जुलाई, 1887 को वसीयतनामा तैयार किया था, जिसका निबंधन या पंजीकरण 18 जुलाई, 1887 को हवेली के उप निबंधक श्री बालकृष्ण अंबाजी के समक्ष हुआ था।

इस वसीयतनामा पर साक्षी के रूप में विष्णु कोंडदेव कारकुन और सेवाराम शिवराम तिवारी चाकण ने हस्ताक्षर किये थे।

सत्य के पुजारी ज्योतिबा गोविन्द राव फुले ने अपनो वसीयतनामा में लिखा था, "वसीयतनामा दिनांक 10 जुलाई, 1887, रोज रविवार, अषाढ़ का महीना वदी 5 के दिन, मैं ज्योतिबा गोविन्द राव फुले, पेठगंज, शहर पूना, पेशा कन्ट्रेक्टर, सबब वसीयतनामा लिख करके रख रहा हूँ कि मेरी उम्र लगभग साठ-पैंसठ साल की हुई है।" ज्योतिबा फुले दो भाई थे। राजाराम गोविन्द राव फुले बड़े भाई थे जिनको एक पुत्र गणपत राव राजाराम फुले था। दोनों भाइयों का बँटवारा बहुत पहले हो गया था। वसीयतनामा लिखते समय राजाराम की मृत्यु हो चुकी थी। बँटवारा के पश्चात् दोनों भाइयों ने चल-अचल सम्पत्ति अर्जित की थी, परन्तु अलग-अलग। अतः एक-दूसरे की सम्पत्ति में किसी प्रकार का हिस्सा नहीं था। यह बात ज्योतिबा फुले ने वसीयतनामा में स्पष्ट कर दिया था और यह भी लिखा था कि "मेरी शादीशुदा पत्नी को कोई सन्तान नहीं होने की वजह से, गंजपेठ में केसोपंत शिंदे के बाड़े में रहने वाली काशी नाम की स्त्री को बच्चा होते ही मेरी शादीशुदा पत्नी ने उस बच्चे की पूरी परवरिश करके उसको अपने स्वयं के बच्चे की तरह पाला-पोसा और हम दोनों ने मिलकर उसके बरही (बारहवें दिन) को उसका यशवंत नाम रखा। अब उसकी उम्र करीब तेरह साल की है और वह नाबालिग है। सबब हम दोनों के हमारी जायदाद की देखभाल सही ढंग से हो और उसका अपहरण आदि न हो, इसलिए हम दोनों ने अपने सामने अपनी पूरी सूझबूझ के साथ सोच-विचार करके हम दोनों के बाद हमारे पुत्र चिरंजीव यशवंत को जायदाद का किस तरह का व्यवहार और उपयोग करना चाहिए, उस जायदाद का ब्योरा दिया है।"

वसीयतनामा में ज्योतिबा फुले ने अपनी चल-अचल सम्पत्ति का पूरा विवरण दिया है जिसके अनुसार पूना शहर के पेठगंज में एक मकान नं. 395 है जिसमें एक कुआँ है। यह वही कुआँ है जिसे ज्योतिबा ने अछूतों को पानी लेने के लिए खोल दिया था। इसके साथ ही एक और मकान नं. 394 तीन खण्ड डेढ़ मंजिल

का है। इसके कम्पाउण्ड में खुली हुई जमीन भी है। दो मकानों के अतिरिक्त दो वीरान जगहें भी हैं जिसमें स्थित मकान नं. 397 को ज्योतिबा फुले ने स्वयं क्रय किया था।

ज्योतिबा फुले के पूर्वज सतारा जिला के कटगुण गाँव से भागकर पूना के निकट ग्राम खानबड़ी-तहसील पुरन्दर में बसे थे। वहाँ पर उन लोगों का नौ खण्डों का दोपल्ली पैतृक बाड़ा है। वहाँ पर खेत, जमीन, कुआँ, बाग आदि पूर्वजों ने अर्जित किया था। खानबड़ी की सम्पत्ति में दोनों भाइयों का बराबरी का हिस्सा है।

अपनी चल-अचल सम्पत्ति का विवरण देने के पश्चात् ज्योतिबा फुले ने वसीयतनामा में लिखा था कि "इस तरह मेरी अचल सम्पत्ति है। इसके अलावा मेरे घर में चल सम्पत्ति भी है। उसकी जानकारी मुझे और मेरी पत्नी को है। उस सारी जायदाद के हम दोनों मालिक हैं। हम दोनों के बाद हमारा पुत्र यशवंत ही हमारी अचल और चल आदि हर प्रकार की जायदाद का मालिक है और उसके समझदार और बालिग होने पर उसको ही उस प्रकार का परम्पराधिकार प्राप्त होगा और उसको अपने वंश परम्परा से पूरा उपभोग लेकर अधिकार कायम करना चाहिए।"

चूँकि यशवंत वसीयतनामा लिखने के समय नाबालिग था और बुद्धि का विकास हो रहा था अतः ज्योतिबा ने अपने पुत्र के बालिग होने तक जायदाद की सुरक्षा और देखभाल का प्रावधान भी वसीयतनामा में कर दिया था। उन्होंने लिखा कि "फिलहाल वह नाबालिग है। स्वयं मैं और मेरा परिवार सावित्री उसकी परवरिश करके उसको पढ़ा रहे हैं। मेरे मरने के बाद चिरंजीव यशवंत हमेशा स्कूल में जाकर सही अध्ययन करके मैट्रिक में उत्तीर्ण होकर बाकी की उपाधियाँ प्राप्त करने के लिए प्रयास करने के बजाय विदेशी लोगों के आवारा बच्चों की तरह बर्ताव करने लगा तो मेरी पत्नी द्वारा सत्यशोधक समाज सदस्यों के बहुमत से चिरंजीव यशवंत को मेरे हिस्से के पूना के मकान नं. 394 का खानबड़ी के मेरे हिस्से की हवेली का, खेतों का, बाग का और कुएँ का हिस्सा देकर बाकी उसके नाम की सारी जायदाद खारिज समझनी चाहिए और सत्यशोधक समाज के सदस्यों के बहुमत से यशवंत के स्थान पर माली, कुनबी, धनगर आदि शूद्र समाज का जो भी कोई लड़का सारे लड़कों में होशियार और लायक हो, उसको मेरी जायदाद का हकदार बनाकर के उसके हाथों सारा कार्य करवाना चाहिए।"

ज्योतिबा फुले को शूद्रादि-अतिशूद्रों की सदैव चिन्ता बनी रही। वे अपने वसीयतनामा में भी उनके कल्याण की बात लिखना नहीं भूले। उन्होंने यशवंत को जायदाद का अधिकार देते हुए यह अंकित किया कि "चिरंजीव यशवंत को भगवान

के लिए अपने पूरी तरह से सताए हुए अज्ञानी, दीन, दुर्बल, शूद्रादि, अतिशूद्र मानव भाइयों को उनके मानवी हकों के प्रति जागृत करके उनको पूर्व पाखण्डी मानवद्रोही आर्यभट्ट ब्राह्मणों के षड्यन्त्र से मुक्त करने के लिए अपना सारा जीवन, अपना सब कुछ न्योछावर करके उसको (यशवंत को) अपने जीवन की सार्थकता सिद्ध करनी चाहिए।''

ज्योतिबा फुले ने अपनी मृत्योपरान्त अपने अन्तिम संस्कार का अधिकार अपने पुत्र यशवंत को दिया परन्तु साथ में यह शर्त भी लगा दी कि यदि वह किसी कारण पथभ्रष्ट हुआ तो उसे यह अधिकार नहीं मिलेगा। उन्होंने वसीयतनामा में स्पष्ट लिखा है कि ''चिरंजीव यशवंत का विवाह हुआ हो या न हुआ हो, मैं ज्योतिबा गोविन्द राव फुले और पत्नी सौभाग्यवती सावित्री हम दोनों के मरने के बाद हम दोनों के अन्तिम संस्कार और न्याय विधि सत्यशोधक समाज पद्धति के अनुसार करने के लिए केवल चिरंजीव यशवंत को ही यह अधिकार है, और हम दोनों के मृत शरीर को हमारे परम्परागत रिवाज के अनुसार यथा सामर्थ्य नमक डालकर दफन कर देना चाहिए। हमारे मृत शरीर को अग्नि को समर्पित नहीं करना चाहिए। चिरंजीव यशवंत यदि हमारी मृत्यु के समय न हो तो सत्यशोधक समाज का जो भी कोई सदस्य वहाँ मौजूद हो, उसको सभी संस्कार और विधि करने का अधिकार है।

ज्योतिबा फुले एक विचारक सन्त और भविष्यदृष्टा थे। वे परिस्थितियों को भाँप लेते थे। उनका विवेक जागृत था। इसीलिए उन्होंने यह वसीयतनामा मृत्यु के तीन साल पूर्व ही लिख दिया था। उनकी मृत्यु 28 नवम्बर, 1890 को हुई थी।

इसी वर्ष ज्योतिबा ने एक अन्य पुस्तक **'कैफियत'** भी प्रकाशित की जिसमें अस्पृश्यों की दयनीयता के बारे में विस्तार से लिखा गया था, इसमें दो कल्पित पात्र थे। एक महार और दूसरा मांग जाति का। वे भारत भ्रमण पर निकली महारानी विक्टोरिया की गाड़ी रोक लेते हैं और पूछते हैं कि वह कृपा करके उनके गांव-बस्ती का भी निरीक्षण करें क्योंकि वे भी उनकी गरीब प्रजा हैं।

महारानी उनके गांव में जाने के लिए तैयार हो जाती है। वे पात्र बताते हैं कि पेशवा के शासनकाल में उन पर किस प्रकार अमानुषिक अत्याचार किए गए थे। उन्हें गुलामों से भी बदतर समझा जाता था। उनसे बेगार ली जाती थी। काम करने के बाद न मजदूरी मिलती, न खाने को रोटी। उनकी जरूरत न होने पर धक्के मारकर भगा दिया जाता था।

वे महारानी को बताते हैं कि अभी तक उनकी हालत यथावत है। गांव-बस्तियों के ऊंची जातियों और धनिक वर्ग के लोग उनके साथ बुरा व्यवहार करते हैं। न

कोई सामाजिक समानता है और न कोई उन्हें अधिकार प्राप्त हैं, गरीबी के कारण वे अपने बच्चों की शिक्षा का भी प्रबंध नहीं कर सकते और न उन्हें स्कूलों में भेज सकते हैं।

'कैफियत' में **ज्योतिबा** ने पात्रों के माध्यम से यह प्रार्थना की कि महारानी दलितों को उन्हें अधिकार दिलाएं। उनमें व्याप्त गरीबी और अशिक्षा दूर करें तथा सदियों की दासता से पीछा छुड़वाएं। अंत में महारानी विक्टोरिया उन्हें आश्वासन देती हैं कि उनकी सरकार यह सब देखेगी और उनकी समस्याओं पर यथेष्ट ध्यान देगी। ज्योतिबा की वह रचना काफी लोकप्रिय हुई। इससे दलित समाज में चेतना जागी।

इन्हीं दिनों **ज्योतिबा** ने और भी पद्य रचनाएं कीं, जिनमें से एक में उन्होंने इस्लाम धर्म के संस्थापक मुहम्मद साहब की प्रशंसा की जिन्होंने मानव-समानता, विश्व भाईचारे और एकेश्वरवाद (एक खुदा) की दिशा में बहुत काम किया। मुहम्मद ने अपने करोड़ों मुस्लिम अनुयायियों में ऊंच-नीच का भेद मिटाया। मूर्ति-पूजा का घोर विरोध किया। पैगंबर ने खुदाई आवाज में कहा कि सबका खुदा एक है। कोई बड़ा-छोटा नहीं है। मानवता के पुजारी और विशाल हृदय ज्योतिबा ने अपनी इस पद्य रचना में स्पष्टतः लिखा कि रूढ़िवादियों के नागपाश से इस्लाम ने ही शूद्रों को मुक्ति संग्राम की प्रेरणा दी और स्वतंत्रता के लिए जूझने का मंत्र दिया। कौन नहीं जानता कि अस्पृश्यता और ऊंच-नीच की भावनाओं के कारण ही यह विशाल देश दासता की जंजीरों में जकड़ा रहा है। बिरादरीवाद या जातीय सोपानों ने इसे कितना कमजोर बनाया है। इस संबंध में हम सर सैय्यद अहमद खां का जिक्र कर चुके हैं।

एक बार ज्योतिबा से प्रश्न किया गया कि मुट्ठी भर पंडे-पुजारियों ने बहुसंख्यक दलितों और शूद्रों को किस प्रकार दास बनाया, ऐसी समाज व्यवस्था कैसे लागू हुई, जिसके कारण वे सदियों से आर्थिक सामाजिक अन्याय सह रहे हैं? इस पर ज्योतिबा ने निर्भीकतापूर्वक उत्तर दिया कि उस काल में धर्माचार्यों को मुट्ठी भर युद्ध कौशल में पारंगत आर्य लड़ाकू शासकों का पूरा-पूरा सहयोग मिला हुआ था। पहले इन लोगों को हराया गया, युद्ध और सामाजिक संघर्षों में पराजित किया गया तथा परस्पर फूट डलकर दस्यु-असुर और दास बनाया गया। बाद में धर्म-ग्रंथों में लिख दिया गया कि उनके कोई अधिकार नहीं हैं। वे सिर्फ शूद्र हैं और सेवा के लिए ही पैदा हुए हैं। इसी प्रकार मुट्ठी भर मुसलमानों ने इसी कमजोरी का लाभ उठाकर सैकड़ों वर्ष तक यहां के तथाकथित राजाओं और रूढ़िवादियों के साथ-साथ आम जनता को गुलाम बनाए रखा। बाद में अंग्रेजों ने भी सहज ही यहां अपना साम्राज्य

स्थापित कर लिया। फिर भी दासता-असमानता नहीं मिटी। समाज से छुआछूत, ऊंच-नीच का भाव नहीं गया। जातियों का कुचक्र नहीं टूटा।

ज्योतिबा ने 1885 में एक अन्य मराठी पुस्तिका में अग्रणी समाज सुधारक और न्यायविद् तथा प्रार्थना समाज के नेता महादेव गोविंद रानाडे की भर्त्सना की कि वह शंकराचार्य जैसे पुरातनवादियों का साथ दे रहे हैं। यहां तक लिखा कि वह दलित जातियों के उत्थान की बात ही नहीं समझते। उन्होंने ब्राह्मण-पुरोहितवाद को समाज में जोंक की संज्ञा दी जो मरता नहीं; सदियों से किसानों, दलितों और शूद्रों के रक्त को चूस रहा है।

ज्योतिबा की प्रेरणा से ही 1888 में सेना से निवृत **गोपाल बाबा वलंगकर** ने **'दीनबंधु'** और **'सुधारक'** में शूद्र और अस्पृश्यों के बारे में लेख लिखे। इसी वर्ष उन्होंने अस्पृश्यता के खिलाफ मराठी में एक और सशक्त पुस्तिका प्रकाशित की।

ज्योतिबा न ईसाई धर्म से प्रभावित थे, न मुस्लिम धर्म के प्रति उनका आकर्षण था। वह मानव धर्म के पुजारी थे और सब धर्मों में जो भी अच्छाईयां थीं उनकी प्रशंसा करने में नहीं चूकते थे। उनका जीवन लक्ष्य था दलित मानवता को ऊंचा उठाना। वह व्यक्तिगत जीवन में किसी के विरोधी नहीं थे, लेकिन धर्म और जातिगत बुराईयों को सहन नहीं कर सकते थे। उनकी रचनाओं की यही विशेषता थी।

उन्हें सच्चे ब्राह्मण, मुसलमान, ईसाई सभी प्यारे थे। दरअसल उनके अनेक सहयोगी और प्रेरक ब्राह्मण तथा ऊंची जातियों के थे जो ज्योतिबा को आगे बढ़ने के लिए प्रेरित करते थे। यहां तक कि कई मुस्लिम, ईसाई मित्रों-प्रशसंकों ने भी उनकी दलित क्रांति के मिशन में भरपूर सहायता और मार्गदर्शन प्रदान किया।

6

मूल्यांकन

19 वीं सदी के क्रांतिकारी चितंक और वर्णव्यवस्था को गंभीर चुनौती देने वाले ज्योतिराव फुले के बारे में जानकारी की कमी है। ज्योतिराव गोविंदराव फुले का जन्म पुणे में हुआ था और उनके पिता पेशवा के राज्य में बहुत सम्माननीय व्यक्ति थे। लेकिन ज्योतिराव फुले अलग किस्म के इंसान थे। उन्होंने दलितों के उत्थान के लिए जो काम किया उसकी तुलना किसी से नहीं की जा सकती। महात्मा फुले हमेशा ही गरीबों के पक्षधर बने रहे। उनकी महानता के कुछ खास कार्यों का जिक्र करना जरूरी है।

1848 में शूद्रातिशूद्र लड़कियों के लिए एक स्कूल की स्थापना कर दी थी। आजकल जिन्हें दलित कहा जाता है, महात्मा फुले के लेखन में उन्हें शूद्रातिशूद्र कहा गया है। 1848 में दलित लड़कियों के लिए स्कूल खोलना अपने आप में एक क्रांतिकारी कदम है। क्योंकि इसके 9 साल बाद बंबई विश्वविद्यालय की स्थापना हुई। उन्होंने 1848 में ही मार्क्स और एंगेल्स ने कम्युनिस्ट मैनिफेस्टो का प्रकाशन किया था। 1848 में यह स्कूल खोलकर महात्मा फुले ने उस वक्त के समाज के ठेकेदारों को नाराज कर दिया था। उनके अपने पिता गोविंदराव जी भी उस वक्त के सामंती समाज के बहुत ही महत्वपूर्ण व्यक्ति थे। दलित लड़कियों के स्कूल के मुद्दे पर बहुत झगड़ा हुआ लेकिन ज्योतिराव फुले ने किसी की न सुनी। नतीजतन उन्हें 1849 में घर से निकाल दिया गया। सामाजिक बहिष्कार का जवाब महात्मा फुले ने 1851 में दो और स्कूल खोलकर दिया। जब 1868 में उनके पिताजी की मृत्यु हो गयी तो उन्होंने अपने परिवार के पीने के पानी वाले तालाब को अछूतों के

लिए खोल दिया। 1873 में महात्मा फुले ने सत्यशोधक समाज की स्थापना की और इसी साल उनकी पुस्तक गुलामगिरी का प्रकाशन हुआ। दोनों ही घटनाओं ने पश्चिमी और दक्षिण भारत के भावी इतिहास और चिंतन को बहुत प्रभावित किया।

महात्मा फुले के चिंतन के केंद्र में मुख्य रूप से धर्म और जाति की अवधारणा है। वे कभी भी हिंदू धर्म शब्द का प्रयोग नहीं करते। वे उसे ब्राह्मणवाद के नाम से ही संबोधित करते हैं। उनका विश्वास था कि अपने एकाधिकार को स्थापित किये रहने के उद्देश्य से ही ब्राह्मणों ने श्रुति और स्मृति का आविष्कार किया था। इन्हीं ग्रंथों के जरिये ब्राह्मणों ने वर्ण व्यवस्था को दैवी रूप देने की कोशिश की। महात्मा फुले ने इस विचारधारा को पूरी तरह खारिज कर दिया। फुले को विश्वास था कि ब्राह्मणवाद एक ऐसी धार्मिक व्यवस्था थी, जो ब्राह्मणों की प्रभुता की उच्चता को बौद्धिक और तार्किक आधार देने के लिए बनायी गयी थी। उनका हमला ब्राह्मण वर्चस्ववादी दर्शन पर होता था। उनका कहना था कि ब्राह्मणवाद के इतिहास पर गौर करें तो समझ में आ जाएगा कि यह शोषण करने के उद्देश्य से हजारों वर्षों में विकसित की गयी व्यवस्था है। इसमें कुछ भी पवित्र या दैवी नहीं है। न्यायशास्त्र में सत की जानकारी के लिए जिन 16 तरकीबों का वर्णन किया गया है, वितंडा उसमें से एक है। महात्मा फुले ने इसी वितंडा का सहारा लेकर ब्राह्मणवादी वर्चस्व को समाप्त करने की लड़ाई लड़ी। उन्होंने अवतार कल्पना का भी विरोध किया। उन्होंने विष्णु के विभिन्न अवतारों का बहुत ही जोरदार विरोध किया। कई बार उनका विरोध ऐतिहासिक या तार्किक कसौटी पर खरा नहीं उतरता लेकिन उनकी कोशिश थी कि ब्राह्मणवाद ने जो कुछ भी पवित्र या दैवी कह कर प्रचारित कर रखा है, उसका विनाश किया जाना चाहिए। उनकी धारणा थी कि उसके बाद ही न्याय पर आधारित व्यवस्था कायम की जा सकेगी। ब्राह्मणवादी धर्म के ईश्वर और आर्यों की उत्पत्ति के बारे में उनके विचार को समझने के लिए जरूरी है कि यह ध्यान में रखा जाए कि महात्मा फुले इतिहास नहीं लिख रहे थे। वे सामाजिक न्याय और समरसता के युद्ध की भावी सेनाओं के लिए बीजक लिख रहे थे।

महात्मा फुले ने कर्म विपाक के सिद्धांत को भी खारिज कर दिया था, जिसमें जन्म जन्मांतर के पाप-पुण्य का हिसाब रखा जाता है। उनका कहना था कि यह सोच जाति व्यवस्था को बढ़ावा देती है, इसलिए इसे फौरन खारिज किया जाना चाहिए। फुले के लेखन में कहीं भी पुनर्जन्म की बात का खंडन या मंडन नहीं किया गया है। यह अजीब लगता है क्योंकि पुनर्जन्म का आधार तो कर्म विपाक ही है। महात्मा फुले ने जाति को उत्पादन के एक औजार के रूप में इस्तेमाल करने और

ब्राह्मणों के आधिपत्य को स्थापित करने की एक विधा के रूप में देखा। उनके हिसाब से जाति भारतीय समाज की बुनियाद का काम भी करती थी और उसके ऊपर बने ढांचे का भी। उन्होंने शूद्रातिशूद्र राजा, बालिराज और विष्णु के वामनावतार के संघर्ष का बार-बार जिक्र किया है। ऐसा लगता है कि उनके अंदर यह क्षमता थी कि वह सारे इतिहास की व्याख्या बालि राज-वामन संघर्ष के संदर्भ में कर सकते थे। स्थापित व्यवस्था के खिलाफ महात्मा फुले के हमले बहुत ही जबरदस्त थे। वे एक मिशन को ध्यान में रखकर काम कर रहे थे। उन्होंने इस बात के भी सूत्र दिये, जिसके आधार पर शूद्रातिशूद्रों का अपना धर्म चल सके। वे एक क्रांतिकारी सामाजिक परिवर्तन की बात कर रहे थे। ब्राह्मणवाद के चातुर्वर्ण्य व्यवस्था को उन्होंने खारिज किया, ऋग्वेद के पुरुष सूक्त का, जिसके आधार पर वर्णव्यवस्था की स्थापना हुई थी, को फर्जी बताया और द्वैवर्णिक व्यवस्था की बात की।

महात्मा फुले एक समतामूलक और न्याय पर आधारित समाज की बात कर रहे थे इसलिए उन्होंने अपनी रचनाओं में किसानों और खेतिहर मजदूरों के लिए विस्तृत योजना का उल्लेख किया है। पशुपालन, खेती, सिंचाई व्यवस्था सबके बारे में उन्होंने विस्तार से लिखा है। गरीबों के बच्चों की शिक्षा पर उन्होंने बहुत जोर दिया। उन्होंने आज के 150 साल पहले कृषि शिक्षा के लिए विद्यालयों की स्थापना की बात की। जानकार बताते हैं कि 1875 में पुणे और अहमदनगर जिलों का जो किसानों का आंदोलन था, वह महात्मा फुले की प्रेरणा से ही हुआ था। इस दौर के समाज सुधारकों में किसानों के बारे में विस्तार से सोच-विचार करने का रिवाज नहीं था लेकिन महात्मा फुले ने इस सबको अपने आंदोलन का हिस्सा बनाया। स्त्रियों के बारे में महात्मा फुले के विचार क्रांतिकारी थे। मनु की व्यवस्था में सभी वर्णों की औरतें शूद्र वाली श्रेणी में गिनी गयी थीं। लेकिन फुले ने स्त्री पुरुष को बराबर समझा। उन्होंने औरतों की आर्यभट्ट यानी ब्राह्मणवादी व्याख्या को गलत बताया।

फुले ने विवाह प्रथा में बड़े सुधार की बात की। प्रचलित विवाह प्रथा के कर्मकांड में स्त्री को पुरुष के अधीन माना जाता था लेकिन महात्मा फुले का दर्शन हर स्तर पर गैरबराबरी का विरोध करता था। इसीलिए उन्होंने पंडिता रमाबाई के समर्थन में लोगों को लामबंद किया, जब उन्होंने धर्म परिवर्तन किया और ईसाई बन गयीं। वे धर्म परिवर्तन के समर्थक नहीं थे लेकिन महिला द्वारा अपने फैसले खुद लेने के सैद्धांतिक पक्ष का उन्होंने समर्थन किया। महात्मा फुले की किताब गुलामगिरी बहुत कम पृष्ठों की एक किताब है, लेकिन इसमें बताये गये विचारों के आधार पर पश्चिमी और दक्षिणी भारत में बहुत सारे आंदोलन चले। उत्तर प्रदेश में

चल रही दलित अस्मिता की लड़ाई के बहुत सारे सूत्र गुलामगिरी में ढूंढ़े जा सकते हैं। आधुनिक भारत महात्मा फुले जैसी क्रांतिकारी विचारक का आभारी है।

शिक्षक व पति दोनों धर्म का निर्वहन

सावित्री को ज्योतिबा ने स्वयं प्राथमिक शिक्षा दी थी। दिन में घर का कामकाज निपटाते और रात को समय निकाल कर पढ़ाते। इस प्रकार जोतिबा ने पति और शिक्षक का दोनों के गुरुतर दायित्वों का सम्यक् निर्वहन किया। कहते हैं कि आवश्यकता आविष्कार की जननी है। जोतिबा ने बुधवारपेठ में लड़कियों का स्कूल खोला था, परन्तु पढ़ाने के लिए कोई शिक्षिका नहीं मिल रही थी। इस अभाव को उन्मूलित करने के लिए उन्होंने सावित्री को पढ़ाना शुरू किया। सावित्री भी एक अनपढ़, परन्तु जागरूक महिला थी। उनके नैहर में घर के सामने ही भैरवजी का विशाल मन्दिर था और आज भी है। वहाँ प्रायः भैरवभक्त दर्शनार्थ आते रहते थे। फूल-माला का धन्धा भी खूब चलता था। फूल के बदले लोग अनाज देते थे। वहाँ पर पण्डित-पुजारी प्रवचन भी करते रहते थे। अनायास ही सावित्री को बहुत-सी बातों का ज्ञान हो गया था। साहस, परोपकार, जागरूकता, ईश्वर में विश्वास जैसी महत्त्वपूर्ण जीवनोपयोगी बातें प्रवचन में निनादित होती थीं।

सावित्री के पिता खाण्डेराव पाटिल का भैरवनाथ मन्दिर के पुजारी और गाँव के महत्त्वपूर्ण पाटिल से अच्छा सम्बन्ध था। उनकी सान्निध्य के कारण समाज में उनकी भी प्रतिष्ठा थी। उन्होंने ही अपनी बेटी को न्यायार्थ संघर्षरत रहने की शिक्षा दी थी। इन सारे अनुभवों ने सावित्री के जीवन को जीवंत और ज्योतित कर दिया। उसने मनोयोग से शिक्षा लेनी शुरू की। इससे ज्योतिबा का मनोबल बढ़ता गया। उनकी मौसी सगुनाबाई क्षीरसागर का भी उसे भरपूर सहयोग मिला। सावित्री को नार्मल स्कूल में टीचर्स अध्यापिका का प्रशिक्षण लेने के लिए भेज दिया। साथ में सगुनाबाई भी गयी। चार-वर्षीय प्रशिक्षण के पश्चात् सावित्री प्रशिक्षित शिक्षिका बन गयी। प्रमाण-पत्र मिल गया। ट्रेनिंग के दौरान भी वह समय निकालकर ज्योतिबा द्वारा स्थापित लड़कियों के स्कूल के संचालन में अपना हाथ बँटाया करती थी।

गाँव और आसपास के धर्माधिकारी विशेषकर ब्राह्मणों को सावित्री का शिक्षिका होना अच्छा नहीं लगा। उन्होंने उनकी बेइज्जती करने की ठान ली। घर से बाहर निकलते ही उन्हें अपशब्द सुनने पड़ते, लोग फब्तियाँ कसते परन्तु वह बिना किसी प्रतिक्रिया के अपने काम से काम रखतीं। कई बार उन्होंने हाथ जोड़कर लोगों को समझाने का प्रयास किया, "भाइयो ! मैं तो आपकी और अपनी इन छोटी बहनों को

पढ़ाने का पवित्र कार्य निःस्वार्थ भाव से सम्पादित कर रही हूँ। मुझे बढ़ावा देने के लिए शायद आप मुझ पर गोबर-पत्थर फेंक रहे हैं। ये गोबर-पत्थर नहीं मेरे लिए आपके अमोघ आशीर्वाद के फूल हैं। आपका यह कृत्य मुझे प्रेरणा देता है कि मैं इन बहनों को इसी तरह पढ़ाने का काम करती रहूँ। ईश्वर आपको सद्बुद्धि दे।''

ज्योतिबा-दम्पत्ति के साहस, सहिष्णुता और शिक्षा-विकास के अनथक यत्नों की चर्चा समाज में फैलती गयी। उस समय पुणे के जुडिसियल कमिश्नर मेहरवान वोरडेन साहब ने 1854 में इन दोनों के कार्यों की भूरि-भूरि प्रशंसा की थी।

मराठी स्कूलों के सचिव श्री दादोवर पाण्डुरंग तर्खडकर ने ज्योतिबा के स्कूलों का औचक निरीक्षण किया और छात्राओं की शैक्षिक समुन्नति और मेधा से सन्तुष्ट होकर ज्योतिबा और सावित्री को मुक्त कण्ठ से सराह कर उत्साहित किया। सावित्री के ज्ञान, लगन और साहस की चर्चा पूरे प्रान्त में निनादित होने लगी और लोगों ने स्वीकार किया कि मात्र महाराष्ट्र में ही नहीं बल्कि राष्ट्रीय स्तर की वे प्रथम भारतीय महिला शिक्षिका हैं।

शिक्षा का सम्यक् समुत्कर्ष मात्र स्कूली शिक्षा से सम्भव नहीं है। स्कूली शिक्षा समाज के कुछ ही लोगों को शिक्षित कर सकती है। ज्योतिबा की मान्यता थी कि ज्योति से ज्योति प्रज्वलित होनी चाहिए। एक ज्योति अनगिनत प्रकाश का मूल बन सकती है। अतः हर शिक्षित व्यक्ति का दायित्व है कि वह अपने पास-पड़ोस के लोगों को शिक्षा दे, ज्ञान-दीप जलाए। ज्ञान-दीप जलाने में प्रौढ़ शिक्षा, रात्रि पाठशाला और पुस्तकालयी शिक्षा कारगर होती है। भारतवर्ष में स्वाधीनता मिलने के बाद भी अभी तक सम्पूर्ण शिक्षा प्रमुदित नहीं हो पायी है, क्योंकि ज्योतिबा जैसे समर्पित शिक्षकों का भीषण अभाव है। आज की सरकार ने, और समाज ने ऐसे कार्यक्रमों को एक तो विलम्ब से शुरू किया और दूसरे उनका आर्थिक लाभ कुछ ही लोगों तक परिमित रह गया। शैक्षिक वातावरण नहीं बन सका। जोतिबा ने 'पूना लाइब्रेरी' की स्थापना 1852 में की थी जिसमें हर वर्ग के लोगों को पढ़ने की सुविधा दी गयी। पुणे में लक्ष्मीबाई रोड पर पहले से एक वाचनालय तो था। परन्तु वह कुछ ही लोगों के लिए था। गरीबों में एक तो शिक्षा नहीं थी और यदि कुछ इने-गिने लोग शिक्षित थे भी तो वे ऐसे वाचनालयों में प्रवेश से वंचित थे। इन बातों ने ही ज्योतिबा को पुस्तकालय और वाचनालय के संस्थापनार्थ समुत्प्रेरित किया। वे जानते थे कि पुस्तकालय चलाना आसान काम नहीं है। पुस्तकालय के लिए भवन, पुस्तकें, समाचार-पत्र आदि के अलावा एक समर्पित व्यक्ति चाहिए जो कुछ शिक्षित हो और समय पर पुस्तकालय खोले, शिक्षार्थियों को पुस्तकें दे और उनका रख-रखाव करे।

ज्योतिबा ने इन समस्याओं से न घबड़ाकर एक मकान में पुस्तकालय आरम्भ कर दिया। उनके उच्छल उत्साह को दृगगत करते हुए उनके मित्रों ने मदद की। उन्होंने स्वयं पुस्तकालय का कार्यभार सँभाल लिया।

सावित्रीबाई का सहयोग

सावित्रीबाई फुले सतत अपने पति के सुख-दुःख में सांझी रही हैं। नारी-शिक्षा के लिए पाठशालाओं की स्थापना ज्योतिबा फुले ने की, परन्तु उन पाठशालाओं को संचालित करने और लड़कियों की शिक्षा को सुरुचिपूर्ण बनाने का श्रेय सावित्रीबाई फुले को ही जाता है। इसका प्रमाण खोजने की आवश्यकता नहीं है। फिर भी बड़ौदा नरेश सयाजीराव के मामा परमानन्द के 31 जुलाई, 1890 के पत्र की बातों का स्मरण किया जा सकता है जिसे उन्होंने श्री दीवान धामणस्कर को लिखा था। पत्र में उन्होंने कहा, ''ज्योतिबा से भी अधिक उसकी पत्नी सावित्रीबाई की जितनी सराहना की जाय, कम है। उन्होंने अपने पति को सम्पूर्ण सहयोग दिया। उनके साथ रहकर मुसीबतों का डटकर सामना किया। कष्ट तथा यातनाएँ सही। ऊँचे वर्गों की उच्च शिक्षित महिलाओं में भी ऐसी त्यागी महिला विरल ही होंगी।''

दूसरे लोग ही नहीं, स्वयं ज्योतिबा फुले को जब सरकार की ओर से सम्मानित किया गया, तब उन्होंने पत्नी से कहा था, ''वास्तव में सम्मान तो तुम्हारा किया जाना चाहिए था। मैं तो पाठशालाएँ खोलने का निमित्तमात्र हूँ। कई प्रकार के कष्ट झेलकर और मुसीबतों का सामना करते हुए तुम्हीं ने पाठशालाओं को सुचारू रूप दिया है। मुझे इस बात पर बड़ा गर्व है'' दोनों ही एक-दूसरे पर गर्व करते थे। दोनों मिलकर 'अर्द्धनारीश्वर' थे।

सावित्रीबाई 'मनसा वाचा कर्मणा' ज्योतिबा की सहयोगिनी, सखा, सहचर और सलाहकार रहीं। ज्योतिबा के कार्यों में अवरोध लाने वाले, उनकी आलोचना करने वाले, केवल पुणे या उसके आसपास में ही नहीं थे, बल्कि पूरे क्षेत्र में थे। क्योंकि वे धारा के विपरीत नाव-खे रहे थे। सामाजिक-धार्मिक मान्यताओं का विरोध और निषेध करके समाज को एक नयी दिशा दे रहे थे। सत्यशोधक समाज, बालहत्या प्रतिबन्धक गृह, बालिका विद्यापीठ आदि संस्थाओं का सफल संचालन कर रहे थे।

सन् 1856 में सावित्री फुले अपने मायके नायगाँव गयी थीं। वहाँ पर भी लोग ज्योतिबा के विरुद्ध तरह-तरह की भ्राँतियाँ फैला रहे थे। यह जानकर सावित्री को आन्तरिक पीड़ा हुई थी परन्तु उससे विचलित न होकर उन्होंने ज्योतिबा को वहीं से पत्र लिखकर प्रगतिपथ पर बेरोकटोक गतिशील रहने की सलाह दी थी। उन्होंने

लिखा था, "पुणे में आपके सम्बन्ध में द्वेष फैलाने वाले बकवादी बहुत हैं, वैसे ही यहाँ भी हैं। उनके डर से हम अपना कार्य क्यों छोड़ दें? आप सदा अपना कार्य करते रहें। हमें भविष्य में अवश्य ही सफलता मिलेगी।"

सावित्रीबाई फुले को अकेले ही लोगों से, अधिकारियों से मिलना-जुलना पड़ता था। स्कूल निरीक्षक प्रायः अंग्रेज या अंग्रेजी जानने वाले होते थे। सावित्रीबाई ने अंग्रेजी भाषा भी सीखी थी। प्रारम्भ में सगुनाबाई क्षीरसागर से अंग्रेजी सीखी। बाद में ज्योतिबा ने अंग्रेजी पढ़ना-लिखना और बोलना सिखाया था। एक बार की बात है, सावित्रीबाई कक्षा में लड़कियों को पढ़ा रही थीं कि तभी राजस्व आयुक्त श्री रिब्ज चुपके से कक्षा में आकर बैठ गये। किसी को पता नहीं चला। सब अध्ययन में दत्तचित्त थे। कक्षा समाप्त होने पर श्री रिब्ज ने अंग्रेजी में सावित्रीबाई की प्रशंसा की। सावित्री ने अंग्रेजी भाषा में ही आयुक्त महोदय को धन्यवाद दिया। सावित्री की अंग्रेजी सुनकर वे प्रसन्न हो गये और बाद में ज्योतिबा फुले से कहा कि, "आप बड़े सौभाग्यशाली हैं कि आपको ऐसी शिक्षित, ज्ञानी और समझदार पत्नी मिली।" उन्हें क्या पता कि सावित्रीबाई को इस स्तर तक लाने में ज्योतिबा का कितना विराट् योगदान है?

सामाजिक क्रान्ति के जनक

सामाजिक क्रांति से अभिप्राय हिन्दू-हिन्दुत्व की परम्परागत सामाजिक, धार्मिक रूढ़िवादी कुरीतियों के विरुद्ध आंदोलन करने से है। सामाजिक क्रांति का प्रथम तथा अन्तिम लक्ष्य सामाजिक-धार्मिक पुनर्जागरण आंदोलन और सांस्कृतिक नवोत्थान की प्रक्रिया को गति एवं दिशा प्रदान करना है।

भारत के धार्मिक-सामाजिक नवोत्थान के पुरोधाओं राजा राममोहन राय (1722-1833), महात्मा ज्योतिराव फुले (1827-1890), स्वामी दयानन्द सरस्वती (1824-1883), महादेव गोविन्द रानाडे (1942-1901) में से सामाजिक क्रांति के जनक के रूप में केवल महात्मा ज्योतिबा फुले की गणना की जा सकती है। महात्मा फुले के प्रत्यक्ष या परोक्ष रूप से प्रभावित होकर विनायक दामोदर सावरकर (1833-1966) तथा डॉ. भीमराव अम्बेडकर (1891-1956) ने सामाजिक क्रांति के स्वर और आंदोलन को आगे बढ़ाया। डॉ. अम्बेडकर तो महात्मा फुले के व्यक्तित्व-कृतित्व से अत्यधिक प्रभावित थे। वे महात्मा फुले को अपने सामाजिक आन्दोलन की प्रेरणा का स्रोत मानते थे। 28 अक्टूबर, 1954 को पुरूदर स्टेडियम, मुम्बई में भाषण देते हुए उन्होंने महात्मा बुद्ध तथा कबीर के बाद महात्मा ज्योतिबा

फुले को अपना तीसरा गुरू माना था। डॉ. अम्बेडकर ने अपने भाषण में कहा–And my third Guru is Jyotiba Phooley- It is only phooley who taught the lessons of humanity- In earlier political movement] we all were going on the path of Jyotiba] my life is influenced by their teachings(अर्थात् मेरे तृतीय गुरू ज्योतिबा फुले हैं। केवल उन्होंने ही मानवता का पाठ पढ़ाया। प्रारम्भिक राजनीतिक आन्दोलन में हमने ज्योतिबा के पथ का अनुसरण किया। मेरा जीवन उनसे प्रभावित हुआ है।)